# 공항운영과 항공보안
## Airport Operating & Aviation Security

　　몇 년 전 한 외신에서 그해에 한국을 방문해야만 하는 5가지의 이유 중에 세계 공항평가에서 부동의 1위를 지켜오는 인천공항을 언급한 기사를 보고 인천공항 개항에 미력한 힘을 보탠 항공인의 한 사람으로서 즐거운 마음을 감출 수 없었던 기억이 있다.

　　인천공항은 개항한 지 17년 만에 국제여객 수송에서 파리 샤를드골공항과 싱가포르 창이공항을 제치고 세계 5위[2018년 기준]에 랭크되며, 양적에서도 명실 공히 동북아 최대 허브공항의 하나로 자리매김하였음을 증명하였다. 인천공항의 여객수송 증가율은 연평균 7.7%로, 2017년은 세계에서 유일하게 두 자리 수의 성장률을 기록한바 이런 추세라면 머지않아 암스테르담과 홍콩을 넘어설 것으로 기대 된다. 한국공항공사가 관리하고 운영하는 김포공항도 ASQ 중규모 공항평가 부분에서 2010년 이후 6년 연속 1위에 오르고, 제주공항은 2018년 세계항공교통학회로부터 공항운영효율성 평가에서 아시아 지역 1위를 차지하는 등, 우리나라의 공항서비스와 운영능력은 대내외적으로 이미 세계 최고 수준으로 인정받고 있다.

　　공항운영에서 최우선의 가치인 항공보안에서도 우리나라 공항은 세계에서 가장 안전한 공항으로 평가받고 있다. 2015년, 미국 교통보안청(TSA)은 인천공항 및 미국취항 항공사를 대상으로 실시한 ICAO 기준 항공보안평가에서 공항운영, 출입통제, 보안검색, 항공기 보안, 승객 및 화물 보안검색, 불법방해행위 대응 등 9개 분야 모두 국제기준에 적합하고 "어떠한 문제점도 발견할 수 없음"이란 결과를 공식적으로 통보하였다.

　　우리나라가 공항운영과 항공보안에서 이와 같은 성과를 이루어낸 것은 국가차원의 전략적 지원을 바탕으로 공항운영자와 항공운송사업자들의 미래지향적 투자와 창의적이고도 다양한 서비스의 지속적 개발노력 덕분이라 할 수 있다. 그렇지만 한편으로 중국을 비롯한 아시아 주요 국가 허브공항들의 성장세는 우리에게 현재의 성과에 안주하지 말고 치열해지는 경쟁에 보다 면밀하게 대비할 것을 경고하고 있으며, 아울러 나날이 정교해지는 글로벌 항공보안 위협들은 우리에게 항공보안확보를 위한 끊임없는 연구와 노력은 물론 다양한 방면의 인재양성을 요구하고 있다.

　공항운영과 공항의 항공보안에 관한 개요서로서 이 책이 항공인의 직업을 시작하는 이들은 물론 항공인의 미래를 꿈꾸는 모든 이들에게 공항에 대한 이해를 넓히고 항공보안에 대한 개념을 세우는 데 충실한 입문서가 되기를 희망한다.

## CHAPTER 3 ▸▸▸ 공항운영

## CHAPTER 4 ▸▸ 항공보안

## CHAPTER 5 ▶▶▶ 보안검색

## CHAPTER 6 ▸▸▸ **항공기보안**

## CHAPTER 7 ▸▸▸ **위기관리**

**1**

# 공항

# 1

# 공항에 대한 이해

## 1) 공항과 비행장

### (1) 정의

항공법에서는 공항(空港. Airport)을 "공항시설을 갖춘 공공용 비행장*으로서 국토교통부 장관이 그 명칭·위치 및 구역을 지정·고시한 것"이라 하고, 비행장(飛行場. Airfield)을 "항공 기·경량항공기·초경량비행장치의 이륙[이수(離水) 포함]과 착륙[착수(着水) 포함]을 위하여 사용 되는 육지 또는 수면(水面)의 일정한 구역으로서 대통령령으로 정하는 것"이라 정의하고 있 다. 일반적으로 공항은 여객이나 화물을 운송하는 항공기가 이착륙을 할 수 있는 공공목 적의 비행장으로, 항공기 주기가 가능하고 항공교통을 위한 기능들이 집중되어 있는 공간 을 의미한다.

> "
> *비행장 : 사용하는 항공기의 종류에 따라 육상비행장, 수상비행장, 육상헬리포트, 수상헬리포트 등
> 으로 분류됨
> "

| ICAO 및 FAA의 공항에 대한 정의 | |
| --- | --- |
| 국제민간항공기구 ICAO | 항공기의 도착, 출발이나 지상이동을 위하여 일부 또는 전체가 사용되는 건물, 시설물, 장비 등이 포함된 육지나 수상의 일정구역[ICAO Annex14-Aerodrome] |
| 미국 연방 항공청 FAA | 여객이나 화물을 항공기에 싣거나 내리기 위해 정기적으로 이용되어지는 착륙지역[49 U.S.C. § 40102] |

## (2) 공항과 비행장의 차이

공항과 비행장은 비슷한 것 같아도 기능과 운영 면에서 차이가 있다. 비행장이 항공기의 이착륙 기능에 한정된 공간인데 비해 공항은 비행장의 기능에 추가하여 사람과 물자 이동의 플랫폼 기능을 포함하는 공간이다. 공항은 기본적으로 공공성을 목적으로 기획부터 설계, 건설을 국가가 주도하지만 비행장은 개인이나 단체에서 사적 목적으로도 건설하고 사용할 수가 있다.

| 주요 시설 및 기능 | 공항 | 비행장 |
|---|---|---|
| 항공기 이륙과 착륙 기능 | 있음(법령) | 있음(법령) |
| 안전 기준 | | |
| 이용 대상 | 일반인(공공개방용) | 단체, 개인(자가용) |
| 계획 및 건설 | 국가(국토교통부) | 소유자(사업자)도 가능 |
| 허가 및 승인 | 국가(국토교통부) | 국가(국토교통부) |
| 토지수용 등 지역 개발 | 가능 | 불가 |
| 여객터미널, 화물터미널 | 필수 | 필수 아님 |
| 운영주체 | 국가(공항공사, 군(軍)) | 소유자 |

## 2) 공항운영증명제도

공항운영증명제도는 공항운영자가 공항운영을 위한 인력, 시설, 장비와 운영절차 등의 공항을 안전하게 운영할 수 있는 체계를 갖추어 정부로부터 운영인증을 받는 제도다. 정부는 관련 법령에 따라 1,000개가 넘는 항목에 대한 현장 점검을 통해 안전운영에 문제가 없음을 확인하고 공항운영증명서를 발급한다.

## (1) 관련법 및 규칙

① 항공법(111조)과 항공법시행령(44조) 및 항공법시행규칙(227조, 277조)

② 공항안전운영기준(고시), 공항운영 검사 등에 관한 규정(훈령), 공항운영증명업무 처리지침(훈령)

## (2) 적용공항

인천, 김포, 김해, 제주, 대구, 청주, 무안, 광주, 여수 등 9개의 국제선 운항 공항(여수공항은 2012년 여수엑스포 대비 시행)

### 공항운영증명 외 항공안전 관련 증명제도

1. 항공사운항증명(AOC : Airline Operation Certificate)
- 국가(국토교통부)에서 항공사가 안전운항을 할 수 있는 요건을 갖추고 있는가를 확인한 후 해당 항공사에 부여하는 공식운항증명서
- 항공사는 AOC를 취득한 후에 정기항공 운송사업을 할 수 있다.
- 예비심사, 서류심사, 현장검사를 거치며, 예비심사를 위한 제출서류로는 항공운송사업면허증, 항공기와 시설, 장비 구매 서류, 종사자 교육훈련, 운항일반 교범, 비상탈출 시현계획 등 17개 항목이 있다.

2. 정비조직인증(Approved Maintenance Organization)
- 항공기, 엔진, 프로펠러 및 장비와 부품에 대한 정비를 수행하는 업체(항공사 등)에 교부하는 정비수행인증서
- 사업자의 제도조직, 인력 및 검사체계 등에 대해 서류검사와 현장방문 등을 통하여 업무한정 범위 내에서 정비를 수행토록 인증한다.

3. 감항증명(堪航證明, Airworthiness Certificate)
- 감항이란 항공기가 운용범위 안에서 안전에 적합하다는 의미로, 감항증명은 항공기가 운항하기에 적합한 안전성과 신뢰성을 보유하고 있다는 증명이다.
- 운항증명은 항공사에 관한 것이며 감항증명은 개별 항공기에 관한 증명으로 모든 항공기는 감항증명서를 비치하고 운항하여야 하며, 유효기간은 1년이다.
- 항공기의 성능, 비행성능(안정성과 조종성), 기체구조의 강도, 운용한계 및 중량배분 등을 비롯하여 장착된 발동기 및 장비품 등 모든 요소가 심사 대상이다.

## 3) 공항의 유형

공항은 항공기 운항노선의 성격과 운항 목적에 따라 다음과 같이 분류된다.

| 분류 | | 내용 |
|---|---|---|
| 항공기 운항 노선에 따른 분류 | 국제선공항 | • 국제선과 국내선을 운항하며, 그 지역(국가)의 거점공항(허브공항)의 기능을 한다. 관세법 상으로는 개항공항* 이라고도 한다.<br>• 인천공항, 김포공항, 제주공항, 김해공항, 대구공항 등 |
| | 국내선공항 | • 국내노선만을 운항한다.<br>• 울산공항, 광주공항, 여수공항, 포항공항, 원주공항, 사천공항, 군산공항 등 |
| 용도에 따른 분류 | 민간 공항 | • 군사공항에 대비하여 부르는 용어로 공항의 운영이 군(軍)에 의해 운영되지 않는 공항을 말한다.<br>• 인천공항, 김포공항, 제주공항 등 |
| | 군사 공항 | • 항공기의 이착륙 허가와 공항 주요기반 시설이 군에 의해 운용되는 공항이다.<br>• 김해공항, 대구공항 등의 비행장기반시설이 공군 소유이며, 군산공항은 주한미군의 비행 장을 사용한다. |
| | 민·군 공용공항 | • 민과 군이 함께 운용하는 공항. 군 통제 내에서 한국공항공사에서 실질적으로 운영한다.<br>• 김해공항, 대구공항 등은 주요기반시설은 군 소유이나 민간항공기의 관제는 한국공항공 사에서 수행한다. |
| | 사설공항 | • 기업이나 민간단체에서 소유, 운용하는 공항으로 수색비행장, 백령도 사곶비행장, 태안비 행장, 정석비행장 |
| | 기타 | • 울진공항은 일반상업항공기가 운항할 수 있는 설비가 구비되어 있으나 수요부족으로 개 항하지 못하고 현재 항공기 운항훈련장으로서만 운영되고 있다.<br>• 서울공항은 군사전용공항으로 군용 및 국가행사 시에만 운용되고 있다. |

※ 개항공항 : 관세법상 외국무역선(기)이 자유로이 출입할 수 있는 항구(공항)으로서 대통령이 지정한 항구 또는 공항.

## 4) 세계의 공항

세계적으로 공항(비행장)이 가장 많은 나라는 미국으로 약 15,000개의 공항을 보유하고 있으며 이는 전 세계 공항의 3분의 1에 달한다고 한다. 세계에서 가장 붐비는 공항의 하나인 애틀랜타 하트잭슨 공항, 뉴욕의 JFK공항과 같은 대형공항 뿐 아니라 단순히 경비행기의 이착륙에만 쓰이는 호수나 강 위의 수상비행장까지 포함한 수치이다. 미국 다음으로는 역시 땅이 넓은 브라질에 약 4,000개의 공항이 있으며, 멕시코(1,700여 개), 캐나다(1,500여 개), 러시아(1,200여 개) 등이 그 뒤를 잇고 있다. 아시아에서 가장 많은 공항이 있는 나라는 수많은 섬으로 이루어진 인도네시아로 680여 개의 공항이 있다.

## (1) 세계의 주요 공항

| | |
|---|---|
| 인천공항 ICN<br>[세계 최고의<br>공항] | • 공항 분야의 유엔으로 불리는 국제공항협의회(ACI)가 주관하는 세계 공항서비스평가(ASQ, Airport Service Quality)에서 2016년까지 12회 연속 1위를 기록한 명실상부한 세계 최고의 공항이다. [인천공항은 2018년부터 ASQ 순위경쟁에는 참여하지 않는다]<br>• 2019년 현재 3단계 공사가 진행 중이며, 활주로 3본, 연간 7,200만 명의 여객과 580만 톤의 화물을 처리할 수 있다.<br> |
| Singapore Changi Airport SIN<br>[만족도<br>최 우수 공항] | • 전 세계 200개가 넘는 공항으로 연결되는 아시아의 허브공항 중 하나로 80여 개의 항공사가 취항하고 있는 공항이다.<br>• 2018년 Skytrax의 세계공항순위에서 6년 연속 1위를 차지하였다.<br> |

- 세계에서 여객 수송량 1위는 미국 조지아주 애틀랜타 하츠필드–잭슨 국제공항으로 2017년 한 해 1억 390만 여 명이 이용하였다. 그러나 곧 중국의 베이징공항에 추월당할 것으로 보인다. [국제공항협의회(Airport trade group Airports Council)]
- 수송량 2위는 중국 베이징 국제공항으로 9578만 6442명이 이용하였고 이어서 두바이, 도쿄 하네다, 그리고 로스앤젤레스 공항이 Top 5에 이름을 올렸다. [이미지 출처 : Atlanta.net]

애틀랜타 하츠필드–잭슨 국제공항 ATL [가장 붐비는 공항–최다 이용객]

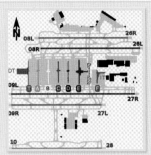

| ASQ 세계최우수공항 2018년 | Skytrax* 선정 세계 최고공항 2018 |
|---|---|
| **대형공항 : 이용객 수 4천만 이상**<br>1. 인도 델리 공항 (DEL), 뭄바이 공항 (BOM)<br>3. 중국 베이징 공항 (PEK), 푸동 공항 (PVG)<br>3. 타이페이 공항 (TPE)<br><br>**중형공항 : 이용객 수 15백만~4천만**<br>1. 충칭 공항 (CKG)<br>2. 대한민국 김포공항 (GMP)<br>3. 일본 하네다 공항 (NRT) | 1. 싱가포르 창이 공항 SIN<br>2. 인천국제공항 ICN<br>3. 뮌헨 국제공항 MUC<br>4. 도쿄 국제공항(하네다) HND<br>5. 홍콩 국제공항 HKG<br>6. 센트레아 나고야 중부국제공항 NGO<br>7. 취리히 국제공항 ZRH<br>8. 히스로 공항 LHR<br>9. 칸사이 국제공항 KIX<br>10. 도하 하마드 국제공항 DOH |

*Skytrax : 영국의 항공분야 민간 컨설팅 회사로 항공사와 공항의 서비스품질을 평가하고, 매년 순위를 매겨 발표한다.

## 2018년 국제여객 기준 상위 10개 공항 [자료 : ACI]

| Rank | 공항명 | 공항코드 | 여객수(천명) | 전년대비 증감률(%) | 전년대비 순위변동 |
|---|---|---|---|---|---|
| 1 | 두바이 | DXB | 88,885 | 1.3 | – |
| 2 | 런던(히드로) | LHR | 75,307 | 2.9 | – |
| 3 | 홍콩 | HKG | 74,407 | 2.6 | – |
| 4 | 암스테르담 | AMS | 70,956 | 3.7 | – |

| 5 | 인천 | ICN | 67,676 | 10.0 | ▲2 |
| 6 | 파리(샤를 드골) | CDG | 66,384 | 4.3 | ▼1 |
| 7 | 싱가포르 | SIN | 64,889 | 5.4 | ▼1 |
| 8 | 프랑크푸르트 | FRA | 61,775 | 8.1 | – |
| 9 | 방콕(수완나품) | BKK | 50,869 | 4.2 | – |
| 10 | 이스탄불 | IST | 48,979 | 10.1 | ▲1 |

## (2) 우리나라의 공항

우리나라에는 인천국제공항을 포함한 국제공항 8개, 울산, 여수공항 등 7개의 국내공항, 총 15개의 공항이 운용되고 있다. 인천국제공항공사가 인천국제공항을, 한국공항공사가 나머지 14개 공항을 운영한다. [원주공항, 사천공항 등의 군사공항에서도 관제 등 일부 항행분야를 제외한 공항운영은 한국공항공사 소관임]

특히, 인천국제공항은 운영과 서비스의 우수함 뿐 아니라 첨단 정보통신 시스템, 서울과 공항을 잇는 전용 고속도로와 철도, 최고 설비와 안전성을 갖춘 관제시스템 등으로도 유명하며, 운송 규모

김포공항 GMP
양양공항 YNY
인천공항 ICN
원주(횡성)공항 WJU
청주공항 CJU
포항공항 KPO
대구공항 TAE
군산공항 KUV
광주공항 KWJ
울산공항 USN
무안공항 MWX
김해공항 PUS
사천공항 HIN
여수공항 RSU
제주공항 CJU

는 화물운송 세계 2위, 여객운송 세계 5위로 90개 항공사가 186개 도시를 운항하는 동북아 최대 운송기지이다.

## 5) 공항의 발달

### (1) 공항의 탄생

항공기가 상업적으로 본격 활용되기 시작한 것은 세계1차 대전이 끝난 후 우편물 수송을 하면서부터이다. 당시 공항의 시설은 활주로와 몇 채의 사무실 건물 이 전부였다. 활주로도 적당히 평평하고 넓은 풀밭이면 그만이었다.

세계최초의 공항이 어디인가에 대해서는 논란이 있지만 1909년 라이트 형제가 군 조종사를 훈련시킨, 미국에서 항공의 요람이라 불리는 메릴랜드주의 칼리지 파크(College Park) 공항이 현존하는 공항 중 세계에서 가장 오래된 공항으로 간주된다. 독일의 함부르크 공

┃ Collegepark airport의 항공박물관

┃ Hamburg airport 전경

┃ 1920년대 암스테르담 스히폴 공항. [출처: 100 years of Schiphol]

┃ 1955년 영국 히드로 공항

항(1911), 루마니아 부카레스트 공항(1912), 독일 브레멘 공항(1913), 네널란드 스히폴 공항 (1916) 등이 뒤를 잇는다.[The Airport technology. The world's 10 oldest airports]

## (2) 공항의 근대화(近代化)

2차 세계대전을 전후로 항공기 성능의 발전과 그로 인한 항공여객수요 증가는 각 나라의 공항활주로 증축과 항공기 지원시설, 그리고 여객의 편의시설 확장 등 공항 시설의 근대화를 촉진시켰다.

보잉 707

1950년대 등장한 보잉사의 B-707과 같은 제트여객기의 본격 도입으로 항공기가 대형화하고 고속화하면서 전 세계적으로 본격적 항공여행 대중화시대가 열리게 되었는데 장거리 운송수단으로 항공여행이 증가함에 따라 1960년대 들어 공항 시설도 대형항공기를 주기할 수 있는 주기장을 비롯한 여객의 편의시설 기능이 더욱 필요하게 되었다. 이 시기에 외형적으로는 지금의 공항과 비슷한 모습을 갖추게 되는데 면세점 확대, 지상으로 내려가지 않고 터미널에서 항공기로 바로 연결되는 탑승교(Boarding Bridge) 등의 시설이 등장하였고, 터미널 디자인이 단순한 직선형(Liner Type)을 벗어나 중앙 집중방식의 Pier Type이 도입되면서 공항건물의 심미성과 운영효율성을 추구하게 된다.

공항이 단순히 항공기 운항을 지원하는 기능에서 항공기 운항안전을 보장하고 여객의 이용편의를 최대화하며 화물을 비롯한 물류처리의 효율성을 극대화하는 방향으로 발전함으로써 더 많은 항공수요를 견인하는 역할을 하게 되었다.

## (3) 현대의 공항

점보기라 불리는 B-747제트여객기의 등장은 더 많은 승객과 더 무거운 화물을 더 멀리 운송할 수 있게 해주어 항공여행의 대중화를 이끈 일등공신이었다. 공항도 이런 대형기들의 이·착륙과 다량의 여객과 화물을 처리하기 위해 대형화, 복잡화된다. 공항의 대형화는 항행시스템을 고도화하고 여객과 화물처리 시스템을 자동화하였으며 더불어 여객과 화물의 공항 접근성을 높이기 위한 도로와 철도 등 육상 교통의 발달도 유인하였다.

세계 주요 공항들은 일류 백화점 못지않은 쇼핑센터, 식당, 호텔, 영화관, 슈퍼마켓, 박물관, 미술관, 스케이트장 등 여객들이 쾌적하게 여유시간을 보낼 수 있는 각종 상업 위락 시설과 함께 은행, 보험, 정부의 행정지원 시스템까지 갖추고 여객의 편의기능과 서비스 품질 향상에 주력하고 있다. 이러한 노력은 더 많은 항공기의 취항을 유도하여 공항수익 창출 기반을 다지고 이 수익을 다시 공항 시설개선에 투자함으로서 공항의 지속경쟁력을 키우고 유지하게 해준다. 또한 첨단 과학을 토대로 하는 항공기 운항지원 시스템과 여

▮ 인천공항 안내로봇

▮ Dubai Airport Terminal 3

▮ 베이징 신공항 조감도 [이미지 출처 : By N509FZ, wikimediacommons, https://commons.wikimedia.org/wiki/File:Model_of_Beijing_New_Airport_at_the_Five-Year_Achievements_Exhibition_(20171015150600).jpg?uselang=ko]

▮ 싱가포르 공항의 Boarding Pier [출처: Singapore Airport]

객서비스 관리시스템, 그리고 다량의 수하물과 화물을 정해진 시간 내에 처리하는 각종 물류시스템을 무기로 항공사들을 끌어들여 여객과 화물 운송량을 증가시킴으로써 지역은 물론 국가 경제 발전에 한 축을 이룬다. 공항을 건설함에 있어서도 운송기지로서의 기능성을 확보한 후 건축물의 심미적 디자인과 공간미학을 추구하여 지역의 랜드마크로 만들거나 여객서비스의 편의성과 쾌적성을 극대화 시키는 다양한 마케팅을 펼침으로서 공항을 항공여행의 수단에서 또 하나의 문화 공간을 자리매김하려는 시도도 이루어지고 있다.

그렇지만 미국 시카고의 오헤어 공항, 우리나라 인천공항과 같이 그 역할과 시도가 성공적으로 수행되고 있는 사례가 있는 반면 부정확한 계획과 정치적 논리에 따른 입지선정으로 엄청난 재정과 시간을 투입하고도 예정대로 개항을 하지 못하거나 개항 후 예상보다 추가되는 막대한 운영비로 어려움을 겪고, 심지어 항공기 운항이라는 공항의 기본적 기능마저 다하지 못하는 공항도 있음은 공항 건설과 운영의 어려움을 잘 시사하고 있다. [사례 : 독일 베를린 신공항, 일본 간사이공항, 우리나라 울진공항]

## (4) 우리나라 공항의 발전

우리나라의 첫 공항은 1916년 지금의 서울 여의도에 있었던 여의도 공항이다. 1939년 일본군이 활주로를 긴설하면서 처음 항공기가 운항된 김포공항을 포함하여 해방 무렵까지 우리나라 전역에 40여 개의 군 겸용 비행장이 들어섰다. 1949년 한·미간 김포비행장

┃ 1959년 여의도 공항 [출처: 국가기록원]

┃ 1962년 수영비행장 [출처: 국가기록원]

운영협정이 체결되면서 항공요원 양성과 시설 확충이 본격화된다. 1957년 김포비행장을 국제공항으로 지정하고, 이듬해 여의도공항의 기능을 김포국제공항으로 이전하여 바야흐로 김포공항 시대가 개막된다.

부산에서는 1963년, 수영비행장이 부산국제공항으로 이름을 바꾸며 승격되었고 1976년에 김해국제공항으로 변경되었다. 1968년 제주비행장이 제주국제공항으로 승격되고, 1995년부터 광주공항, 대구공항, 청주공항이 잇달아 국제선공항으로 승격되었다.

김포공항은 1971년 국내선 여객 처리 100만 명을 처음 넘어선 후 1973년 국제선 여객 100만 명, 1988년 서울올림픽 개최 효과에 힘입어 1천만 명이 넘게 이용하는 공항으로 성장하였다. 그 후 계속되는 항공수요를 처리하기 위해 2001년 3월 인천국제공항을 오픈하였고, 이어 2002년 4월 양양국제공항, 2007년 11월에 무안국제공항을 개항하였다.

우리나라 공항을 이용한 항공여객 수는 2016년 말에 1억 명을 돌파하였고, 2018년에는 1억 1700만 명을 넘어 역대 최고치를 기록하였다.

**▌최근 1년간 우리나라 주요공항 별 운송실적▐**

| 공항명 | 공급(석) | 운항(편) | 여객(명) | 화물(톤) |
|---|---|---|---|---|
| 전국 15개 공항 실적 합계 | 143,043,492 | 701,511 | 120,323,050 | 4,405,638 |
| 인천(ICN) | 82,539,344 | 388,601 | 68,721,081 | 3,873,070 |
| 김포(GMP) | 16,630,308 | 80,760 | 14,516,613 | 173,298 |
| 김해(PUS) | 16,738,637 | 88,290 | 13,567,708 | 154,268 |
| 제주(CJU) | 17,959,172 | 92,166 | 16,045,727 | 149,703 |

(2018. 4월 ~ 2019. 3월. 출처 : Airportal.go.kr)

# 2
# 공항의 역할

## 1) 운송수단의 발달

인류문명의 발달은 운송(運送)의 발달과 함께한다. 인류가 주거지를 확대해 나가고 이동하는 거리를 늘려감에 따라 지리와 공간의 장애와 불편들도 늘어나게 되는데, 이런 문제들을 해결하기 위한 노력들이 운송수단의 발달로 이어졌다. 인간은 걷고 뛰고 헤엄치는 자신의 원초적인 육체의 힘을 운송수단으로 사용하다가 동물을 길들인 가축의 힘을 발견하여 활용하고 바람과 물과 같은 자연의 힘을 도구와 기술로 응용할 수 있게 되었다. 이러한 운송수단은 동력이라는 혁신적인 힘을 얻으면서 육상과 해상에서 그 속도와 규모가 폭발적으로 늘어나게 되었고 급기야 하늘로 확대되었으며 오늘날에는 인류를 지구 밖 우주로까지 진출할 수 있게 하였다.

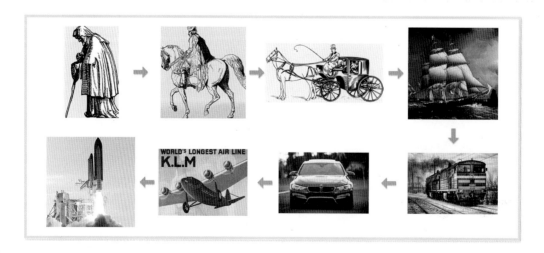

## 2) 운송의 3요소

운송(Transport)이란 "자동차, 철도, 선박, 항공기 등 교통수단을 이용하여 사람이나 재화의 출발지(공급지)와 도착지(수요지) 간의 공간적 거리의 조정과 시간적 격차를 줄이기 위한 '장소적 이동' 활동을 의미"한다.[국가물류통합센터 물류사전] 즉, 운송이란 한 지점에서 다른 지점으로 사람이나 물자를 이동하는 것이며, '운송'이 성립되려면 운송의 대상이자 주체인 사람(화물)이 있어야 하고, 운송을 발생시키는 수단이 필요하며, 그 수단이 제 기능을 할 수 있도록 지원하는 설비가 있어야 한다. 이 세 가지를 운송의 3요소라 할 수 있는데, 항공운송의 3요소는 여객(또는 화물), 항공기, 그리고 공항이라 하겠다.

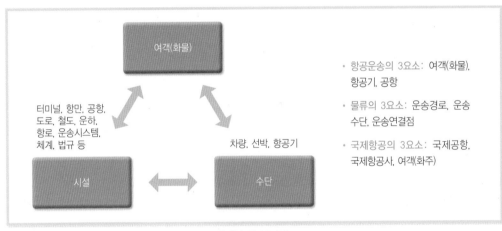

‖ 운송의 3요소 ‖

## 3) 공항의 역할

### (1) 운송기지의 역할

항공운송의 운송기지로서의 역할은 공항의 역할 중에 핵심적이고도 기본적 역할이며 대체 불가한 요소다. 운송의 3요소 중에 공항은 항공운송의 특징을 가장 잘 드러내어준다. 육상운송의 터미널이나 해상운송의 항구(항만)와 유사하지만 터미널이나 항만이 그 기능을 할 수 없는 경우 도로(철도)나 바다(강)가 일부나마 그 기능을 대신해줄 수 있는 것과 달

리 하늘 길에 떠 있는 항공기의 특성상 항공운송에서는 공항 외에 항공기의 이착륙 및 주기 기능을 대신해줄 요소가 없는 것이다.

## (2) 물류중심기지의 역할

현대의 공항은 사람과 물자를 수송하기 위한 단순 거점이 아니라 한 국가의 자본과 기술을 집약시킨 사회간접자본으로 국가의 경제수준과 국민의 생활수준을 나타내고 국가의 대외 경쟁력을 확보하기 위한 기본조건이 되었다. 여객의 이동이 활발히 이루어지는 허브공항의 인프라와 시스템은 글로벌 기업들의 물류를 유발하고 국가 물류의 중심지로서의 역할을 수행한다. 이러한 역할을 첨예하게 보여주는 사례가 홍콩 쳅락콕 공항과 우리나라 인천공항이라 할 수 있다. 홍콩 쳅락콕 공항은 여객운송규모가 세계 8위이지만 2017년 기준 세계에서 항공화물 수송량이 가장 많은 항공물류기지로서 2010년 이후 줄곧 1위를 지켜오고 있으며, 인천공항은 여객운송규모 16위이나 화물수송 부문에서는 4위에 랭크되어 있다.[ACI-Airports Council International statistics] 항공화물수송량에서 10위권 내에 드는 공항 중에 세계 항공화물 1위인 Fedex사와 3위인 UPS사 허브공항인 미국 멤피스와 루이스빌 공항, 그리고 지정학적으로 화물기들의 기술적 환승공항인 앵커리지를 제외하면 국제선 여객운송량에서 수위를 차지하는 공항이 항공화물수송기지로서도 역할이 큰 것을 확인 할 수 있다.

| 항공화물수송 공항 순위 (2017년) | | | | 여객부문 순위 (2018) |
|---|---|---|---|---|
| 순위 | Airport | Code (IATA/ICAO) | Total Cargo (ton) | |
| 1 | Hong Kong | HKG/VHHH | 5,049,898 | 8 |
| 2 | Memphis | MEM/KMEM | 4,336,752 | – |
| 3 | Shanghai Pudong | PVG/ZSPD | 3,824,280 | 9 |

| 4 | Incheon | ICN/RKSI | 2,921,691 | 16 |
| 5 | Ted Stevens Anchorage | ANC/PANC | 2,713,230 | – |
| 6 | Dubai | DXB/OMDB | 2,654,494 | 3 |
| 7 | Louisville | SDF/KSDF | 2,602,695 | – |
| 8 | Narita | NRT/RJAA | 2,336,427 | – |
| 9 | Taiwan | TPE/RCTP | 2,269,585 | 36 |
| 10 | Charles de Gaulle | CDG/LFPG | 2,195,229 | 10 |

## 인천공항, 동북아 항공물류 허브로 도약한다.

[국토교통부 보도자료 2016.12.14]

정부는 제21차 경제관계 장관회의에서 인천공항 항공물류 경쟁력 강화방안을 논의, 확정하였다. 이번 인천공항 항공물류 경쟁력 강화방안은 항공화물을 둘러싼 글로벌 시장상황을 면밀히 분석하고, 최근 항공운송 트렌드를 반영하여 동북아 항공물류 허브 선점을 위한 선제적 정책대응이 필요하다는 인식에서 마련되었다. 주요 내용은 아래와 같다.

- 3단계 물류단지 신규 조성, 글로벌 특송사 전용 화물터미널 신축
- 신선화물 전용시설 건설, 역직구 수출 맞춤형 항공배송 서비스 개시
- 수출화물 처리속도 2시간, 수입화물 처리속도 1시간 이상 빨라져.

〈인천공항 물류 경쟁력 강화방안 개념도〉

## (3) 도시화의 역할

도시화(都市化)란 인구가 증가하여 발생하는 지역적, 사회적 변화 양상을 일컫는다. 특정 지역이 어떤 연유로 인구유입을 초래하여 자생적으로 도시(都市)가 진행되는 현상이다. 대형 공항의 주변은 항공운송산업의 발달에 따라 도시화로의 변화가 두드러지게 일어난다. 과거의 공항은 도시인들의 교통을 위한 도시의 보조 기능이었으나 잘 계획된 현대공항은 건설하는 과정에서 주변의 도시화를 촉진시키고 공항건설 이후는 도시 발전에 없어서는 안 되는 필수 수단이 되며, 나아가 도시 발전을 견인하는 역할을 하게 된다. 우리나라의 경우 인천공항의 영향으로 도시화가 급속히 진행 중인 영종도와 인구유입이 늘어난 김포공항 주변이 좋은 사례라 할 수 있다. 인천공항이 개항하면 김포공항의 국제선 기능이 옮겨감에 따라 김포공항 주변지역은 쇠락해질 것이라는 우려가 있었지만 인천공항 개항 이후 오히려 인천공항과 서울의 중간기착지로서 역할이 커졌으며 김포공항도 서울과 인천, 김포 등 수도권 서부의 교통중심지로서 더 번성하게 되었다. 실제로 인천공항과 김포공항, 그리고 김해공항이 위치한 지역의 인구수 변화를 보면 이런 도시화의 증거를 확인할 수 있다.

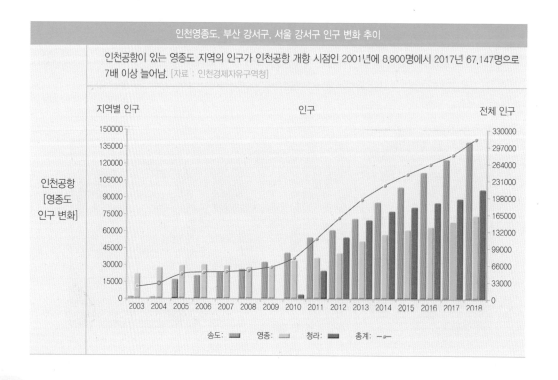

인천영종도, 부산 강서구, 서울 강서구 인구 변화 추이

인천공항이 있는 영종도 지역의 인구가 인천공항 개항 시점인 2001년에 8,900명에서 2017년 67,147명으로 7배 이상 늘어남. [자료 : 인천경제자유구역청]

| 김해공항<br>[부산시<br>강서구<br>인구 변화] | 부산시 전체 인구는 꾸준히 감소하고 있지만 강서구 인구는 8년 사이 2배 정도 증가하고 있음. [자료 : 부산시 강서구청] | | | | | | | | |
|---|---|---|---|---|---|---|---|---|---|
| | 구분 | 대저1동 | 대저2동 | 강동동 | 명지1동 | 명지2동 | 가락동 | 녹산동 | 가덕도동 | 계 |
| | 2018년 01월 인구 | 7,562 | 8,567 | 5,428 | 26,533 | 31,432 | 2,778 | 36,527 | 3,863 | 122,690 |
| | 2010년 01월 인구 | 11,463 | 8,892 | 7,698 | 18,596 | | 3,162 | 11,265 | 2,981 | 64,057 |
| 김포공항<br>[서울시 강<br>서구 인구<br>변화] | 서울시 역시 전체 인구수 증감 변화가 거의 없는 상태임에도 강서구인구는 2006년 인구 55만9800명에서 2016년 60만2100명으로 4만2200명이 증가하였다. 마곡지구 개발, 부동산 가치 상승효과와 더불어 인천공항과 김포공항의 일자리 및 항공사 본사 소재지역에 따른 근로자 유입효과도 한 몫 한 것으로 보인다. [자료 : 서울시 강서구청] | | | | | | | | |

*인천 청라지구, 김해시와 김포시의 인구증가는 제외한 수치로 실제 도시화의 효과는 더 크다고 볼 수 있다.

## 4) HUB[허브] 공항

### (1) 개념

허브공항(a Hub Airport)이란 말은 'Hub and Spoke Network'에 기원을 둔다. Hub란 바퀴의 중심부분을, Spoke란 허브를 가운데로 사방으로 뻗어있는 바퀴살을 의미하는데, 한 지점을 중심으로 여러 지점으로 연결되어 있는 운송노선망의 모양이 이를 닮았다고 해서 유래된 용어이다. 서울의 지하철노선에 비유하면 서울역, 왕십리역, 공덕역, 홍대입구역 등이 허브(역)가 되겠다. 항공노선에서는 세계(또는 국내)의 주요 지역을 그 지역의 거점공항과 여러 개의 스포크공항으로 연결하는 방식을 Hub and Spoke Network(System)이라고 부른다. 대체로 풍부한 노선망과 다종(多種) 다량의 항공기재를 보유한 대형항공사들이 Hub and Spoke 전략을 쓰며, 이에 대응되는 것이 'Point to Point' 전략으로 LCC(Low Cost Carrier)들이 사용하기에 적합하다.

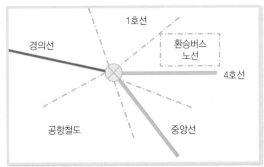

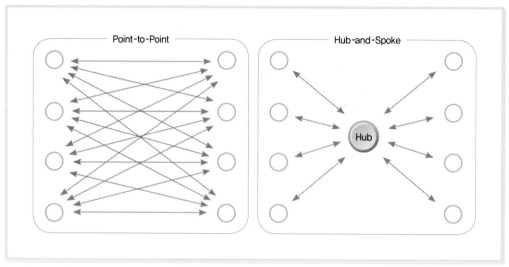

▌ 포인트 투 포인트와 허브 앤 스포크 네트워크 개념도
[출처 : The Geography of Transport Systems, https://transportgeography.org]

## (2) 의미

허브공항(Hub Airport)은 다음과 같은 두 가지 의미를 지닌다.

### ① 항공사의 허브공항

항공사에 있어서 허브공항은 그 항공사의 주 공항(Home Base, Main Airport)을 의미하는데 그 항공사를 이용하는 대부분의 승객들이 거치게 되는(출발과 도착, 환승) 공항을 말한다. 특히 무착륙비행(Non-stop Flying)이 어려운 승객과 5/6 수요의 승객들을 끌어들여 수익을 창출하는 공항으로서의 역할이 크다. 또한 항공사로서는 자사 대부분의 항공기들이 머무는 전략요새와 같은 곳으로 본사(HQ 또는 운영본부)를 두고 항공기를 정비하며 시스템을 통제하는 곳이다. 미국과 같이 시장이 넓고 국내선이 발달한 나라의 대형항공사들은 여러 개의 허브공항을 운영한다. 세계최대 항공사인 아메리칸 항공(AA)은 댈러스의 포트워스공항이 허브공항이지만 뉴욕 JFK공항, 시카고 오헤어공항, 휴스턴과 마이애미 공항 등을 각 지역의 허브공항으로 운영하고 있다.

## ② 공항운영 측면의 허브공항

공항운영자 입장에서 허브공항은 글로벌 항공사들의 취항을 유인하고 그에 따라 구성된 보다 편리한 스케줄로 또 다른 수요를 만들기 위한 절대과제가 된다. 허브공항에서 항공사는 수송량 증가와 경쟁력 있는 항공기 운용으로 원가를 줄이고, 운항 편수를 더 늘릴 수 있다. 이러한 선순환 구조는 궁극적으로 공항과 그 지역, 나아가 국가의 이익에도 기여하게 된다. 허브공항을 만들고 육성하기 위해 국가적으로 가용역량을 쏟는 이유가 여기에 있다.

허브공항이 되려면 풍부한 수요가 배후로 있는 항공운항의 요충지로서의 지리적 요건이 무엇보다 중요하지만 그 것만으로 허브공항이 되는 것은 아니다. 사람과 항공기를 유인할 수 있는 전략과 요건들이 필요한데 다양한 노선, 선택지가 풍부한 운항편수, 그런 네트워크를 기반으로 하는 편리한 연결성, 철도·버스·해상운송(항만)과의 연계 효율성, 경쟁공항 대비 저렴한 공항이용료(User Charge), 그리고 이러한 요건들을 효과적으로 운영하고 활용할 수 있는 공항운영능력이 그런 것들이다. 이러한 요건들이 서로 영향을 주고받으며 유기적으로 작용할 때 시너지효과를 창출할 수 있다.

### 인천공항의 허브화 지수

인천공항의 허브화 지수는 2017년 대비 대폭 향상된 것으로 나타났다. [국제공항협의회(ACI)의 허브화지수의 개념 적용]

- 허브화 지수 = 접근성 × 중심성
- 접근성 : 해당 공항에서 다른 공항들로 얼마나 잘 연결되어 있는지를 나타내는 인자(국제선 출발 운항횟수, 천편)
- 중심성 : 해당 공항을 중심으로 얼마나 많은 환승이 일어나는지를 나타내는 인자(24시간 기준 환승객 수, 백만 명)

| 인천공항<br>허브화 지수 | 2018년 | 2017년 |
|---|---|---|
| | 1530.87 | 1299.59 |

**┃ 연결성지수(Connectivity Index) 기준 허브공항 순위와 최다승객 수송 공항 비교 ┃**

| 순위 | 공항 | 국가 | 연결성지수 | 주 항공사 | 주 항공사의 점유율(운항편수) (%) | 최다 승객 운송 순위 |
|---|---|---|---|---|---|---|
| 1 | London Heathrow (LHR) | United Kingdom | 333 | British Airways | 52 | 7 |
| 2 | Chicago O'Hare (ORD) | USA | 306 | United Airlines | 48 | 6 |
| 3 | Frankfurt Airport (FRA) | Germany | 302 | Lufhansa | 63 | 14 |
| 4 | Amsterdam Schiphol (AMS) | Netherlands | 286 | KLM | 51 | 11 |
| 5 | Toronto Pearson (YYZ) | Canada | 271 | Air Canada | 60 | 29 |
| 6 | Los Angeles International (LAX) | USA | 257 | American Airlines | 21 | 4 |
| 7 | Atlanta Hartsfield–Jackson (ATL) | USA | 256 | Delta Air Lines | 79 | 1 |
| 8 | Singapore Changi (SIN) | Singapore | 253 | Singapore Airlines | 23 | 18 |
| 9 | Paris–Charles de Gaulle (CDG) | France | 250 | Air France | 51 | 10 |
| 10 | Jakarta Soekarno–Hatta (CGK) | Indonesia | 249 | Gaurda Indonesia | 28 | 17 |
| 11 | Munich Airport (MUC) | Germany | 237 | Lufthansa | 59 | 38 |
| 12 | Kuala Lumpur International (KUL) | Malaysia | 233 | AirAsia | 30 | 23 |
| 13 | Hong Kong International (HKG) | Hong Kong (SAR), China | 230 | Cathay Pacific | 26 | 8 |
| 14 | Bangkok Suvarnabhumi (BKK) | Thailand | 230 | Thai Airways | 21 | 21 |
| 15 | Seoul Incheon (ICN) | South Korea | 216 | Korean Air | 23 | 16 |
| 16 | New York John F Kennedy (JFK) | USA | 207 | Delta Air Lines | 34 | 22 |
| 17 | Istanbul Ataturk (IST) | Turkey | 205 | Turkish Airlines | 80 | 15 |
| 18 | Dubai International (DXB) | UAE | 194 | Emirates | 45 | 2 |
| 19 | Miami International (MIA) | USA | 192 | American Airlines | 75 | 43 |
| 20 | Mexico City International (MEX) | Mexico | 181 | Aeromexico | 46 | 33 |

[OAG megahubs index 2018 및 국제공항협의회(ACI) 2018 자료 편집]

# 3
# 공항코드

항공 업무에 사용되는 많은 용어들은 부호(Code)화되어 있는데 항공사와 공항에도 고유의 이름 외에 개별 코드가 부여되어 있다.

## 1) 공항코드

### (1) IATA

IATA와 ICAO는 각각 자체 기준을 가지고 공항코드(Airport Location Indicator)와 항공사의 코드(Airline Designator)를 결정하고 있다. IATA는 공항코드로 3자리를, 항공사코드로 2자리를 부여하고, ICAO는 각각 4자리와 3자리를 사용한다. 공항이 드물었던 항공산업 초기에는 공항이 소재한 도시의 이름에서 만든 하나의 코드를 도시와 공항에 함께 사용하였다.(예 : SEL-서울, BKK-방콕, PAR-파리)

항공산업이 발전하면서 점차 많은 공항이 건설되고 한 도시에 두 개 이상의 공항이 생기면서 공항코드는 배후도시의 이름과 달리 만들어지게 된다. 이 때 많은 나라들이 역사적 위인이나 유명인의 이름을 따서 공항이름과 코드를 부여하였다.(LHR-런던 히드로, JFK-뉴욕 존에프케네디, CDG-파리 샤를드골 공항, FNC-포르투갈의 마데이라 크리스티아누 호날두 공항)

### (2) ICAO

코드를 조합함에 있어 규칙성이 결여되어 있는 IATA의 공항코드와 달리 ICAO의 공

ICAO 공항코드 지역 별 첫 글자

출처 : by Hytar. Wikimedia Commons.

- 우리나라가 속한 동 아시아는 'R'.
- 미국, 러시아, 중국 등은 첫 글자를 국가코드로 사용.
- E는 북서유럽, S는 남미 등

EG, NZ, SA, SC, Y

| SEOUL/Incheon Intl(RKSI) RWY 15L/R, 16 SMGCS-Arrival Taxi Route | AIM(Aeronautical Information Management)에 표시된 인천공항 코드 RKSI. ICAO 코드는 운항, 기상, 항행 등의 보다 전문적 영역에서 사용된다. |

항코드는 매우 체계적이다. ICAO의 공항코드는 네 글자로 이루어지는데, 전 세계를 지역(첫 글자)으로 구분하고, 국가(두 번째 글자)로 나눈 다음 국가 내 지역(세 번째 글자)과 공항(네 번째 글자)을 순서에 따른 각 글자로 분류하고 있다. 미국, 캐나다, 러시아, 중국, 호주와 같이 땅이 넓은 나라는 첫 번째 글자를 국가코드로 쓰고, 두 번째 글자를 자기나라 내의 지역으로 표시한다. ICAO 코드는 운항 항행 분야에서 사용되기에 일반인들에는 생소하지만 항공 업무에서는 IATA의 코드보다 정확한 통신단위로 선호되고 있다.

| 첫 글자 | 지역 | + 두 번째 글자 | 국가 |
|---|---|---|---|
| E | Northern Europe | EB | Belgium |
| | | ED | Germany |
| | | EF | Finland |
| | | EG | United Kingdom |
| | | EH | Netherlands |
| | | EI | Ireland |
| L | Southern Europe, Israel and Turkey | LB | Bulgaria |
| | | LE | Spain |
| | | LF | France (Metropolitan France) |
| | | LG | Greece |
| | | LI | Italy |
| R | Taiwan/South Korea/ Philippines and Japan | RC | Republic of China(Taiwan) |
| | | RJ | Japan |
| | | RK | Republic of Korea |
| | | RP | Philippines |

ICAO 분류 체계에 따른 주요 지역 내 국가 코드 예시

| U | Russia and post-Soviet states, | U | Russia |
| | | UA | Kazakhstan |
| | | UB | Azerbaijan |
| V | South Asia (except Afghanistan and Pakistan) | VA | India (also VE, VI and VO) |
| | | VC | Sri Lanka |
| | | VD | Cambodia |
| | | VG | Bangladesh |
| | | VH | Hong Kong |
| Z | China, Mongolia and North Korea | Z | Mainland China (except ZK and ZM) |
| | | ZK | North Korea |
| | | ZM | Mongolia |

## 2) 항공사코드

항공사코드는 초기에 ICAO와 IATA 모두 두 글자였다. 항공사들이 많아짐에 따라 두 글자로 만들 수 있는 한계를 넘자 ICAO에서는 1987년부터 세 글자 체계를 사용하고 있다. IATA는 두 개의 알파벳만으로는 부족하게 되어 알파벳에 숫자를 추가하여 항공사코드를 만들고 있다.

IATA는 2글자의 항공사 코드 외에 항공권 관리 및 회계 상의 목적 등으로 3개의 숫자로 지정된 항공사번호를 별도로 사용하고 있는데 이를 IATA SCNStock Control Number이라고 한다.

| 구분 / 예시 | IATA | ICAO |
| --- | --- | --- |
| 공항<br>• 인천공항<br>• 토론토 | 3글자<br>• ICN<br>• YYZ | 4글자<br>• RKSI<br>• CYYZ |
| 항공사<br>• 대한항공<br>• 아시아나<br>• 제주항공<br>• 진에어 | 2글자<br>• KE<br>• OZ<br>• 7C<br>• LJ | 3글자<br>• KAL<br>• AAR<br>• JJA<br>• JNA |

FIDS의 IATA 항공사코드
수하물 꼬리표의 IATA 공항 코드,
SCN code

## 우리나라 항공사코드와 공항코드

| 항공사 | | | | 공항 | | |
|---|---|---|---|---|---|---|
| logo | 항공사 | IATA | ICAO | 도시 | IATA | ICAO |
| | Korean Air | KE | KAL | 서울 인천 | ICN | RKSI |
| | Asiana Airlines | OZ | AAR | 서울 김포 | GMP | RKSS |
| | Jeju Air | 7C | JJA | 양양 | YNY | RKNY |
| | Jin Air | LJ | JNA | 원주 | WJU | RKNW |
| | Air Busan | BX | ABL | 대구 | TAE | RKTN |
| | Eastar Jet | ZE | ESR | 청주 | CJJ | RKTU |
| | Tway Air | TW | TWB | 포항 | KPO | RKTH |
| | air seoul | RS | ASV | 부산 김해 | PUS | RKPK |
| | Air Incheon | KJ | AIH | 제주 | CJU | RKPC |
| | | | | 진주 사천 | HIN | RKPS |
| | | | | 울산 | USN | RKPU |
| | | | | 무안 | MWX | RKJB |
| | | | | 광주 | KWJ | RKJJ |
| | | | | 군산 | KUV | RKJK |
| | | | | 여수 | RSU | RKJY |

CHAPTER 1

CHAPTER 2

CHAPTER 3

CHAPTER 4

CHAPTER 5

CHAPTER 6

CHAPTER 7

부록

2

# 공항의
# 구조와 시설

# 1

# 공항시설

## 1) 시설의 분류

공항시설을 크게 다음과 같이 분류할 수 있다.

1) 항공기의 이착륙을 위한 시설

2) 항공기의 안전을 위한 시설

3) 여객의 탑승수속과 탑승시설

4) 수하물 처리시설

5) 화물 처리시설

6) 기타 지원시설

## 2) 법적 기준

우리나라 공항시설법 및 그 시행령에서는 공항시설을 아래와 같이 분류한다.

| 공항시설법 제2조 | ① 항공기의 이륙 · 착륙 및 항행을 위한 시설과 그 부대 및 지원시설<br>② 항공 여객 및 화물의 운송을 위한 시설과 그 부대 및 지원시설 |
|---|---|
| 공항시설법 시행령 제3조(공항시설의 구분) | 1. 대통령령으로 정하는 기본시설<br>　① 활주로, 유도로, 계류장, 착륙대 등 항공기의 이착륙시설<br>　② 여객터미널, 화물터미널 등 여객시설 및 화물, 수하물처리시설<br>　③ 항행안전시설<br>　④ 관제소, 송수신소, 통신소 등의 통신시설과 기상관측시설<br><br>2. 대통령령으로 정하는 지원시설<br>　① 항공기 및 지상조업장비의 점검　정비 등을 위한 시설<br>　② 운항관리, 의료, 교육훈련, 소방 및 기내식 제조 · 공급 등 시설<br>　③ 공항의 운영 및 유지 · 보수를 위한 공항 운영 · 관리시설 |

| 공항시설법 시행령 제3조(공항시설의 구분) | ④ 공항 이용객 편의시설 및 공항근무자 후생복지시설<br>⑤ 공항교통, 조경시설, 방음벽, 공해배출 방지시설 등 환경보호시설<br>⑥ 공항과 관련된 상하수도 시설 및 전력·통신·냉난방 시설<br>⑦ 항공기 급유시설 및 유류의 저장·관리 시설<br>⑧ 항공화물을 보관하기 위한 창고시설 등. |
| --- | --- |

## 3) 공항의 구조

### (1) Air side와 Land side

공항은 크게 두 개의 구역으로 분리된다. 한 쪽은 항공기의 이륙과 착륙, 그리고 항공기 이동과 주기를 주목적으로 하는 구역으로 에어사이드(Air side)라 부르고, 나머지 구역은 여객의 편의 위주로 구성된 구역으로 랜드사이드(Land side)라고 한다. 에어사이드는 항공기 운항의 안전을 위해 램프패스(Ramp Pass)라고 하는 출입증을 소지한 인가된 사람들과 보안검색(국제선은 출국수속 포함)을 마친 승객만이 들어갈 수 있다. Air side로 출입하기 위해서 거쳐야 하는 보안검색대를 두 구역의 경계로 볼 수 있는 것이다. 공항면적의 대부분은 Air side에 속하며 여객을 포함한 일반인들이 출입하는 공간은 대체로 Land side에 해당된다.

Air side에 설비된 중요 시설들의 규격 표준과 통일성을 위해 ICAO는 부속서(Annex) 14 비행장(Aerodomes)에서 표준과 기준들을 정해놓고 있으며 우리나라도 이를 근거로 항공법, 공항시설법 등 관련 법령으로 공항건설의 계획단계부터 입지선정, 설계 등 세부적인 내용에 대한 기준을 규정해놓고 있다.

- Air side : 활주로, 계류장, 항공기 진출입지역(Landing Area), 유도로, 관제탑(Tower)과 항공기 정비기지, 소방대 등의 항공기 지상지원시설들이 있다.
- Land side : Air Side를 제외한 지역으로 공항입구부터 접근로, 주차장, 철도와 버스 등 교통 센터, 여객 및 화물청사의 일반인에게 개방된 공간을 포함한다.

## (2) 비행장(공항) 등급 기준

ICAO는 비행장(공항)에 취항하는 항공기를 수용할 수 있는 시설을 기준으로 항공기 제원과 연결하여 비행장을 분류하고 있다. 항공기의 성능 및 크기에 따라 2가지로 구성되는 분류코드를 사용는데, 첫째 코드는 항공기별 활주로길이를, 둘째 코드는 항공기의 날개폭 및 외측 차륜 간격을 기본으로 하여 분류된다. 미국 FAA와 우리나라도 ICAO 기준을 준용하여 비행장 등급을 규정하고 있다.[국토교통부예규 비행장시설(활주로) 설계 매뉴얼]

| ICAO Airport Reference Code | | | | |
|---|---|---|---|---|
| 제1 요소 | | 제2 요소 | | |
| 등급번호 | 항공기별 활주로 길이(m) | 등급코드 | 날개 폭(m) | 외측 차륜간격(m) |
| 1 | 800 미만 | A | 15 미만 | 4.5 미만 |
| 2 | 800 ~ 1,200 | B | 15 ~24 | 4.5 ~ 6 |
| 3 | 1,200 ~ 1,600 | C | 24 ~ 36 | 6 ~ 9 |
| 4 | 1,800 이상 | D | 36 ~ 52 | 9 ~ 14 |
| – | – | E | 52 ~ 60 | 9 ~ 14 |

국제선공항은 일반적으로 코드 3 또는 4를 사용한다.

| 우리나라의 비행장(육상비행장) 등급 기준 | | | | |
|---|---|---|---|---|
| 분류요소1 | | 분류요소2 | | |
| 분류번호 | 항공기의 최소이륙거리(m) | 분류문자 | 항공기 주 날개 폭(m) | 항공기 주륜 외곽의 폭(m) |
| 1 | 800 미만 | A | 15 미만 | 4.5 미만 |
| 2 | 800 ~ 1,200 | B | 15 ~24 | 4.5 ~ 6 |
| 3 | 1,200 ~ 1,600 | C | 24 ~ 36 | 6 ~ 9 |
| 4 | 1,800 이상 | D | 36 ~ 52 | 9 ~ 14 |
| – | – | E | 52 ~ 65 | 9 ~ 14 |
| | | F | 65 ~ 80 | 14 ~ 16 |

| FAA의 항공기 속도와 크기를 조합한 비행장 등급 | | | |
|---|---|---|---|
| 항공기 접근 분류 | | 항공기 설계 분류 | |
| 접근 종류 | 항공기 접근 속도(kts) | 설계 종류 | 항공기 날개 폭(m) |
| A | 91 이하 | I | 15 미만 |
| B | 91 ~ 121 | II | 15 ~24 |
| C | 121 ~ 141 | III | 24 ~ 36 |
| D | 141 ~ 166 | IV | 36 ~ 52 |
| E | 166 이상 | V | 52 ~ 66 |
| – | – | VI | 66 ~ 80 |

## (3) 공항의 평면도

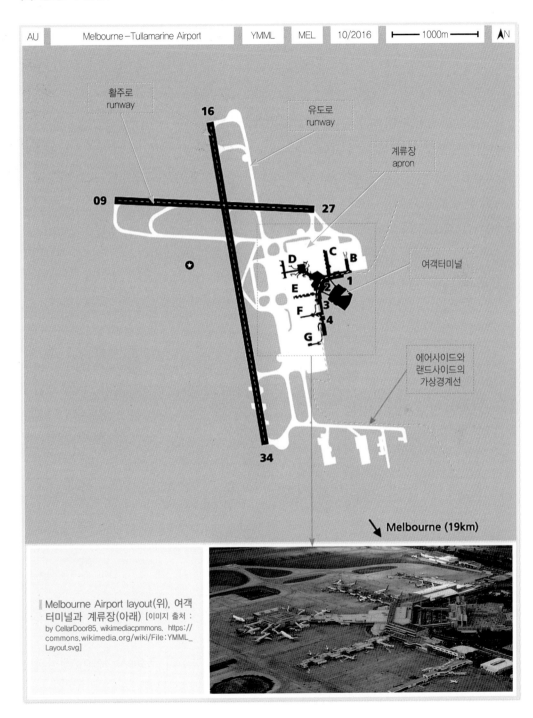

Melbourne – Tullamarine Airport | YMML | MEL | 10/2016 | 1000m | N

활주로
runway

유도로
runway

계류장
apron

여객터미널

에어사이드와
랜드사이드의
가상경계선

Melbourne (19km)

Melbourne Airport layout(위), 여객
터미널과 계류장(아래) [이미지 출처 :
by CellarDoor85, wikimediacpmmons, https://
commons.wikimedia.org/wiki/File : YMML_
Layout.svg]

## 4) 공항시설의 배치

공항은 한 여행의 종점에서 다른 여행을 연결하는 장소로서 지상에서 항공, 항공여행에서 지상여행, 항공여행에서 항공여행으로의 교통의 체계를 바꾸는 접점이자 연결점이다. 공항시설의 설계는 공항이 이러한 교통체계의 연결점이라는 관점에 기초한다. 따라서 공항시설을 배치할 때에는 항공 및 지상교통체계의 다양하고 복합적인 연관요소들에 대한 이해가 중요하다. 특히 에어사이드의 시설들을 계획할 때는 공항을 이용하는 항공기의 성능, 항공기의 크기, 관제능력, 공항운영의 효율성, 안전운항 요건, 소음관리, 항공로의 장애물 등에 대한 면밀한 검토가 필요하다.

ICAO가 제시하는 공항의 기본계획에 포함되어야 할 기준요소는 다음과 같다.[ICAO guidelines for a master plan of airport, 요약]

| 항목 및 단계 | 주요 기준요소 |
|---|---|
| 예비 계획 수립 | 협의 및 계획 절차 수립, 조직 구성, 목적과 정책목표 등 |
| 계획목적 예상 | 필요요건 검토, 예측 정확도와 방법 등 |
| 재정 계획과 통제 | 자본, 비용, 운영계획 등 |
| 입지 선정 | 필요 부지, 잠정 위치 선정 및 분석(비용, 환경 등), 최종 평가 등 |
| 활주로와 유도로 | 규격, 수용 능력 등 |
| 계류장 | 주기 규모, 격납고, 대기지역, 보안환경 등 |
| 항행 시설 | VGDS, 무선항법 및 관련 시설, ATS 및 지상관제 등 |
| 여객청사 | 설계 원칙, 항공교통량과 서비스 특성, 수요와 공급능력 등 |
| 화물청사 | 청사 기능과 유형, 주기능력 등 요구 설비 등 |
| 지상교통 | 공항 진출입 및 내부 교통체계, 차량 순환흐름과 주차능력 등 |
| 공항운영 및 지원 | 각종 행정, 유지, 의료, 차량지원설비, 기상정보, 승무원 지원시설, 항공기 정비, 소방구급, 항공기 연료공급 등 |
| 보안 | 에어사이드와 랜드사이드 보안 대책, 분리 장벽, 경비 초소 등 |

공항의 필수시설인 활주로와 여객터미널을 중심으로 공항의 주요 시설들이 배치되는 대략적 기준을 그림으로 나타내면 다음과 같다.

## (1) 공항의 기본적 구역 구분

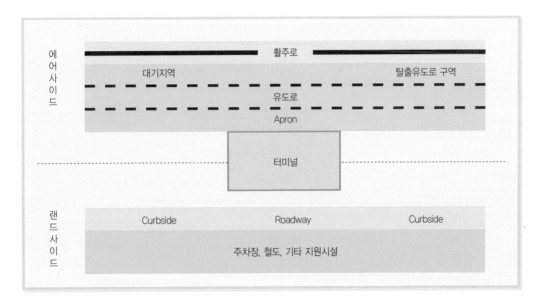

## (2) 공항시설의 우선순위와 배치 시 고려사항

### ① 활주로

　ㄱ 활주로의 위치, 개수, 방향 등 활주로의 구조 결정

　ㄴ 활주로가 복수일 경우 평행(parallel runways)으로 배치 원칙

　ㄷ 교차활주로(intersection runways), V자 활주로(open-V runways) 검토

　ㄹ 소음 피해 고려. 소음피해지역, 피해예상지역 구분. 소음방지대책 수립

② 여객터미널

　㉠ 항공기의 활주로 접근성

　㉡ 여객의 이용 편리성, 지상교통과의 연계성

③ 화물터미널

　㉠ 여객터미널과의 이동거리(항공화물은 대부분 여객기에 의해 운송 됨)

　㉡ 여객터미널과 접근도로 분리(화물트럭에 의한 여객교통 간섭 분리)

④ 정비시설

　㉠ 항공기 이동 거리 및 시간 최소화

　㉡ 활주로 횡단 부담 해소 또는 완화

⑤ 공항지원시설

　㉠ 기능별 유사성으로 묶어 배치(우편시설과 화물터미널, 기내식시설과 화물터미널, GSEGround Service
　Equipment 건물과 화물터미널 등)

　㉡ 기타 상업시설, 주차장, 철도역사 배치방식 고려, 공항 완충지대 확보 등

## (3) 세계 주요 공항의 시설배치도 예시

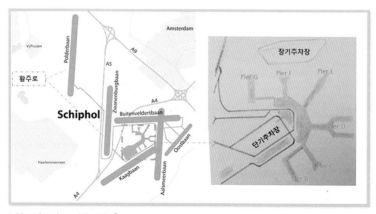

▌암스테르담 스히폴 공항 [이미지 출처 : By NielsB, wikimediacommons, https://commons.wikimedia.org/wiki/File:Schiphol-overview.png]

CHAPTER 1

CHAPTER 2

CHAPTER 3

CHAPTER 4

CHAPTER 5

CHAPTER 6

CHAPTER 7

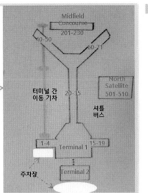

### 홍콩 첵락콕 공항

[출처 : By Wylkie Chan, wikimdiacommons, https://en.wikipedia.org/wiki/Hong_Kong_ International_Airport#/media/File:A_bird's_ eye_view_of_Hong_Kong_International_ Airport.JPG, 축소편집]

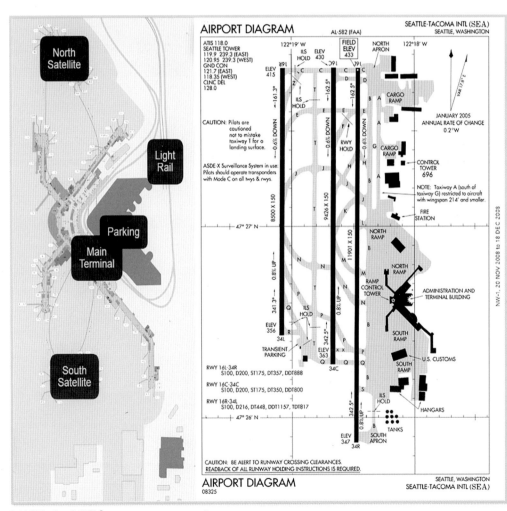

┃ 시애틀 타코마 공항 [출처 : Wikipedia, Port of Seattle]

▌덴버공항

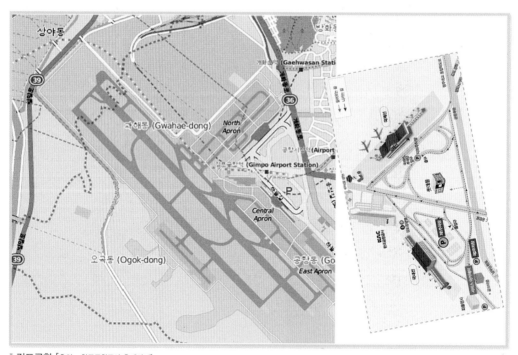

▌김포공항 [출처 : 한국공항공사 홈페이지]

☞ 부록 1. 국내공항의 시설 현황표 참조

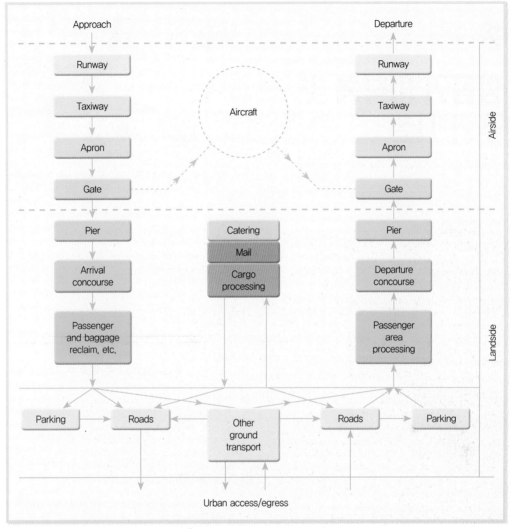

▌공항시설 배치 개요도 The airport system [Airport Operations. by Norman Ashford., H. Stanton., Clifton Moore.1996]

# 2

# 항공기 이착륙 및
# 주기 시설

## 1) 활주로(Runway)

### (1) 기본개념

활주로는 육상 비행장에 항공기의 이륙과 착륙을 위해 만들어진 직사각형의 시설이다. 활주로의 개수와 위치, 방향은 항공기가 안전하고 효율적으로 이용할 수 있게 설계되는데, 활주로의 건설과 운영에는 풍향과 풍속, 주변지역의 지형적 조건과 항공교통량, 이용할 항공기종 등 다양한 변수와 조건들이 영향을 미친다.

### 활주로 배치의 필수 고려사항

[비행장시설(활주로) 설계 매뉴얼. 국토교통부 예규]

① 기상, 특히 바람의 분포(풍향, 풍속) 및 안개 발생에 의한 활주로, 비행장 이용률(usability factor)

② 비행장 부지와 그 주변의 지형(부지조성, 장애물 제거, 배수 등 감안)

③ 비행장에서 운영할 항공교통의 형태(type) 및 교통량(항공교통관제 측면 포함)

④ 항공기 성능에 대한 고려

⑤ 환경적인 고려 (특히 소음피해, 수질오염, 야생동물에 대한 피해 등)

⑥ 활주로 구성별 용량 (처리 가능한 운항횟수)

⑦ 주변의 공역 이용현황 (타 비행장의 공역, 비행금지 및 제한공역)

활주로의 크기는 공항의 지형적 조건과 사용 항공기의 종류에 따라 폭 30m, 45m, 60m, 길이 1,600m~4,000m 사이에서 분류된다. 우리나라에서 가장 큰 활주로는 인천공항 제 3활주로로 폭 60m, 길이 4,000m이다.

하나의 활주로를 양방향으로 쓸 수 있는데 공항의 기상, 활주로 상태, 주변 조건 등에 따라 매일 한 쪽을 정해서 사용한다. 활주로 번호는 방위각을 기준으로 지정되며 활주로 번호가 36이면 조종사가 보는 쪽에서 활주로가 360도 방향(360에서 0을 빼고 십 단위로 명명한다), 즉 정북(正北) 방향이라는 의미다. 이 때 반대편 활주로 번호는 18(180도 방향)이 되는 것이다. 인천공항과 같이 같은 방향으로 나란한 활주로가 여러 개가 있는 경우 번호 옆에 L(Left)과 R(Right)을 붙여 구분하고 3개 이상이면 순차적으로 1(10도)을 더해서 이름을 구분한다. 예를 들면, 인천공항은 북서(330도)방향으로 4개의 활주로가 나란히 있는데 1,2번 활주로는 15L/33R, 15R/33L이고 3,4번 활주로는 16L/34R, 16R/34L으로 표시된다. [4번 활주로는 건설 중]

▌활주로 진입구역에 설치된 활주로 방향 표시물

## (2) 활주로 공시 거리

활주로 공시거리란 비행기의 이착륙에 필요한 실제 활주거리를 뜻한다. 항공기 활주를 위한 포장구역, 개방구역, 정지도로 등으로 구분하여 정하는데 아래와 같이 네 가지 거리를 공시하도록 되어 있다. [ICAO ANNEX 14]

| TORA (Take-off Run Available) 이륙활주가용거리 | 이륙하는 항공기가 지상 활주에 적합한 길이 |
| --- | --- |
| TODA (Take-off Distance Available) 이륙가용거리 | 이륙 항공기가 일정고도까지 초기 상승하는데 적합한 길이. TORA 에서 이륙 방향의 개방구역(Clearway)을 더한 길이 |

| ASDA (Accelerate Stop Distance Available) 가속정지가용거리 | 이륙 항공기가 이륙을 포기하는 경우에 정지하는데 적합한 길이. TORA에 정지로(Stopway)를 더한 길이 |
| --- | --- |
| LDA (Landing Distance Available) 착륙가용거리 | 착륙 항공기가 지상 활주에 적합한 길이 |

## (3) 활주로의 구성

① 제트분사 구역은 항공기 제트엔진의 분사로 인한 침식을 막기 위해 보강 포장이 되어

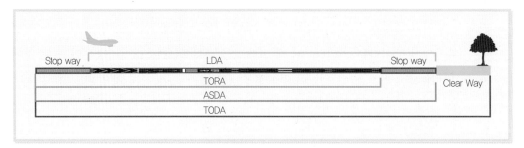

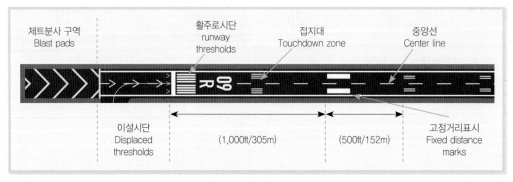

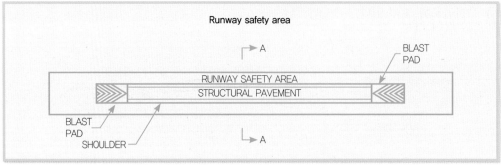

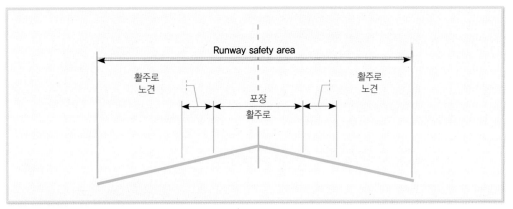

▮ FAA Advisory Circular AC150/5300-13

있는 구간이다. 활주로 시단에서 최소 길이 30m 이상 시설되어야 한다.

② 이설시단은 활주로 시작 또는 끝에서 옮겨 놓은 시작구역으로 지상주행이나 이륙 활주 또는 착륙 후 활주 등에 쓰이며 착륙지점으로는 쓰일 수 없다. 활주로 앞에 장애물이 있거나, 착륙 시 소음을 줄일 목적으로 설치된다.

③ Runway safety area(활주로 안전구역)은 항공기가 활주로의 시단 앞쪽에 착륙하거나 착륙 후 종단을 지나치게 되는 경우 등에 대비하여 항공기의 손상을 줄이기 위해 활주로 주위에 설정된 구역이다. 깨끗하고 편편하게 포장되어 있어야 하고, 항공기 주행을 방해하는 장애물이 있어서는 안 된다. 특히, 활주로 중심선의 연장선에 대칭으로 착륙대 종단 이후에 설정된 구역을 종단안전구역(RESA-Runway end safety area)이라 한다.

## (4) 활주로 길이에 영향을 미치는 공항환경

공항의 표고위치, 온도, 바람, 활주로의 경사와 표면 상태 등, 환경은 활주로 길이와 실제 항공기의 이착륙에 영향을 미친다. B747기의 경우 이륙 중량과 항공기의 상태, 기온과 같은 환경에 따라 이륙시의 활주로 소요 길이가 1,000미터 이상 차이가 날 수 있다.

| 요소 | 영향 |
|---|---|
| 표고 | 표고가 높을수록 활주로 길이[이착륙 필요 거리]는 길어진다. 기온과 항공기의 중량의 변화에 따라 증가폭은 달라진다. |

| 온도 | 온도가 높을수록 긴 길이의 활주로가 필요하다. 높은 기온은 항공기 엔진의 출력을 감소시키며, 기온이 올라갈수록 보다 긴 활주로가 필요하다. |
|---|---|
| 바람 | 지상의 바람이 정풍[맞바람]이고 바람의 크기가 클수록 항공기 이착륙에 요구되는 활주로 길이는 짧아지고, 배풍[뒤바람]에 바람의 크기가 클수록 그 길이가 길어진다. 지상 풍속과 풍향의 효과는 항공기 중량과 온도에 따라 달라지며, 배풍(背風)은 최대 허용치가 있다. [최대 배풍 허용치는 공항마다 다르나 대체로 최대 10kts[약 18km]이며, 5kts의 맞바람이 이륙활주거리를 약 3% 감소시킨다고 한다] |
| 활주로 상태 | 활주로 표면이 젖거나 얼어 있는 경우 활주로 길이[이착륙 필요 거리]는 길어진다. 젖은 표면은 항공기를 감속시키고 저항력을 늘려 기체 손상의 한 요인이 될 수도 있다. |

| B747기의 이륙중량별 활주로 소요길이(28℃기준) | | | | | |
|---|---|---|---|---|---|
| 항공기 이륙 중량 | | 이륙활주로 소요 길이 | | | |
| 중량(톤) | (%) | 20°Flaps | | 10°Flaps | |
| 360 | 100.00 | 3,405 m | 100.00% | 3,639 m | 100.00% |
| 350 | 97.22 | 3,180 m | 93.39% | 3,396 m | 93.32% |
| 340 | 94.44 | 2,968 m | 87.17% | 3,170 m | 87.11% |
| 330 | 91.67 | 2,760 m | 81.06% | 2,950 m | 81.07% |
| 320 | 88.89 | 2,565 m | 75.33% | 2,746 m | 75.46% |
| 310 | 86.11 | 2,378 m | 69.84% | 2,553 m | 70.16% |

[출처 : 비행장시설(활주로) 설계 매뉴얼. 국토교통부 예규]

## 2) 유도로(Taxiway)

유도로란 항공기의 지상주행 및 비행장의 각 지점을 이동할 수 있도록 설정된 항공기

이동로를 말한다. 항공기가 이착륙을 위하여 활주로와 주기장, 터미널 간을 이동하는 도로이다. 유도로는 공항의 항공교통량을 충분히 고려하여 항공기가 지상에서 신속하고 안전하게 이동할 수 있도록 설비된다.

### (1) 항공기주기장유도선(Aircraft stand taxi lane)

유도로로 지정된 계류장의 일부로서 항공기 주기장 진·출입만을 목적으로 설치된 유도로

▮ 유도로 표시

### (2) 계류장유도로(Apron taxiway)

계류장에 위치하는 유도로체계의 일부로서 항공기가 계류장을 횡단하는 유도경로를 제공할 목적으로 설치된 유도로

### (3) 고속탈출유도로(Rapid exit taxiway)

착륙 항공기가 다른 유도로로 보다 빠르게 활주로를 빠져나가도록 설계하여 활주로 점유시간을 최소화하도록 하는 유도로를 말한다. 유도로의 체제는 유도로와 시설물 사이의 최소안전 거리를 고려하여 항공기의 날개 끝을 기준으로 분리되어야 하며, 항공기 조종석이 유도로 중앙선에 위치할 때 항공기의 바깥쪽 바퀴와 유도로 가장자리 사이의 최소간격도 고려되어야 한다. 이 역시 ICAO, FAA 규정에 공항 등급에 따른 기준이 명시되어 있다.

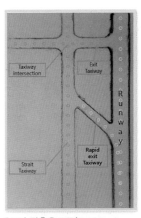

▮ 고속탈출유도로(Rapid exit taxiway) 이미지

## 3) 주기장(Apron)

주기장은 승객과 화물을 싣고 내리거나, 급유, 주기 또는 정비하는 항공기를 수용하기 위하여 설정된 구역이다. 계류장, Ramp<sup>(램프)</sup>라고도 불리는데 주기장은 여객청사와 화물 청사와의 밀접한 연관성을 고려하여 설계되고 건설된다. 항공기는 착륙 후 활주로에서 유도로를 거쳐 주기장으로, 이륙 시에는 반대 순서로 이동하는데, 각 주기장은 항공기의 날개폭과 동체 길이, 선회 반경과 지상지원 장비의 접근 및 활동구역 등을 수용할 수 있어야 한다. 이 외에 필요한 주기면수(Aircraft Stands), Overnight 주기면수, MARS(Multi-aircraft Ramp System), 원격주기장 필요 개수, 에어사이드 내 도로, GSE(Ground Service Equipments) 빌딩 지역, De-icing 주기장 등도 검토되어야 한다.

주기장은 여객청사와 브리지로 연결된 접현주기장(Passenger Boarding Bridge), 항공기가 자력으로 이동할 수 있는 원격주기장(Remote Spot)으로 나뉘고, 테러 등 불법행위에 의해 비행기를 격리시킬 필요가 있는 경우 사용하는 격리주기장도 필요하다.

주기장에는 항공기와 지상조업 장비, 작업자 등이 어우러져 있음에 따라 주기장에서의 모든 작업을 수행할 때는 항공기 엔진 후풍에 의한 사람과 물질의 손상, 항공기 급유 과정에서의 안전절차 준수, 주기장의 이물질 청소와 제거 등의 지상인진에 특히 유의하여야 한다.

▌접현주기장(PBB)

▌원격주기장(Remote Spot)

# 3

# 항행안전시설

## 1) 관제탑과 항공관제업무

관제탑(Air Control Tower)은 조종사에게 필요한 정보를 제공하고 항공교통 질서를 통제한다. 관제탑에서 관제사들이 하는 업무가 항공교통관제(Air Traffic Control Service)업무다.

관제업무는 공중과 지상에서 항공기와 항공기, 항공기와 장애물 간의 충돌을 방지하여 항공기의 안전운항을 확보하고 원활한 항공교통흐름을 유지하는 데 목적이 있으며, 관제탑(Air Control Tower)의 비행장 관제, 접근관제소(Approach Control)의 접근관제, 지역관제소(Area Control)의 항로관제로 관할 범위가 구분된다.

항공기 간의 분리(Separation), 레이더유도(Radar Vectoring), 항공교통관제허가발부(Air Traffic Control Clearance Issuance) 등이 주요 업무다.

| 비행장 관제 | 공항 내 이·착륙 항공기 관제와 공항 이동 지역 내의 항공기 및 차량 이동 통제업무로 공항 관제탑에서 수행 |
|---|---|
| 접근관제 | 접근관제 구역 내에서 출발하고 도착하는 항공기 관제업무로 접근관제소에서 수행 |
| 항로관제 | 비행정보구역(FIR, Flight Information Region) 내의 항공기에 대한 항공교통관제업무로, 우리나라는 인천 지역관제소(Incheon Area Control Center)에서 담당. |

항로관제

접근관제                    접근관제

비행장관제                                비행장관제

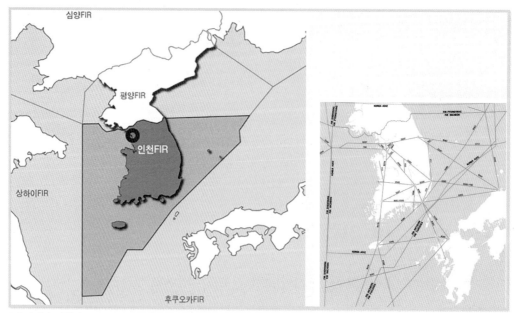

우리나라 비행정보구역과 항공로 [출처 : 국토교통부]

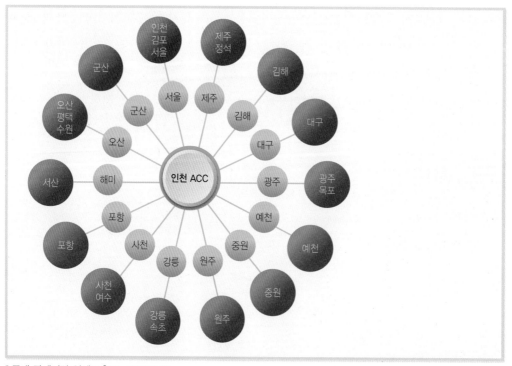

국내 관제기관 연계도 [출처 : 한국공항공사]

## 2) ILS(Instrument Landing System)

ILS는 공항에 설치된 항행안전무선시설로 항공기가 활주로의 정위치에 안전하게 착륙할 수 있도록 항공기의 활공각도와 위치정보를 조종사에게 전파로 제공하는 계기착륙시설을 말한다. 안개, 폭설 등으로 날씨가 좋지 않아 육안으로 잘 보이지 않는 기상상태에서도 항공기가 안전하게 착륙할 수 있도록 해주는 착륙유도장치이다.

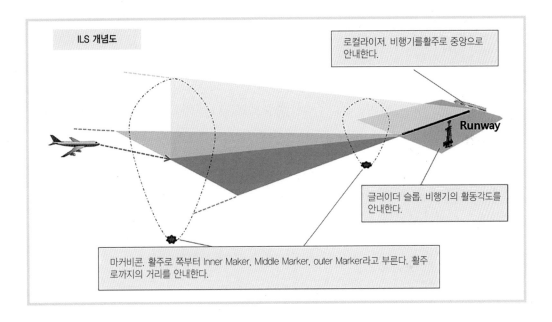

로컬라이저. 비행기를 활주로 중앙으로 안내한다.

Runway

글러이더 슬롭. 비행기의 활동각도를 안내한다.

마커비콘. 활주로 쪽부터 Inner Maker, Middle Marker, outer Marker라고 부른다. 활주로까지의 거리를 안내한다.

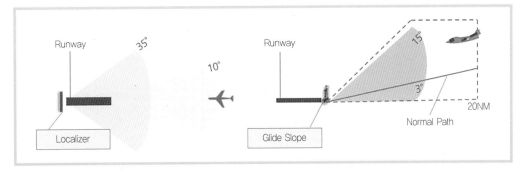

049

| | | |
|---|---|---|
| 로컬라이저(Localizer) | 활주로 중심 정보를 조종사에게 제공. 활주로 끝에 설치되어 있다. | |
| 글라이더 슬로프(Glide Slope or Glide Path) | 활공각도 정보를 조종사에게 제공. 활주로 옆에 설치되어 있다. | |
| DME(Distance Measuring Equipment) 거리측정시설 | DME가 있는 위치에서 항공기까지의 거리를 조종사에게 제공한다. | |
| VOR(Very high frequency Omni directional Range) 전방향표지시설로 DME와 함께 사용된다. | 항공기에 나침반 역할을 해주는 시설로서 조종사에게 방위각 정보를 제공. DME와 함께 사용되기에 보통 VOR/DME이라고 부른다. | |
| TACAN(TACtical Air Navigation) 전술항행표지시설 | 군사용 시설로 민간항공기에도 거리 정보를 제공한다. 항공기에 방위각 정보와 설치 위치에서 항공기까지의 거리 정보를 조종사에게 제공한나. | |

## 3) 항등화시설(Airport Lighting System)

야간이나 시계가 좋지 않을 때 항공기 조종사의 착륙유도 안내자 역할을 하는 불빛들이 등화시설이다. 등화시설에는 활주로 진입등화(ALS, Approach Lights System), 정밀진입각 지시등화(PAPI, Precision Approach Path Indicator), 활주로 등화, 유도로 등화, 지시신호 등화, 위치 등화 등이 있다.

| | | | |
|---|---|---|---|
| 비행장등대<br>Aerodrome Beacon | 항행중의 항공기에 비행장의 위치를 알려주기 위하여 비행장 또는 그 주변에 설치하는 등화 | | |
| 진입등화(ALS) | 항공기에 착륙 진입로를 알려주기 위하여 진입구역에 설치하는 등화 | | |
| 진입각지시등화(PAPI) | 착륙 진입각의 적정여부를 항공기에 알려주는 등화. 활주로 옆에 설치 | | |
| 선회등화(CGL, Circling Guidance Lights) | 체공 선회 중의 항공기가 기존의 진입등 시스템과 활주로등만으로는 활주로 또는 진입지역을 충분히 식별하지 못하는 경우 선회비행을 안내하기 위하여 활주로바깥에 설치하는 등화 | | |
| 유도안내등화(Taxiway lights) | 지상 주행 중인 항공기에 행선, 경로 및 분기점들을 알려주기 위하여 설치하는 등화 | | |
| 활주로거리등화 | 이착륙하는 항공기 조종사에게 활주로의 잔여거리를 아라비아 숫자로 알려주기 위하여 설치하는 등화 | | |

[출처 : 국토교통부]

# 4
# 활주로 등급

## 1) 카테고리(Category-CAT)

폭우, 안개, 악천후 등으로 공항의 기상이 나쁘더라도 항공기가 이착륙할 수 있는 것은 ILS와 같은 항행안전시설 덕분인데, 이런 시설이 얼마나 잘 구비되어 있느냐에 따라 활주로에 등급을 부여한다. 활주로가 육안으로 보이지 않아도 항공기가 자동(Auto pilot)으로 착륙할 수 있는 활주로의 시정거리 조건에 따라 활주로를 등급(Category)으로 구분하며, CAT 등급이 부여된 활주로를 정밀접근활주로라고 한다. 활주로 등급은 CAT Ⅰ → CAT Ⅱ → CAT Ⅲ 세 개의 카테고리(CAT)로 나누고 가장 높은 카테고리인 CAT Ⅲ를 다시 a → b → c 세 단계로 구분한다. [카테고리 원(투, 쓰리), 카테고리 쓰리 에이 식으로 부른다]

## 2) RVR

조종사가 활주로의 가운데 선을 육안으로 볼 수 있는 거리, 즉 활주로 상의 가시거리(可視距離)를 RVR(Runway Visual Range)이라고 하며, RVR에 따른 비행기 착륙가능 여부가 카테고리를 정하는 기준이 된다. RVR이 550미터 이상이어야 착륙할 수 있는 활주로(공항)는 CAT Ⅰ, RVR이 300미터(항공기 분류에 따라 350미터) 이상이면 착륙할 수 있는 공항은 CAT Ⅱ가 된다.

CAT Ⅲa는 RVR 200미터, CAT Ⅲb는 RVR 75미터 이상이면 비행기가 착륙할 수 있다. 인천공항은 CATⅢb급이고 김포공항은 활주로 2개 중 하나(14R)가 CATⅢb급이다. (2019년 2월 기준)

CATⅢc급은 RVR '0'미터, 즉 가시거리가 제로인 상태에서도 착륙이 가능하다고 하지만 착륙 후 비행기가 공항 내에서 이동하는 과정의 안전을 확보할 수 없어 아직까지 CATⅢc급으로 공식 인정받은 공항은 없다.

CATⅢ 공항이라도 모든 비행기가 착륙할 수 있는 것이 아니라 비행기를 모는 조종사가 착륙할 수 있는 자격이 있어야 한다. 조종사가 CATⅢ급 공항 착륙훈련 프로그램을 이수하여야 하고 그날 조종하는 기종을 비행한 시간이 일정기간(100시간, 300시간) 이상이 되어야 하는 등, 그 조건이 까다롭다. [국토교통부, 정밀접근계기비행 운용지침]

## 공항활주로운영등급(CAT)이란?

· 안개, 폭우, 눈 등 기상에 의해 조종사가 활주로가 보이지 않아도 자동(Auto pilot)으로 착륙할 수 있는 시정거리를 등급으로 구분(Auto pilot)한 것

* 등급이 높은 순 : CAT-Ⅰ → Ⅱ → Ⅲ → Ⅲa → Ⅲb(현존하는 최고 등급)

▌공항활주로운영등급(CAT-Ⅰ) 상황

▌세계최고 공항활주로운영등급(CAT-Ⅲb) 상황

▌[이미지 출처 : 국토교통부]

| 등급 | 착륙 가시거리(RVR*) | 결심고도(DH**) | 비고 |
|---|---|---|---|
| 비정밀 | 약 1200~5000m(시정치) | – | 비정밀 활주로 |
| CAT-Ⅰ | 550m 이상 | 60m 이상 75m 미만 | 김해 등 지방공항 |
| CAT-Ⅱ | 300m 이상~550m 미만 | 30m 이상 60m 미만 | 제주공항 |
| CAT-Ⅲa | 175m 이상~300m 미만 | 15m 이상 30m 미만 | 김포(RVR 175m) |
| CAT-Ⅲb | 50m 이상~175m 미만 | 15m 미만 | 인천(RVR 75m) |

** 결심고도(Decision Height) : 조종사가 착륙 또는 복행을 최종적으로 결심하는 고도 [이미지출처 : 국토교통부]

## 인천국제공항의 활주로와 전경

인천국제공항은 세계 공항서비스평가 12년 연속 세계 1위로는 유명하지만 전 세계 항공사 조종사들을 대상으로 한 운항서비스 만족도 조사에서도 세계 1위라는 것은 일반인들에게 널리 알려지지 않은 사실이다. 운항서비스 5개 분야(이동지역 안전관리, 항공등화, 포장시설, 계기착륙 및 관제통신시설) 총 22개 항목에 대한 평가 결과, 인천공항이 86.36점을 획득, 싱가포르 창이공항(2위, 83.16점), 네덜란드 암스테르담 스키폴공항(3위, 80.92점)을 제치고 6년 연속 1위를 차지했다.

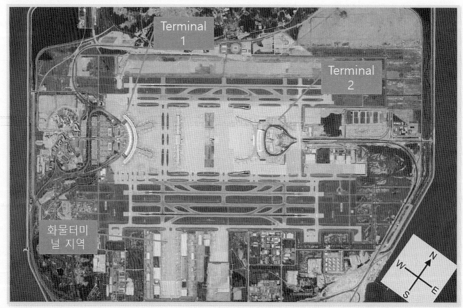

▌ 인천공항 전경 [이미지 출처: wikimediacommons, https://commons.wikimedia.org/wiki/File:ICN-RKSI%EC%A1%B0%EA%B0%90%EB%8F%84.png. 설명 삽입]

**‖ 공항별 활주로 운용등급 현황 ‖**
(국토교통부 항행시설과, 2018.7. 기준)

| 공항 | 활주로 방 향 | 시설등급 | 착륙시설 | 최저 착륙기준 |
|---|---|---|---|---|
| | | | | 시정(m) |
| 인천 | ALL | CAT-Ⅲb | ILS | RVR 75 RVR125 |
| 김포 | 14R(신) | CAT-Ⅲa | ILS | RVR 175 |
| | 32L(신) | CAT-Ⅰ | ILS | RVR 550 |
| | 14L(구) | CAT-Ⅰ | ILS | RVR 550 |
| | 32R(구) | CAT-Ⅰ | ILS | RVR 550 |
| 김해 | 36L(민) | CAT-Ⅰ | ILS | RVR 550 |
| | 18R(민) | 비정밀 | (선회접근) | 4,800 |
| | 36R(군) | CAT-Ⅰ | ILS | RVR 550 |
| | 18L(군) | 비정밀 | (선회접근) | 4,800 |
| 제주 | 07 | CAT-Ⅱ | ILS | RVR 350 |
| | 25 | CAT-Ⅰ | ILS | RVR 750 |
| 대구 | 31L | CAT-Ⅰ | ILS | RVR 730 |
| | 13R | 정밀(CAT-Ⅰ) | ILS | 2,400 |
| 울산 | 18 | 비정밀 | VOR/DME | 4,400 |
| | 36 | CAT-Ⅰ | ILS | RVR 800 |
| 청주 | 06L(민) | CAT-Ⅰ | ILS | RVR 1,200 |
| | 24R(민) | CAT-Ⅰ | ILS | RVR 730 |
| 양양 | 15 | 비정밀 | (선회접근) | 4,600 |
| | 33 | CAT-Ⅰ | ILS | RVR 550 |
| 무안 | 01 | CAT-Ⅰ | ILS | RVR 550 |
| | 19 | CAT-Ⅰ | ILS | RVR 550 |
| 광주 | 04R(민) | CAT-Ⅰ | ILS | RVR 730 |
| | 22L(민) | 비정밀 | LLZ/DME | 2,000 |
| 여수 | 17 | CAT-Ⅰ | ILS | RVR 550 |
| | 35 | CAT-Ⅰ | ILS | 750 |
| 사천 | 24R(민) | 정밀(CAT-Ⅰ) | ILS | 1,400 |
| | 06L(민) | 비정밀 | LLZ/DME | 2,400 |
| 포항 | 10 | 정 밀 | PAR | 1,200 |
| | 28 | 비정밀 | VOR/TAC | 4,800 |
| 군산 | 18/36 | CAT-Ⅰ | ILS | RVR 730 |
| 원주 | 03/21 | 정밀 | PAR | 2,000 |

# 5

# 여객터미널
## Passenger Terminal

Air Terminal(공항청사)은 Passenger Terminal(여객청사)과 Cargo Terminal(화물청사)로 구분된다. Passenger Terminal은 여객이 비행기에 탑승하기 위해 수속을 받고 비행기에서 내린 후 출입국심사를 할 수 있도록 설비를 갖춘 건물이다. 흔히 터미널이라고 하면 여객터미널을 말한다. 여객터미널의 핵심기능은 탑승수속, 수하물 처리, 보안검색, 그리고 비행기 탑승 기능이라고 할 수 있으며 국세선 터미널에서는 승객의 출입국심사와 승객의 휴대 수하물에 대한 세관 통관검색 기능이 추가된다. 공항의 규모에 따라 두 개 이상의 여객터미널이 있거나, 여러 개의 콘코스(Concourse)로 이루어진 공항이 있는데 우리나라 인천공항은 국내선 기능을 포함한 두 개의 국제선 터미널과 하나의 탑승 전용 터미널을, 김포공항과 김해공항은 국내선과 국제선 각 1개씩의 분리된 터미널을 가지고 있다. 런던의 히드로(LHR)공항, 뉴욕의 존에프케네디(JFK)공항과 같은 대형공항에는 여객터미널만 5개씩 있고, 세계에서 가장 혼잡한 공항 중 하나인 미국 댈러스(Dallas-Fort Worth)공항에는 여객 터미널 6개와 활주로 7본을 보유하고 있다.

## 1) 터미널 설계와 배치 고려사항

공항터미널을 설계하고 시설을 배치할 때 고려되어야 할 기본사항은 다음과 같다.
① 터미널 접근 경로와 터미널 내에서 이동과 방향성
② 주차장, 철도역, 대중교통 승·하자지점으로부터 이동선 최소화

③ 터미널 내에서 여객 이동선의 층간 변경 최소화

④ 여객 흐름의 교차 간섭 방지

⑤ 터미널에서 주기장까지 여객과 수하물의 수송거리 최소화

⑥ 항공 및 공항보안을 위해 도착여객과 출발여객의 분리

## 2) 여객터미널 유형

터미널은 비행기가 주기하는 형태에 따라 대체적으로 Liner<sup>(선형)</sup>, Pier/Finger<sup>(부두, 손가락형)</sup>, Satellite<sup>(위성형)</sup>, Open<sup>(개방형)</sup> 그리고 Transporter<sup>(이동형)</sup> 타입으로 구분된다. 초기 공항들은 터미널에 탑승교 설비가 되어 있지 않은 Remote Type 또는 Liner Type이었으며 지금도 규모가 작은 공항은 대체로 탑승교가 없는 Remote Type이 일반적이다.<sup>[원주공항, 사천공항]</sup>

인천공항과 같이 규모가 큰 공항들은 한 터미널에 여러 개의 Pier<sup>[Concourse라고도 부른다]</sup> 또는 Satellite을 가지거나 2개 이상의 터미널을 운영한다.

각 형태는 나름의 장점과 단점을 지니는데 현대의 공항에서 가장 많이 채택되고 있는 Pier<sup>[Finger]</sup> Type을 예로 들면 아래와 같다.

| 장점 | 단점 |
|---|---|
| · 서비스 단계 최소화<br>· 여객터미널 운용과 편의시설 집중화<br>· 운항정보 제공 단순화<br>· 여객 통제 용이 | · Peak 시간 대 병목 현상<br>· 주 여객터미널 확장 곤란<br>· 긴 도보거리와 그에 따른 시설 투자<br>· 탑승수속 시간 단축(조기 마감 필요) |

Pier Type은 대체로 대형공항에서 채택되며, 탑승수속과 수하물처리가 중앙 집중 방식으로 운영된다.

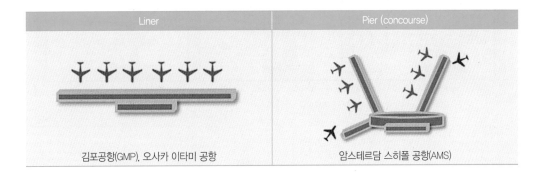

| Liner | Pier (concourse) |
|---|---|
| 김포공항(GMP), 오사카 이타미 공항 | 암스테르담 스히폴 공항(AMS) |

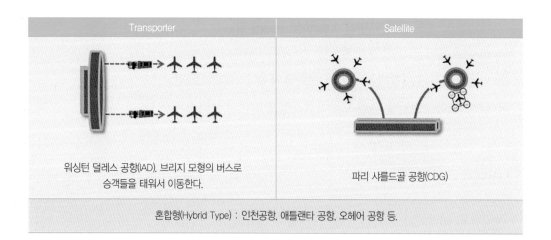

| Transporter | Satellite |
|---|---|
| 워싱턴 덜레스 공항(IAD), 브리지 모형의 버스로 승객들을 태워서 이동한다. | 파리 샤를드골 공항(CDG) |

혼합형(Hybrid Type) : 인천공항, 애틀랜타 공항, 오헤어 공항 등.

### FAA의 Advisory Circular에 제시된 여객터미널 유형 예시

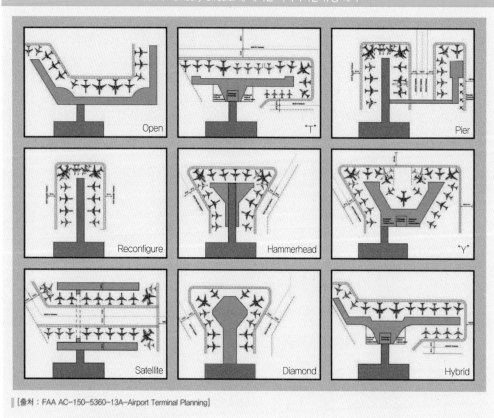

[출처 : FAA AC-150-5360-13A-Airport Terminal Planning]

## 3) 탑승수속 카운터(Check-In Counter)

탑승수속 카운터는 공항의 핵심 시설이자 승객이 공항에서 가장 많은 시간을 보내는 곳 중 하나다. 따라서 공항당국과 항공사들은 탑승수속 카운터의 기능적 효율성 뿐 아니라 서비스 편의성을 높이기 위해 카운터 디자인과 카운터 직원(Check-in Agent)의 서비스 자질에서도 차별성을 부각시키려고 한다.

탑승수속카운터의 형태는 Linear Type[일렬식], Island Type[섬형]으로 구분된다. 인천공항과 같은 대형공항들은 수하물 컨베이어를 중심으로 양쪽에 카운터를 배치하는 아일랜드식으로 설치하고, 김포나 김해공항과 같은 중소형 공항들은 터미널 내의 벽면을 뒤로하고 카운터를 나란히 배치하는 일렬식이 보편적이다.

┃ 일렬 배치 카운터[왼쪽]와 아일랜드 방식의 카운터

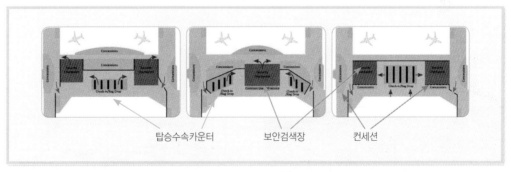

탑승수속카운터　　　　보안검색장　　　　컨세션

┃ 보안검색대의 위치에 따라 수속 카운터에서 Air side로 진입동선 형태가 달라지는 카운터 배치 방식
[FAA Advisory circular 150-5360/13A]

## 4) BHS Baggage Handling System(수하물 처리시설)

### (1) 개념과 원리

인천공항과 같은 규모의 대형공항에서 동시간대에 각기 다른 목적지로 가는 수많은 짐들을 분류하여 제시간에 운반하는 것은 사람의 힘으로 감당할 수 없다. 이러한 작업을 첨단장비와 소프트웨어로 자동화한 기계설비와 시스템을 BHS(Baggage Handling System)라고 한다. BHS는 위탁수하물에 부여된 개별정보를 토대로 수하물을 접수하는 시점부터 항공기에 탑재할 때까지 내용물을 검색하고 목적지 별로 분류(필요시 보관)하며 운반한다.

BHS의 기본원리는 다음과 같다.

수하물을 접수하면서 수하물꼬리표(Baggage Tag)가 발급될 때 항공사시스템(DCS)은 해당수하물의 항공편명과 경유지, 목적지 등의 고유정보를 담은 BSM(Baggage Source Message)을 생성한다. 접수된 수하물은 보안검색을 거친 후 BSM 정보에 따라 Tray(쟁반 모양의 수하물 용기)에 실려 고속 컨베이어 벨트를 타고 해당 비행기의 수하물 적재대(Lateral)로 운반된다. 적재대에서는 수하물 조업직원이 수하물의 바코드를 스캔하여 승객이 해당 편에 탑승하였는지를 확인(이를 Baggage Reconciliation이라고 함)한 후 수하물을 ULD(수하물 탑재용기)에 담아 항공기로 운반한다.

BHS에 투입된 수하물은 1차 X-ray 검색을 받고 위험물로 의심되는 내용품이 있을 경우 2차로 폭발물 탐지장치(CTX. Computer Tomogram X-ray) 검색을 따로 받게 되며, BSM이 읽혀지지 않거나 Tag이 떨어져 정보가 없는 수하물은 수동 분류 데스크(MES)로 운반된 다음 재분류되거나 문제수하물처리 장소로 보내져 처리된다. 도착 수하물은 출발 수하물보다는 단순하지만 일정한 프로세서를 거쳐 BCA(Baggage Claim Area. 수하물 찾는 곳)까지 운반된다.

▌BHS 내부시설 [siemens.com]

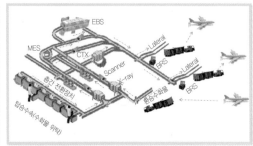

▌출발 BHS 개념도

인천공항의 BHS는 시간 당 출발수하물 처리 능력이 17,680개에 달하고 초속 7m의 고속으로 움직이는 컨베이어벨트 길이만 130km이다. 총 설치 면적은 축구장 53개 넓이에 이르지만 모든 시설이 터미널과 공항 지하에 있어 승객은 물론 일반 직원에게는 보이지 않는다.

BHS는 공항을 움직이는데 있어 지상의 관제타워 못지않게 중요하나 눈에 잘 띄지 않는 공항의 핵심시스템이다.

### (2) 수하물 인도장(BCA. Baggage Claim Area)

BCA는 승객이 출발지 공항에서 위탁한 수하물을 도착지 공항에서 회수하는 곳으로 수하물 처리 시설(BHS)의 일부이다. 공항의 CIQ 지역, 즉 세관 구역에 있으며 위탁수하물을 찾은 승객들은 세관심사대를 통과하게 된다. 항공사들의 수하물사고처리부서인 Lost and Found도 이 곳에 위치한다.

출발 수하물을 해당항공편으로 탑재하거나 도착 수하물을 BCA의 정해진 벨트로 보내기 위해 분류하는 곳을 BSA(Baggage Sorting Area)라고 한다. 출발 항공편의 수하물을 분류하는 곳을 '출발 BSA'라고 하며[앞 페이지 BHS 그림의 Lateral] 도착편 수하물 분류장소를 '도착 BSA'라고 부른다. BSA는 직원들이 작업하는 공간으로 Air side에 속하기에 승객이 출입할 수는 없다.

┃BCA[왼쪽, 오른쪽 위]와 BSA[오른쪽 아래]

## 5) 귀빈실(VIP Lounge)

공항의 VIP Lounge에는 세 가지 유형이 있다.

## (1) 항공사 라운지

항공사에서 마케팅 목적으로 상위탑승등급인 일등석과 비즈니스석 승객 및 우대서비스가 필요한 승객을 위해 운영하는 라운지로 흔히 말하는 공항 라운지는 항공사 라운지를 의미한다. 항공사들은 라운지를 직접 설계하여 운영하거나 타 항공사의 라운지와 사용계약을 맺고 자사의 승객들이 사용할 수 있도록 한다. 자사의 운항편수가 많은 공항에서는 라운지를 직접 운영하지만 그렇지 않은 공항에서는 일반적으로 그 공항을 허브로 하는 항공사 라운지를 임차 계약하여 이용하거나 사용승객 당 요금을 내고 사용한다.

## (2) 공항 귀빈실

각 공항의 운영자(공항당국)가 국가 공무 목적으로 운영하는 라운지다. 이용 대상에 따라 보안검색설비가 되어 있는 귀빈 전용 출입구 사용, 항공기 탑승까지 안내 등의 의전예우*를 제공한다.

> *공항에서의 귀빈 예우에 관한 규칙(국토교통부령 제365호)에 따르면 전·현직 대통령과 국회의장 등 5부 요인, 원내교섭단체가 있는 정당의 대표, 주한 외교공관장 등이 공항 귀빈실 사용 대상이다. 또, 인천국제공항공사와 한국공항공사의 사규에는 '장관급 이상 공직자, 국회의원, 국립대학 총장, 언론사 대표, 정부추천 기업인, 광역지방자치단체장 등'을 귀빈실 사용 대상으로 정해놓고 있다.

## (3) 사설 라운지

특정단체나 기업이 공항에서 일반 승객 또는 특정 회원들을 대상으로 공항 당국의 허가

| 대한항공 First Class 라운지(인천공항)

| Singapore 항공 Silver Kris Lounge [싱가포르 항공 홈페이지]

인천공항에 있는 유료라운지

방콕공항의 유료라운지

인천공항 귀빈실 입구

를 받아 공항 내 공간을 임차하여 VIP 라운지형태로 운영하는 라운지를 말한다. 회원제로 운영되거나 일반 승객들도 이용료를 지불하고 이용할 수 있는 유료서비스로 운영된다.

## 6) 탑승교(PBB. Passenger Boarding Bridge)

승객이 항공기에 탑승하고 하기할 때 터미널에서 항공기로 동일 레벨[층]에서 바로 이동할 수 있도록 터미널과 항공기 출입문을 연결시켜주는 다리모양의 시설로 접현주기장이라 불린다. 항공기 출입문과 연결되는 부분[Rotunda]이 전후좌우 및 상하 이동이 가능하다. 접현하여 처리할 수 있는 항공기의 기종과 크기에 따라 C→D→E→F 급으로 분류되며, B747과 같은 대형기가 주기하는 E급 PBB에는 2대의 Bridge가 사용되고 가장 큰 F급 탑승교에는 3대의 Bridge가 설치되어 있어 현존 여객기 중 최대 크기인 A380 기종이 사용[아래 오른쪽 그림]할 수 있다. F급 탑승교 하나에 2대의 소형기가 주기할 수 있는 시스템을 MARS[Multi-aircraft Ramp System]라고 한다.

PBB를 Jetway라고도 부른다.

# 6

# 화물터미널 및
# 기타 지원시설

## 1) 화물터미널(Cargo Terminal)

화물청사는 항공화물을 운송하기 위한 시설로 화물기 주기장, 화물보관창고시설, 통관을 위한 세관사무실, 통관업자 사무실 등 항공화물의 수출입 업무가 이루어지는 곳이다. 중대형 공항의 화물터미널은 여객과의 이동로 상의 간섭을 최소화하기 위해 여객터미널과 분리되어 있는 것이 일반적이다.

인천국제공항에는 약 34만평에 달하는 부지에 항공사 전용 터미널을 포함 항공기 계류장을 갖춘 8개의 화물터미널이 있다. 인천공항은 화물터미널을 중심으로 자유무역지대를 구축하여 우리나라의 수출입 물류전진기지로서의 역할을 해내고 있으며, 우리나라 전체 수출금액의 33%를 담당하는 제1의 수출 관문이다.

인천공항 화물터미널 배치도와 멤피스공항의 세계 최대 화물전용항공사 페덱스 터미널 [사진 출처: Flymemphis.com]

화물운송을 하는 대형 항공사들은 허브공항과 주요 노선을 운항하는 공항에서 자체 화물 터미널을 운영한다. 인천공항에는 대한항공, 아시아나항공, DHL이 전용 화물터미널을 가지고 있고 세계 최대 물류회사인 페덱스 사에서 전용터미널을 건립 중이다. 세계 최대 항공화물운송사 중 하나인 대한항공은 인천공항 외에 도쿄, 오사카, 로스앤젤리스, 뉴욕 공항 등에 화물 전용터미널을 운영하고 있다.

| 인천공항 화물청사 운영현황 | | | | | |
|---|---|---|---|---|---|
| 구분 | | 연면적(㎡) | 처리능력 | 구분 | 연면적(㎡) | 처리능력 |
| 대한항공 | 제1터미널 | 73,761 | 143만톤 | 외항사 | 75,805 | 52만톤 |
| | 제2터미널 | 37,466 | 26만톤 | 미군사우편시설 | 1,973 | 2만톤 |
| 아시아나항공 | | 70,509 | 110만톤 | 국제우편 물류시설 | 33,584 | 35만톤 |
| (인천공항공사. 2019.1월 기준) | | | | DHL | 19,947 | 22만톤 |

## 2) 기타 지원시설

### (1) 기내식시설(Catering)

기내식시설은 항공기 승객과 승무원을 위한 음식물을 만들고, 항공기로 운반하여 탑재하며, 도착한 항공기의 기내음식과 각종 기물을 내려서 세척 및 보관하고 재고관리와 구매 등 항공기 객실서비스에 필요한 기내식 및 연관 소모품을 제조, 탑재, 보관, 활용, 처리하는 시설이다. Catering은 항공사가 자체적으로 설비와 조직을 가지고 운영하기도 하

기내식 전문 다국적기업 LSG Sky Chefs의 시카고공항 catering center, Emirates Catering Center의 내부, 영국 Servis air의 Food Truck을 이용하여 기내식을 항공기에 탑재하는 장면 [왼쪽부터. 출처 : 각 사 홈페이지]

지만 Catering 전문 업체가 항공사와 계약을 맺고 서비스를 제공하는 경우가 흔하다. 대한항공은 국내에서는 자체 캐터링 센터를 가지고 자사 항공편과 외국항공사들에게 기내식을 공급하나 외국공항에서는 그 나라의 항공사나 전문 캐터링 회사로부터 기내식을 공급받고 있다.

## (2) 급유시설(Fuel Service)

항공기에 연료를 공급하는 작업은 항공기가 계류장에 주기하고 있는 동안 이루어지는데 공항 인근의 지정저유고에서 지하에 매설된 파이프를 통해 항공유를 주기장까지 운반한 다음 특수 설비로 고속으로 항공기에 주입(Hydrant)하는 방식과 유조차가 직접 항공기로 와서 주유하는 방식의 두 유형이 있다.

Refueling Truck

유류저장시설
파이프라인
Hydrant Pit

**Hydrant(하이드란트 방식)**
항공유류 저장탱크와 파이프라인으로 연결된 계류장의 급유전으로(Hydrant Pit) 압력을 이용하여 항공유를 운반한 다음 특수트럭으로 항공기에 주입하는 시스템.

항공기에 급유하는 방식은 연료트럭이 항공기에 와서 주입하는 방식(위)과 급유저장고에 지하로 연결된 급유 관을 통해 Hydrant 트럭으로 주입하는 방식이 있다. 중대형 공항들은 거의 Hydrant 방식이다.

[ 출처 by lommer, by David Monniaux, wikimediacommons, https://en.wikipedia.org/wiki/Aviation_fuel]

## (3) 격납고(Hangar)

항공기를 정밀점검하거나 중(重)정비하기 위해 만든 시설로 항공기 동체 전체가 들어갈 수 있도록 만들어진 항공기 보관 및 정비 창고를 Hangar라고 한다. 대체로 항공사가 자체 건물을 가지고 운영하지만 Hangar를 보유하지 못한 항공사는 항공기 점검과 정비, 수리 등을 타 항공사나 전문회사에 위탁해야 한다. 우리나라 항공사는 대한항공과 아시아나항공이 자체 Hangar를 보유하고 있다. 대한항공은 김포, 인천, 김해공항에 Hangar를 가지고 있는데 김포공항의 Hangar는 'ㄷ'자 형태의 본사 건물 안에 들어있는 독특한 구조로 이루어져 있다.

‖ 대한항공 김해공항 Hangar [대한항공 홈페이지]

‖ 대한항공 본사 내부 Hangar [대한항공 홈페이지]

‖ 아시아나 Hangar 내부 [아시아나항공 홈페이지]

3

# 공항운영

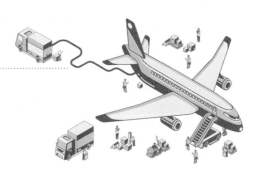

# 1

# 공항운영의 기준

## 1) 공항운영 주체

기본적으로 공항을 관할하는 주체는 국가(정부)이나 우리나라는 정부에서 설립한 공공기관인 한국공항공사와 인천공항공사에서 민간공항의 운영을 맡고 있다.

### (1) 공항운영에 관한 국내외 법규

| 구분 | 명칭 |
|------|------|
| ICAO | 1. 국제민간항공협약 부속서(ICAO Annex) 3, 4, 11, 14,~17, 19<br>2. Manual on Certification of Aerodromes(ICAO Doc9774)<br>3. Airport Services Manual(ICAO Doc9137)<br>4. Manual of SMGCS(ICAO Doc9476)<br>5. Aerodrome Design Manual(ICAO Doc9157)<br>6. Airport Planning Manual(ICAO Doc9184)<br>7. Safety Management Manual(ICAO Doc9859) |
| 국내법령 | 1. 공항시설법 및 시행령과 시행규칙<br>2. 한국공항공사법 및 시행령<br>3. 인천국제공항공사법 빛 시행령<br>4. 항공법, 항공안전법, 항공보안법 및 시행령 등 |
| 행정규칙 등 | 1. 공항시설관리규칙<br>3. 공항안전운영기준<br>4. 비행장시설 설치기준<br>5. 항공정보 및 항공지도 등에 관한 업무기준<br>6. 항행안전시설 관리 및 운영규정<br>7. 항공등화 설치 및 기술기준<br>8. 공항운영업무매뉴얼 |

| 공항자체규정 | 1. 공항운영기준<br>2. 공항비상계획(Emergency Plan)<br>3. 지상이동안내 및 통제시스템 계획(SMGCS Plan)<br>4. 제설계획(SNOW Plan)<br>5. 야생동물위험관리계획<br>6. 공항안전관리시스템(SMS) 매뉴얼 |
|---|---|

## (2) 정부의 책임과 역할

정부는 공항을 관할하는 주체로서 다음과 같은 책임과 역할을 가진다.

① 공항개발에 대한 통제

② 공항 및 민간 항공 관련자에 대한 면허 업무 관련 법률적 기구의 설치

③ 항공교통관제시스템의 설치

④ 운수권에 관한 협상(항공협정)

⑤ 공항 개발, 운영 등에 따른 이해관계 상충 지역의 사회적 협의절차 수립

⑥ 지역사회에 미치는 공항의 환경영향에 관한 정책 수립

⑦ 민간 항공과 군 항공간의 협의

⑧ 항공기 사고의 조사

## (3) 공항운영자의 책임과 역할

공항운영은 항공기 관제, 항공기 지상지원, 시설운영 등으로 나눌 수 있으며, 공항운영 주체로서 공항운영자(한국공항공사와 인천공항공사)의 역할은 다음과 같다.

① 공항 표면점검

② 시각보조시설의 지상 점검 및 비행 점검

③ 계류장 관리 및 안전

④ 이동지역 작업, 차량, 장비의 통제와 안전

⑤ 악천후 시 대응

⑥ 야생동물 위해 요소 감소와 지상소음 관리

⑦ 항공기 사고 및 준사고, 공항과 항공기 보안, 비상계획수립 등

## 2) 공항운영 조직

공항운영자(공항공사)의 조직과 운영부서의 조직은 일반적으로 아래와 같이 구성된다.

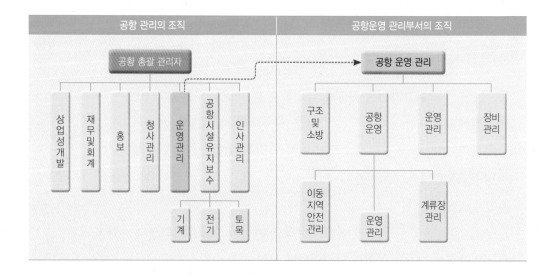

## 3) 공항운영관련 주요 용어

### (1) 이동지역(Movement area)

공항의 일부분으로서 항공기의 이륙·착륙 및 지상이동을 위해 사용되는 기동지역, 계류장 및 지원시설로 구성되는 지역을 말한다. Air side 지역에서 터미널에 포함된 구역을 제외한 전 지역으로 보면 된다.

### (2) 기동지역(Manoeuvring area)

[출처 : faa Safety.com]

항공기의 이륙·착륙 및 지상주행을 위하여 사용되는 공항의 일부분으로서 이동지역 중 계류장과 지원시설을 제외한 지역을 말한다. 활주로 및 활주로와 연결된 유도로와 그 인접지역이다.

## (3) 계류장(Apron)

공항 내에서 여객 승하기, 화물·우편물의 적재 및 적하, 급유, 주기, 제빙·방빙 또는 정비 등의 목적으로 항공기가 이용할 수 있도록 설정된 지역을 말한다. 주기장, 램프(Ramp)라고도 부른다.

---

### Movement Area에 대한 ICAO와 FAA의 정의

- 이동지역(movement area)에 대한 ICAO와 FAA의 정의는 조금 다르다. ICAO는 이동지역에 활주로, 유도로 등의 항공기 기동지역(maneuvering area)과 함께 계류장(apron)을 포함하고 있는 반면, 미국 FAA는 계류장(apron)은 이동지역에 포함되지 않는다고 규정하고 있다.
- ICAO : Movement area is "That part of an aerodrome to be used for the takeoff, landing and taxiing of aircraft, consisting of the maneuvering area and the apron(s)." [ICAO AERODROME STANDARDS]
- FAA : "Movement area means the runways, taxiways, and other areas of an airport that are used for taxiing, takeoff, and landing of aircraft, exclusive of loading ramps and aircraft parking areas." [US Federal Aviation Regulations]

---

## (4) 공항시설(Airport facilities)

항공기의 이·착륙 및 여객·화물의 운송을 위한 시설과 그 부대시설 및 지원시설로 공항구역 안에 있는 시설과 공항구역 밖에 있는 시설로 나뉜다.

## (5) 공항운영규정(Airport Operations Manual)

공항운영자가 공항운영증명을 받기 위하여 제출하는 서류로서 공항운영자가 관리·운영하는 인력·시설·장비 및 안전관리시스템 등에 관한 내용을 포함한다.[국토교통부장관의 승인 조건]

## (6) 공항표고(Airport Elevation)

활주로의 착륙구역에서의 가장 높은 지점의 고도를 말한다. 인천공항과 김포공항의 표고는 7m와 18m이고 지오이드(Geoid)*의 기복은 21m와 23m이다. 세계에서 가장 표고 높은 공항은 중국 티벳에 있는 Daocheng Yading 공항[IATA DCY, ICAO ZUDC]으로 공항표고가 4,411m이다. 이외에도 표고가 가장 높은 10대 공항 중 8개가 중국에 소재하고 있다.

> ***Geoid :** 지구의 평균 해수면을 육지까지 확장했다고 가정했을 때의 지구의 형태. 이론적으로 중력방향에 수직인 평면 중 평균 해수면과 일치하는 면이다. [네이버 사전]

### (7) 공항표점(Airport Reference Point)

해당 공항의 대표적인 지리적 위치를 나타내는 지점으로 좌표로 나타낸다. 김포공항의 표점은 북위 37°3′25″, 동경 126°47′51″이다.

### (8) 제방빙장(De-icing, Anti-icing Pad)

동절기에 항공기 제방 및 방빙 작업을 위하여 항공기 주기 등을 할 수 있도록 설치하는 주기장으로 제방·빙에 따른 오염물질을 처리하는 설비가 갖춰져 있다.

┃ 토론토 피어슨 공항 De-icing Pad의 작업 모습
[출처 : Torontopearsonairport.com]

### (9) 부러지기 쉬운 물체(Frangible object)

충격 시에 항공기에 대한 위험이 최소가 되도록 부러지거나 뒤틀리거나 휘어지게 고안된 경량의 물체를 의미하며, 항공기 이동지역의 무(無)장애구역에 설치되는 등화표시물과 같은 시설물에 적용된다.

### (10) F.O.DForeign Object Debris

항공기가 이동하는 표면에서 항공기 엔진이나 타이어에 손상을 줄 수 있는 외부 유입 이물질을 뜻한다. 활주로와 계류장에 대한 정기적 청소로 FOD에 의한 위험을 예방할 수 있다.

## (11) 항공정보간행물

항공항행에 필수적이고 영구적인 성격의 항공정보를 수록한 간행물로 보통 AIP<sup>(Aeronautical Information Publication)</sup>라고 부른다. 책자와 CD로 발간된다.

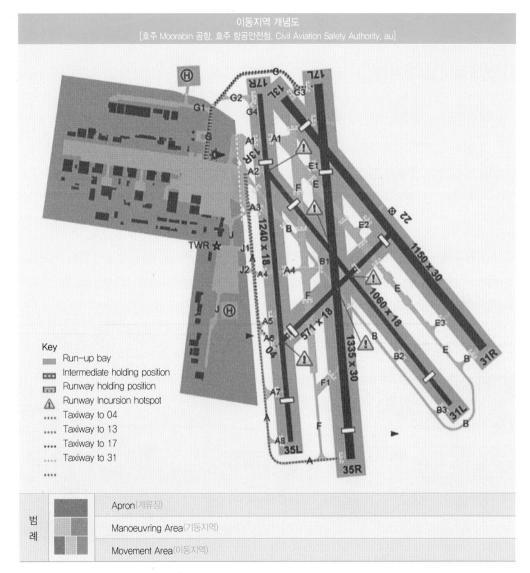

이동지역 개념도
[호주 Moorabin 공항, 호주 항공안전청, Civil Aviation Safety Authority, au]

# 2

# 여객터미널 운영

## 1) 여객터미널의 기능

여객터미널은 여객이 항공기에 탑승하기 위해, 또는 항공기에서 내려서 거치게 되는 일련의 절차가 이루어지는 물리적 공간이다. 항공기 이용에 필수적 절차 외에 승객들이 머물며 일상적인 생활과 문화적 서비스를 이용하는 장소이기도 하다. 현대공항의 터미널은 단순히 항공기 탑승 및 하기와 관련된 기능의 효율성을 넘어 여객이 접하는 모든 서비스 단계에서 여행의 경험과 가치를 부여하는 방향으로 운영되고 있다. 공항에서 개최하는 다양한 문화행사와 공연, 공항에서 영업하는 상업업체들과의 홍보와 판매이벤트, 터미널 자체의 여러 위락과 편의시설 등이 여객들에게 이러한 경험을 가질 수 있도록 의도되고 기획된다. 이런 운영의 성공은 공항의 수익창출과 재투자로 연결되기에 많은 공항들이 경쟁적으로 여객 경험과 가치에 집중하는 마케팅 노력을 기울이고 있다. 여객 또한 공항이

┃ 인천공항 2터미널의 어린이승객을 위한 탑승 대기 공간과 전통문화공연

집과 항공기탑승 사이의 거쳐 가는 장소가 아니라 여행의 가치가 더해지는 곳이기를 바라는 기대가 있고, 그런 기대가 충족될 때 공항에서의 즐거움이 다음여행의 욕구로 이어질 수 있다.

## (1) 여객서비스의 기능

탑승수속에서 항공기 탑승까지, 항공기에서 내려 공항을 떠날 때까지 여객의 이동과 흐름을 도와주는 것은 여객터미널의 기본이자 중요한 기능이다. 터미널 설계 단계에서 여객이 공항에 들어서는 곳에서부터 비행기를 탑승할 때까지 이동거리, 프로세서 시간, 여객의 시선, 걸음의 방향, 장애물과 표시물 등에 대한 다각적이고 충분한 분석과 연구가 여객중심으로 이루어져야 한다. 여객서비스에는 항공권 발권과 탑승수속, 그리고 탑승과 하기에 관련된 것 뿐 아니라 보안검색, 출입국 심사(국제선) 및 여객이 공항에 머무르는 시간 동안 이용하게 되는 각종 편의시설을 제공하는 기능이 포함된다.

## (2) 수하물처리 기능

여객과 수하물은 떨어질 수 없는 한 몸과 같다. 여객(승객)을 뜻하는 영어인 Passenger의 원래 명칭은 'Passenger Ticket & Baggage Check'인데 수하물은 여객과 함께 운송되어야 한다는 의미가 들어있다. 효율적인 수하물처리를 위하여 여객터미널의 지하에는 일반승객이 볼 수 없는 엄청난 규모의 수하물처리시설[BHS]이 설비되어 있다. 수하물처리시스템의 원만한(하지 못한) 작동은 여객터미널 뿐 아니라 항공기 운항과 전 공항 운영에 영향을 미친다.

## (3) 항공기 주기지원 기능

현대의 공항은 탑승교가 구비되어 있는 접현주기 기능이 필수적이다. 항공기가 집중되는 피크 시간대에 부득이 버스를 타거나 걸어서 승하기를 할 수는 있으나 탑승교 없는 터미널은 현대 공항에서는 상상하기 힘들다. 이러한 접현주기장을 포함하여 공항은 승객의 탑승과 하기, 화물의 탑재와 하역, 급유, 정비, 비상상황 대비 등 항공기의 운항을 준비하고 지원할 수 있는 다양한 주기장 기능이 필수적이다.

## 2) 효율적 여객터미널의 고려요소

ICAO에서는 터미널 디자인에 다음과·같은 고려요소를 제시하고 있다.

| 고려요소 | 주요 항목 |
|---|---|
| Passenger Flow<br>여객 이동흐름 | • 층간 이동 최소, 보안검색 완료승객과 그렇지 못한 승객 간의 분리<br>• 출발과 도착, 환승여객 간의 분리 |
| Walking Distance<br>적정 이동거리 | • 공항규모에 비례한 여객의 심리 고려<br>• 적정 도보이동거리 적용 |

도보이동 표준거리

| | |
|---|---|
| IATA | 300m 미만 |
| AdP | 300m 미만, 900m 미만(moving walks 이용 시) |
| BAA | 250m 미만, 650m 미만(moving walks 이용 시) |

| 고려요소 | 주요 항목 |
|---|---|
| Level of service for<br>passengers(LOS)<br>여객 당 서비스 면적 | • 서비스 구역별 혼잡도 기준 설정(LOS-Level of Service)<br>• IATA는 LOS 'A'부터 'F'까지 기준 제시 |

IATA의 LOS 기준

| LOS | A | B | C | D | E | F |
|---|---|---|---|---|---|---|
| sqm | 1.4~2.0 | 1.2~2.3 | 1.0~1.9 | 0.8~1.5 | 0.6~1.2 | 0.6(CIQ only) |

아주 우수(쾌적함) ──────────────→ 수용 불가한 수준

sqm는 한 사람당 필요면적을 의미, LOS 'F'는 입국심사 등에서만 최소수준(0.6sqm) 허용, 기타 지역은 적용 불가

| 고려요소 | 주요 항목 |
|---|---|
| Performance standards<br>상과지표설정 | • Check-in, 보안검색, 출입국사열, 수하물 전달 등 항목별 소요 목표시간<br>• 환승시간(터미널 간, 항공기 간 등) 지표<br>• FIDS, 승강기, 카트비치 등 운영 표준 절차 및 정량 지표 |
| Traffic peaking<br>characteristics<br>첨두시간 특성 | • Peak Hour(첨두시간대), Non-Peak Hour 구분한 서비스 지표 |
| Future growth<br>미래 확장성 | • 투자 여력, 모듈의 확장성, 유연성, 제약사항, 확장대비 여유시간<br>• 확장 시 현 운영체제 영향도<br>• Ex) A380 운영 대비한 PBB, 출발라운지, CIQ 지역 등의 확장 고려 설계 |
| Operating costs<br>운영비용 | • 여객 이동 교통시스템, 자동화 BHS |

| Ease of way-finding<br>시인(是認)성 | • 편리하고 시인성 높은 표시물과 정보 표출시스템, 접근성 |
|---|---|
| Processing times<br>프로세싱 시간 | • 시설배치의 중앙 집중화 또는 분산화, 각 시설물의 적정 개수<br>• 기술적용 또는 인력사용 |
| Retail<br>상업시설 | • 적정 위치, 운영상의 필요성, 역할 분류 |

## 3) 공항여객의 흐름

여객터미널의 고객은 여객이다. 항공기의 안전한 이착륙과 정시출발, 여객터미널의 쾌적하고 편리한 환경은 모두 여객의 관점에서 설계되고 운영된다. 따라서 여객이 공항에 도착하여 머무르다 항공기에 탑승하여 공항을 떠날 때까지, 그리고 공항에 도착한 항공기에서 하기한 후 공항을 떠나는 시점까지 여객의 흐름을 단계별로 이해하는 것이 중요하다. 공항에서 여객이 밟는 절차는 CIQ*절차와 보안규정에 따라 나라마다 그 순서가 조금씩 다를 수는 있지만 대체로 다음과 같은 단계를 거친다.

> *Custom, Immigration, Quarantine. 국제선을 탑승하는 승객이 출국 또는 입국 시에 거쳐야 하는 출입국심사 절차 및 심사를 관장하는 조직체계를 의미한다.

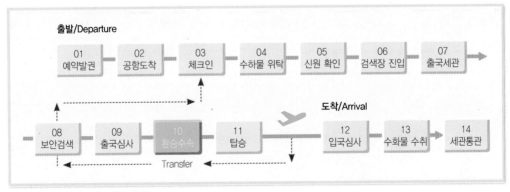

┃ 공항에서 여객의 흐름도 [국제선]

국내구간 항공편 이용객들은 위 도표에서 CIQ 과정[07, 09, 12, 14]을 제외한 단계를 따라 가게 된다. 공항에서의 여객흐름을 따라 공항터미널의 주요 기능 별 운영 주안점을 살펴보자.

## 4) 공항도착

### (1) 접근성관리

사람들은 공항을 오갈 때 대부분 버스, 지하철, 택시를 포함한 자동차 등의 육상대중교통을 이용한다. 공항의 위치에 따라 페리[선박]나 경항공기 등을 이용하기도 하지만 육상교통이 차지하는 비율이 절대적임에 따라 세계의 공항들은 특히 육상교통의 다양화와 편의성 향상을 통한 공항접근성을 높이려는 노력을 게을리 하지 않는다. 공항접근성은 공항운영에 큰 영향을 미치는데 공항진입의 어려움과 혼잡함은 여객을 포함한 공항을 이용하는 사람들의 계획시간 관리에 차질을 초래하고 연쇄적으로 여객의 흐름 단계를 간섭하여 결과적으로 항공기 운항 및 공항 전체의 운영에도 지장을 주기 때문이다.

공항 교통수단을 선택할 때 여객들은 신속함과 소요비용, 그리고 편의성을 비교하여 최적 안을 고르게 되는데 공항운영자 역시 이러한 여객의 니즈를 우선에 두고 다양한 선택지를 제시할 수 있는 교통체계를 강구하고 개발해나가야 한다. 도심 가까이 위치한 공항은 공항의 한정된 부지와 시내도로의 복잡성 등을 고려하여 지하철과 버스의 접근성을 높이는 것이 명확한 방향이 될 것이다. 김포공항의 경우 지하철 9호선 개통으로 인한 접근성 향상이 항공이용객 증가에 직접적 영향*을 주고 있는 것이 좋은 예이다.

> *9호선이 개통한 2008년 7월 이후로 전년 동월과 비교하여 매월 15~27만 명이 증가하였다. [지하철 9호선 개통과 국내선 항공수송실적, 항공진흥협회]

인천공항과 같은 최근의 대형공항들은 허브공항으로서의 규모와 24시간 운영의 필요성으로 도심과 원거리에 건설됨에 따라 공항접근성이 떨어질 수밖에 없으므로 접근교통시스템에 대한 체계적이고 고객지향적인 관점에서의 개선 노력이 절실히 요구된다.

## (2) 공항구내 도로와 주차장 관리

공항구역으로 진입하는 시점부터 청사연결도로[Curbside-Roadway]까지와 주차장으로 진출입하는 도로에 대한 관리와 유지도 중요하다. 각종 표지판들의 위치와 색상, 디자인을 자가운전자들이 쉽게 인지하고 식별할 수 있도록 만들고 설치한다. 청사연결도로에서 원활한 차량흐름이 이루어지도록 주정차 체계를 관리하고 각종 장애요소를 방지하여 터미널 입구의 혼잡도를 완화해야 한다. 자가운전자를 위한 주차대행서비스를 제공하는 공항들은 여객들이 몰리는 첨두시간대에 주차대행서비스를 위한 차량들로 인해 일반 대중교통을 이용하는 여객들에게 불편을 초래하거나 혼잡도를 오히려 가중시키지는 않는지 확인한다. 공항의 주차장에는 첨두시간이나 성수기에도 주차공간이 있어야 하며 주차장 진출입에 장시간이 소요되어서는 곤란하다. 절대부지가 부족하여 단기간 내 주차시설 확보가 불가하다면 주차기능의 아웃소싱 또는 민간업체의 참여, 공항인근의 주차시설을 마련하는 방안 등을 마련한다. 또한 여객이 수하물을 지참하고도 안전하게 이동할 수 있도록 터미널 시설을 설계하고 배치한다. 여객의 편의, 주차장의 공간여력, 타 교통수단과의 비교 등을 고려하여 주차요금체계를 합리적, 탄력적으로 운영하고, 여객과 자동차의 안전사고 예방과 사고에 대비한 적절한 피해 보상 시스템도 갖추는 것이 바람직하다.

## (3) 여객터미널 접근시설 운영의 주요 고려사항

① Curbside : 차량의 접근, 승하차 장소의 혼잡성
② 정차와 주차 : Rodeway의 주정차 관리, 장단기 주차 시설
③ 접근장애물 해소 : 터널, 교량, 보도 시설의 장애물
④ 직원 용 주차장, 렌터카 설비, 회차 도로 편의성
⑤ 기타 시설로 접근할 수 있는 서비스도로 및 소방도로의 효율성

## 5) 체크인(Check-in)

### (1) 카운터 운영관리

탑승수속과 탑승수속시설 및 시스템은 여객터미널의 가장 중요한 기능 중 하나이자 원활한 터미널 운영의 핵심요소다. 탑승수속 서비스는 항공사에서 자체 전산시스템을 기반으로 여객들의 좌석을 배정하고 출국과 도착지 공항의 입국심사에 필요한 각종정보를 처리하는 과정인데, 공항운영자는 항공사에 탑승수속을 위한 물리적 설비와 항공사의 탑승수속 전산시스템을 연결하는 공항의 공용시스템*을 제공하므로 탑승수속 카운터를 운영하는 것은 항공사와 공항운영자와의 긴밀하고 유기적 협조와 체계가 필요하다. 자사 항공편의 원활한 운항과 자사 승객들의 편의에 우선적 가치를 두고 활동을 하는 항공사와 달리 공항운영자는 여러 항공사들의 다양한 환경과 여객의 집중도를 고려하되 공항 전체의 한정된 카운터의 자원을 효율적으로 운영하는 데 우선을 두고 터미널 전체 운영에 미치는 영향을 관리할 수 있어야 한다.

> "
> *CUTE[Common User Terminal Equipments] 또는 CUS[Common User System]이라고 하는데, 항공사마다 다른 전산시스템(CRS)을 공항의 어느 카운터(또는 게이트) 단말기에서도 접근하여 사용할 수 있도록 만들어놓은 공용 컴퓨터 환경을 말한다. 인천공항을 비롯한 우리나라의 큰 공항에서는 ARINC 사의 iMUSE(vMUSE)를 사용하고 있다.
>
>
>
> | CUTE 화면 예시 : ARINC iMUSE와 AirT's EASE
> "

### (2) 정확한 정보의 제공

인천공항은 취항항공사 수가 매일 80여 개를 넘나들고 1터미널의 탑승수속카운터 지역의 직선길이만 1km에 달한다. 이러한 대형공항에서는 대부분 여행객이 자신이 타야 하는 항공편의 수속카운터를 찾는 데 어려움을 느낀다. 유인 안내데스크와 함께 FIDS[Flight Information Display System]를 적절히 활용해야 한다. 주 FIDS는 터미널 내부의 가장 잘 보이는 위치에 설치되고, 적절한 통로와 공간에 중소형 모니터를 사용하여 여객의 이동 동선을 따라 적절하게 배치되어야 한다. 김포공항과 인천공항은 공항철도 내부와 지하철 역사에도 FIDS를 설치 운영하고 있는데, 이런 서비스는 여객들에게 여행의 여유와 안정감을 제공하는 효과를 준다. FIDS는 도착 승객들에게 위탁 수하물을 용이하게 찾을 수 있도록 수하물 수취대 정보와 환영객들과 엇갈리지 않도록 출구정보를 제공하는 기능도 갖추는 것이 좋을 것이다.

▌인천공항의 FIDS ▌김포공항 국내선 FIDS ▌도착통로의 FIDS

## (3) 이동의 원활화

탑승수속 카운터는 출발여객이 공항에 도착하면 대부분 제일 먼저 찾아가는 곳이다. 여객은 여기서 체크인을 하고 항공편의 탑승권(Boarding Pass)을 받아야 비로소 승객(Passenger)의 자격을 획득하는 안정감을 가진다. 체크인 시설은 터미널의 랜드사이드 지역에서 가장 넓은 공간을 차지하고 있으며 승객들이 가장 많은 시간을 보내는 곳 중 하나다. 체크인 카운터에서의 여객처리가 출국지역 전체의 여객 흐름에 영향을 미침으로 여객이 신속하고도 원활한 이동을 할 수 있어야 한다.

## (4) 안전성과 쾌적성

탑승수속지역은 피크시간대에 여객들이 대부분의 시간을 수속 대기에 소비하는 장소다. 따라서 신속하고 정확한 체크인을 보장할 수 있도록 설비와 시스템이 잘 지원되는지

점검하고 확인하며 혼잡함으로 인한 승객들 간의 충돌, 수하물로 인한 손상 등이 발생하지 않도록 관리한다. 아울러 여객들이 공간적, 시각적으로 쾌적하게 느낄 수 있도록 운영하도록 노력한다.

예를 들면, 수하물 카트를 포함한 개인 공간(personal space)을 고려한 대기열 관리(Que management)*, 프로세서를 줄여주는 각종 표지안내 (Signage), 카운터 데스크와 스크린의 디자인과 색상의 심미성, 수하물 카트의 신속한 정리와 처리, 출입 동선의 일관성 등, 터미널 성격에 맞는 규정과 절차를 수립하여 항공사들과 협의하여 운영하여야 한다.

> "
> *Que Management에 활용되는 방안으로 분리대(stanchion)을 활용한 Zebra 대기 방식, 특정노선 별 분리 체크인 또는 Common 체크인[목적지 구분 없이 수속하는 방식], 짐 없는 승객 카운터 운영, 키오스크 활용 등이 있다.
> "

## (5) Self Check-in

셀프체크인은 IATAInternational Air Transport Association🌐의 Fast Travel*의 한 방식으로 여객터미널의 무인탑승수속 키오스크(Kiosk)가 주 활용시설이다. 셀프체크인은 공항운영측면에서 유인카운터 시설의 한계를 극복할 수 있는 대안이고, 항공사로서는 유인카운터에 비해 비용 측면에서 효율적이다. 유럽이나 미국에서는 공항의 키오스크를 포함한 셀프체크인이 보편화되어 있는데, 우리나라 공항들도 셀프체크인 시설과 사용 환경을 확충하고 국내외 항공사들의 적극적인 참여로 셀프체크인 비율이 꾸준히 늘고 있다. [인천 공항 셀프체크인 비율은 전체승객 대비 23% 임. 2018년 기준. 인천공항공사]

여전히 셀프체크인을 적용하기에 부적합한 노선과 항공권이 있지만 시스템적 개선과 절차 보완으로 그런 제약사항들이 점차 사라지고 있어 셀프체크인 이용률 증가 추세는 지속될 것으로 보인다.

셀프체크인 키오스크는 장비 설치, 시스템 도입 등을 항공사가 자체적으로 투자하여 운영하는 방식과 공항운영자(공항당국)가 주관하여 운영하는 방식, 두 종류가 있다. 초기에

• 국제선의 경우 목적국가의 입국비자가 필요한 노선[우리나라 여권소지자가 중국을 가는 경우]이나 미국행 항공편, 국내선의 경우 할인 대상 승객 등은 유효한 서류 확인을 위해 유인 카운터를 이용하도록 한다. 그러나 키오스크를 통해 할인증빙을 처리하는 기능을 개발하고, 탑승 게이트에서 비자를 확인하는 등의 시스템 개선과 절차 변경으로 키오스크 이용제한을 없애는 항공사가 늘고 있으며, 일반승객을 대상으로는 유인 카운터를 아예 운영하지 않는 항공사도 있다.

는 항공사에서 먼저 도입하여 자체적으로 운영하였으나 늘어나는 항공수요에 체크인 카운터와 같은 공항의 시설이 부족해지는 상황이 되면서 공항운영자도 키오스크의 효율성에 주목하게 되었고, 지금은 대부분 공항에서 공항운영자가 키오스크를 설치, 운영을 하고 항공사는 자사의 시스템을 연결하여 참여하는 공용사용방식(Common User System. CUS)으로 바뀌었다. 공용사용방식이니만큼 참여 항공사가 많아질수록 사용비용단가는 저렴해짐에 따라 공항운영 측면에서는 많은 항공사가 참여하도록 유도하고 또한 그러한 환경을 조성하는 것이 바람직하다.

*Fast Travel : IATA에서는 Fast Travel를 셀프체크인 방식 등의 6종류로 분류하고 있다. 또 셀프체크인은 키오스크를 이용한 체크인 외에 모바일과 인터넷을 이용한 Home Check-in을 포함한다.

IATA Fast Travel 6 Projects

| 셀프체크인 | 수화물 셀프위탁 | 여권, 비자 셀프 확인 | 예약 셀프 조정 | 셀프탑승 | KIOSK 셀프클레임 |
|---|---|---|---|---|---|
| ① | ② | ③ | ④ | ⑤ | ⑥ |

## 6) 수하물 처리

### (1) BHS의 중요성

수하물처리시설에 대해서는 [Chapter 2 공항의 구조와 시설]에서 설명하였으므로 본 장에서는 수하물처리시설을 관리하고 운영하는 측면에서 살펴본다.

2016년 1월 3일은 세계 공항서비스평가 1위의 인천공항으로서는 기억하기 싫은 날일 것이다. 인천공항의 BHS가 오류를 일으켜 150편이 넘는 항공기가 지연출발하고 5,200여 개의 수하물이 제 항공기에 실리지 못하는 초유의 사태가 발생한 날이기 때문이다. 항공운항의 최대 장애물인 천재지변이나 테러가 아닌 사유로 이런 사태가 일어난 사례는 찾기 어렵다. 이 사건을 계기로 인천공항은 보다 철저한 BHS 운영과 관리 체계를 구축하여 이후 유사한 사건이 재발하지 않고 있으며, 세계 최고의 수하물 처리 품질*을 자랑하고 있다.

인천공항보다 더 끔찍한 경우도 있었다. 2000년 아시아의 허브공항을 꿈꾸며 야심차게 개항한 홍콩 쳅락콕(chep lap kok) 공항은 개항 첫날부터 오류가 난 BHS로 수많은 승객들의 수하물이 분실되거나 지연되어 한동안 공항기능이 정상적으로 돌아가지 못하였고 당연히 항공기 운항에도 악영향을 끼쳤다. BHS 오류로 공항운영에 심각한 타격을 입히는 사례는 말레이시아 쿠알라룸푸르 공항과 런던 히드로 공항 제5터미널 개항 시에도 일어났으며 다른 대형공항에서도 드물지 않게 발생하는데 그만큼 BHS의 안정적 운영과 관리의 중요성을 새삼 일깨워준다.

> *인천공항의 수하물 처리 품질 : 지각수하물[수하물이 예정된 적재대로 분류되지 못한 수하물] 발생
> 률은 전 세계 공항 평균이 10만개 당 11~14개 수준이며, 인천공항은 0.3[1터미널]~0.4[2터미널] 임.
>
> [2018년 기준, 인천공항공사]

공항운영자는 BHS 담당부서를 두고 BHS의 시설운영책임자와 관리자, 수하물을 접수하고 운반하는 수하물 취급자 등으로 구분하여 규정과 매뉴얼에 따른 시설점검과유지 및 보수를 하며, 항공사를 비롯한 관련 회사와 직원들에게 정기적 교육*을 실시하고 있다.

우리나라 국토교통부는 공항 BHS의 중요성을 인식하고 국토부 훈령으로 '공항 수하물처리시설 관리·운영지침'을 제정하여 인천공항을 비롯한 주요공항에 적용토록 하고 있다.

> *정기적 교육 : BHS는 규격화된 Tray에 실린 수하물이 자동화된 컨베이어시스템에 의해 움직임에 따라 정상범위의 수하물 처리가 매우 중요하다. 교육내용은 "수하물의 가방 끈, 포장끈 또는 손잡이 등을 사전 정리하여 투입하고, 수하물 등에 이전에 부착된 꼬리표가 있을 경우 이를 제거한 후 새로운 꼬리표를 부착하여 투입해야 한다." 등과 같은 구체적 내용으로, 공항운영자는 시각적 자료를 활용하여 공항의 수하물취급직원들을 대상으로 정기적 교육을 실시하고 있다.

BHS 컨베이어 벨트로 운반되는 Tray 안의 가방 [이미지 출처 : siemens-logistics.com]

### (2) BHS 시설 점검

'공항 수하물처리시설 관리·운영지침'을 토대로 공항에 맞는 현장점검 기준을 수립하여 BHS 시설을 일일점검, 주간점검, 월간점검, 분기점검, 연간점검 등의 일정으로 점검하고 그 기록을 유지한다.

BHS 구조물, 구동부와 모터, 컨베이어 벨트, 분류장치, 턴테이블, 스캐너와 센서, 제어장치와 계량장치, 분류장치와 방향전환 장치 등 점검대상 별로 세부점검 리스트를 참고하여 점검하고 정비한다.

## 7) 출국심사

### (1) 출국심사지역

국제선터미널에서 여객 출국심사는 출입국관리법[법률]과 그 시행령 및 시행규칙 등에 의거하여 여객의 출국자격 등을 심사하고 출국여부를 판단하는 공무를 말한다. 출국심사

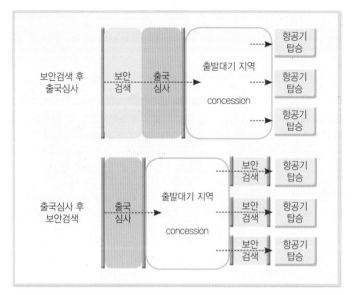

**출국과정 절차별 출국심사대 위치**

→ 컨세션concession 또는 컨세션사업 : 공항, 항만, 기차역, 쇼핑몰, 테마파크 등 다중공
공시설 내에서 특정 기업이나 개인이 시설을 허가받아 문화나 식음료서비스를 운영하
는 것.

를 보안검색 후 받는 중앙 집중식 보안검색 공항[우리 나라 포함 대부분 국가]과 보안검 색 전 받는 Pier입구 보안 검색 공항[과거 태국 등 일부 국 가]이 있다. 미국과 같이 출 국심사절차가 아예 없는 나라를 예외로 한다면, 보 안검색 후 출국심사를 거 치도록 되어 있는 공항에 서의 출국심사지역은 보 안검색을 완료한 여객들이 심사를 즉시 받을 수 있도 록 보안검색지역과 물리적

시설로 구분되지 않고 동일 레벨[층]에 연결되어 있는 것이 일반적이지만, 보안검색 구역과
분리되어 별도 레벨(층)에 배치되어 있을 수도 있다.[BKK 등]

## (2) 자동출입국심사

출입국심사는 출입국심사관이 여객의 얼굴과 여권을 육안으로 대조한 후 출국하는 목
적을 인터뷰로 확인한 다음 여권의 사증란에 도장[스탬프]를 날인하는 전통적인 유인심사대
에서 이루어져 왔으나 최근에는 세계적으로 주요공항에서 이러한 유인심사대를 대체하는
무인심사대가 증설되고 있는 추세이다.

무인심사대는 사전에 등록된 여객의 정보를 기반으로 키오스크에서 여객 스스로 여권
을 읽히고 지문이나 홍체 또는 얼굴 모습 등의 생체정보를 매개로 본인여부를 판단하여
출국심사를 갈음하는 설비와 시스템을 의미하는데, 우리나라를 비롯하여 미국, 홍콩, 네
덜란드 등 40여 개 국가에서 시행 중이다.

■ 유인 출입국심사지역 심사모습 이미지

우리나라는 SeS (Smart Entry System)라는 이름으로 인천공항을 비롯하여 김포, 김해, 청주, 제주공항 및 부산항과 인천항에서 무인자동출입국심사대를 운영하고

[이미지 출처-위, 아래 : SeS홈페이지]

있으며, 만 7세 이상의 주민등록이 된 국민이면 사전등록 없이 공항현장에서 즉시 이용할 수 있고, 만 17세 이상의 등록외국인 역시 사전등록 후 이용할 수 있는데, 12초 내외의 시간으로 심사를 마칠 수 있다.

주요국가의 무인 자동출입국심사 시스템

| 홍콩공항의 e-Gate | 미국의 Global Entry | 네덜란드의 Privium |

■ [이미지 출처 : www.immd.gov.hk / www.cbp.gov / www.schiphol.nl]

## 8) 탑승교(PBB. Passenger Boarding Bridge)

### (1) 개념

탑승교는 여객터미널과 에어사이드의 항공기를 연결하는 시설로 기종에 따라 항공기에 전

원을 공급하는 시설[GPU, Ground Power Unit]이 갖추어진 것도 있다. 탑승교는 "항공기 이용객의 탑승과 하기를 돕기 위하여 여객 터미널과 항공기를 연결하는 동력을 가진 통로형태의 기계시설"[공항 탑승교시설 관리·운영 지침]로서, 그 설치와 운영기준이 국토교통부 훈령으로 정해져 있다.

항공기가 주기장을 점유하는 시간은 항공기의 운항노선, 크기, 승객 수, 화물량, 턴오버(Turnover) 준비시간 등에 따라 계획되고 결정된다. 일반적으로 국내구간을 운항하는 소형항공기의 경우에 15~35분, 장거리 국제선을 운항하는 대형항공기인 경우에 점유시간이 60~90분이 소요된다. 이는 항공기가 대형일수록, 그리고 노선이 장거리일수록 여객과 수하물 처리, 급유, 기내식 탑재 등에 더 많은 시간이 필요하기 때문이다. 공항운영자는 탑승교의 정기점검, 운영 및 관리자에 대한 교육, 제반 안전규정, 비상시 예비절차 등을 수립하여 운영한다. 다음과 같은 경우에는 탑승교 사용을 중지할 수 있다. [21조(시설의 사용 중지)]

> 1. 측풍이 순간최대 풍속 25m/s 이상일 경우
> 2. 탑승교시설 운용과 관련하여 인명 또는 시설피해 등이 발생하였거나 발생우려가 있을 경우. 화재, 풍수해, 지진, 테러 등의 재난이 발생하였거나 또는 발생할 우려가 있을 경우 등

탑승교가 강력한 동력으로 움직이는 기계임에 따라 운영 시에는 무엇보다 사람의 안전과 항공기에 피해예방에 주력해야 하며, 운전 전 지상 장애물 확인, 지상 정비사 등의 안전신호 확인, 기계 조작 시 출입문은 1/3만 개방, 조작 중 턴테이블 출입제한, Safety Shoe 설치, 측풍 50Knots 이상 시 운영금지 및 안전 조치, 조명 및 냉난방 장치 작동 확인 등의 안전 수칙을 준수한다.

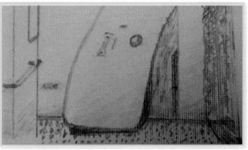

| Safety Shoe 설치 모습과 탑승교 오작동으로 인한 항공기 도어 피해 예시

## (2) 탑승교와 Apron

탑승교와 연결된 Apron[주기장]의 크기는 수용 항공기의 크기에 따라 등급이 나눠지는데, 그 크기에 상관없이 항공기 지원시설 배치, 지상조업장비의 위치와 작업 범위, 항공기 간과 항공기와 고정시설 간의 간격 등은 국제기준과 우리나라 항공법을 준수하여 건설되고 운용된다.

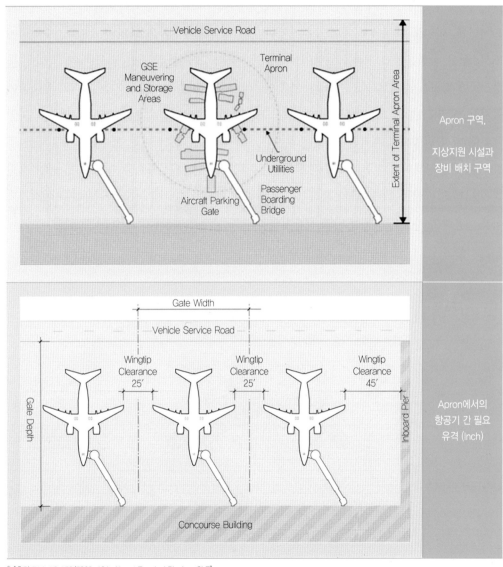

[출처 FAA AC 150/5360-13A, Airport Terminal Planing, Ch7]

## 9) 공항혼잡도

인천공항이 2017년 12년 연속으로 국제공항협의회(ACI)가 주는 세계공항평가 1위에 오른 데에는 첨단 무인 체크인 카운터, 보안검색대 증설, 출입국심사 시간 단축, 면세점서비스, 주차장과 교통체계 개선 등의 하드웨어적 투자와 인력운영 면에서의 효율성 강화 등 다양한 요인덕분이다. 이 외에 소프트웨어적인 면의 참신한 아이디어도 한 몫을 하였는데 그 중 하나가 2004년에, 아마도 세계에서 처음으로 시행한 '출입국예고시스템'의 도입일 것이다. 출입국예고시스템은 공항혼잡도 개선을 위하여 하루 또는 이틀 전에 해당하는 날의 전체와 그 날의 특정시간에 항공노선 별로 어느 정도의 승객이 출국하고 도착하는지를 근거를 가지고 예측하여공지함으로써 공항의 모든 항공사와 기관, 그리고 컨세션 사업체들이 자신들의 업무와 사업계획에 미리 반영하여 대비할 수 있게 해준다. 출국과 입국 뿐 아니라 환승여객들에 대한 정보도 있어 공항터미널의 전체적 승객 흐름을 시계열로 분석하고 예측할 수 있으며, 공항 직원뿐 아니라 일반인들에게도 공항 홈페이지를 통해 게시되기 때문에 공항을 이용하는 여객들도이를 이용하여 자신이 이용할 날과 시간대의 혼잡도를 미리 예상하고 행동할 수 있다.

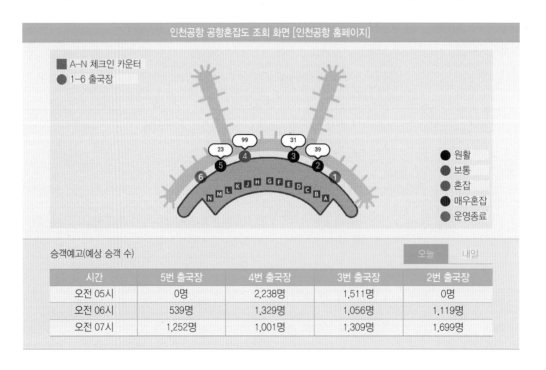

인천공항 공항혼잡도 조회 화면 [인천공항 홈페이지]

| 시간 | 5번 출국장 | 4번 출국장 | 3번 출국장 | 2번 출국장 |
|---|---|---|---|---|
| 오전 05시 | 0명 | 2,238명 | 1,511명 | 0명 |
| 오전 06시 | 539명 | 1,329명 | 1,056명 | 1,119명 |
| 오전 07시 | 1,252명 | 1,001명 | 1,309명 | 1,699명 |

## 10) 출입국심사시간 단축의 일등공신 KISS

2017년 기준 인천공항의 출입국 소요시간 통계치를 보면 출국 41분, 입국 27분인데 이는 ICAO의 국제공항 권고기준인 출국 60분, 입국 45분에 비해서 매우 빠르다. 비단 인천공항 뿐 아니라 외국의 공항들에 비해 우리나라의 공항에서의 출입국 소요시간이 빠른 것은 직접 겪어본 사람이면 누구나 인정하지만, 그 중에서 특히 출국과 입국사열이 신속하고도 간편한 것을 느낄 수 있다. 이는 자동여권판독기나 APIS와 iAPP*, 무인심사대 등과 같은 장비와 시스템의 영향도 있지만 무엇보다 KISS(Korea Immigration Smart Service)로 불리는 출입국심사절차의 혁신에 따른 결과라 하겠다.

> *APIS는 Advanced Passenger Information System의 약어로 항공기가 공항에 도착하기 전에 탑승객 정보를 받아 분석하는 체제를 말하며, iAPP는 interactive Advance Passenger Processing의 약어로 승객이 출국심사 전에 승객의 정보를 받아 분석하는 시스템을 뜻한다.

종전에 입국과 출국으로 분할되어 운영되었던 출입국심사관들의 고정식근무조직을 여객의 집중도와 밀집도를 고려한 시간과 장소를 찾아가는 이동식근무조직으로 바꾼 것이 혁신의 시발점이 되었다. 즉, 운영자 중심에서 고객[승객] 중심적의 사고 전환과 실행으로 획기적으로 심사시간을 단축할 수 있었던 것이다. 법부무 출입국관리사무소의 실적을 보면 이 제도 시행 이후 출입국 소요시간을 40% 단축함으로써 여객대기시간을 연간 30만 시간, 비용으로 환산하여 연간 238억에 이르는 고객의 기회비용을 줄였다

[이미지출처 : 국토교통부 정책마당. 2018년]

093

고 한다. 뿐만 아니라 출입국심사관을 30% 이상 증원한 효과도 있다고 하며, 덕분에 우리나라 출입국심사서비스는 KISS 시행 후 국제공항협의회(ACI)의 고객만족도 부문 세계1위와 유엔공공행정상까지 수상하는 기록도 보유하게 되었다.

## 11) Fast Track

독일의 프랑크푸르트 공항, 미국 샌프란시스코 공항, 말레이시아 쿠알라룸푸르 공항 등에는 탑승수속을 마친 비즈니스나 퍼스트 클래스 승객, 또는 보행이 불편한 교통약자 승객이나 탑승시간이 임박한 승객 등이 이용하는 보안검색 입구가 따로 있다. 이처럼 일반 통로보다 대기시간이 비교적 짧게 소요되는 대기라인이나 그런 제도를 Fast Track이라고 한다. 공항 뿐 아니라 놀이공원이나 영화관 등에서도 추가요금을 받고 Fast Track을 운

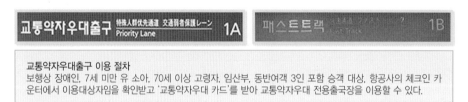

**교통약자우대출구 이용 절차**
보행상 장애인, 7세 미만 유 소아, 70세 이상 고령자, 임산부, 동반여객 3인 포함 승객 대상, 항공사의 체크인 카운터에서 이용대상자임을 확인받고 '교통약자우대 카드'를 받아 교통약자우대 전용출국장을 이용할 수 있다.

▌인천공항 1청사의 교통약자우대출구와 2청사의 Fast Track 입구 간판

프랑크푸르트 공항은 VIP용 Fast Track 외에 출발시각이 30분 이내로 임박한 항공편 승객을 위해서도 Fast Track을 운영하고 있다.

▌프랑크푸르트 공항(왼쪽)과 쿠알라룸푸르 공항의 Fast Track

영하는 곳을 많이 볼 수 있다. 우리나라는 인천공항에서 패스트트랙을 도입하려는 논의가 오래전부터 있었지만 공공재 서비스의 특혜성 논란으로 지금은 교통약자만을 대상으로 운영 중이다. 2018년 1월 개장한 2터미널에는 패스트트랙을 사용할 수 있도록 시설이 되

어 있으나 관련규정이 만들어지지 않아 아직 사용되지 않고 있다.

해외사례를 보면 뉴욕, 나리타, 프랑크푸르트, 싱가포르, 방콕 등의 많은 관문공항들이 패스트트랙을 운영하고 있다. 대부분 항공사들이 사후에 비용을 지불[물론 승객의 항공권 요금에 포함되어 있다고 볼 수 있다]하는 시스템으로 운영된다. 싱가포르 창이공항은 아예 탑승수속카운터부터 곧 바로 전용출입문을 통해 일반승객들과 다른 통로로 보안검색 구역으로 입장하게 되어 있다.

공항운영자와 항공사는 승객의 원활한 흐름을 도모하고 하이엔드 수요 유치를 위해 국제적 추세에 맞춰 패스트트랙 제도 도입이 필요하다고 하지만, 국민의 세금으로 만든 공공자산인 공항의 시설이 일부 승객만을 위한 차별적 혜택으로 사용되어서는 안 된다는 주장도 있다. 패스트트랙을 운영하여 얻는 수익으로 일반승객의 동선을 더욱 편리하게 바꿀 수 있는 수익환원체제를 구축하는 방안 등을 강구하여 서로의 주장이 상생하는 전략이 필요해 보인다.

## 12) 컨세션 사업운영과 관리

### (1) 터미널 기능과 수익추구

컨세션은 항공기탑승이라는 여객터미널의 기본기능에 직접적이고도 필수적인 시설 외에 여객서비스를 지원하고 여객의 편의를 위한 여러 시설들을 의미한다. 컨세션 시설을 배치하는 것은 공항운영자의 자율적 판단이지만 기본적으로 ICAO의 여객터미널 시설분포 기준을 바탕으로 터미널의 기본기능에 영향을 미치지 않는 범위에서 이루어져야 한다. 공항운영자는 수익적 관점에로만 접근하여 컨세션(concession) 사업이 터미널의 기본 기능을 저해하는 수준으로 과도하게 확대되는 것을 경계해야 할 것이다. 여객의 항공기 이용이라는 여객터미널의 핵심기능을 우선에 두면서도 공항운영 수익을 함께 이루어낼 수 있도록 다각적인 연구와 마케팅 노력이 뒷받침 되어야 한다. 이러한 노력이 효과를 발휘할 때 여객은 컨세션 시설로부터 여행의 또 다른 경험을 갖게 되고 공항이 쇼핑 뿐 아니라 여행과 문화의 복합공간으로 자리매김할 수 있을 것이다.

## (2) 터미널의 구조에 따른 컨세션 배치

　인천공항과 같은 대형공항의 여객터미널의 구조는 대체적으로 5~6층(Level)으로 되어 있는데 지하 2층 이하는 지하철도와 BHS 시설이 있고, 지하 1층은 항공사, 여행사, 조업사 등의 사무실과 상업시설, 주차장 등 편의시설이 배치된다. 1층은 항공기가 도착하여 승객들이 자연스럽게 이동할 수 있도록 도착구역(Arrival Area)이 됨으로 호텔안내, 렌터카, 휴대폰서비스 매장 등을 포함하여 각종 편의시설과 상업시설들이 배치되며, 2층과 3층은 승객이 항공기에 탑승하는 기본 기능에 충실하기 위해 랜드사이드에는 수하물 포장 센터, 여행자보험 등을 포함한 각종 상업과 편의시설이, 에어사이드에는 면세점, VIP 라운지 등을 포함한 편의시설들이 배치되는 것이 일반적이다. 4층 이상은 탑승기능과는 무관하여 라운지나 상업시설 또는 사무실 등이 배치된다.

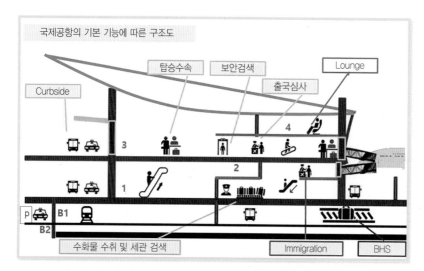

제네바공항의 Arrival Duty Free Shop [geneva airport]

　상업 및 편의시설을 성격과 유형별, 그리고 판매제품과 서비스 별로 중앙을 기준으로 가능한 좌우 대칭을 이루도록 하여 여객이 어느 쪽으로 출발 도착하든지 공평한 혜택을 받도록 하고 부득이 한 쪽에만 배치하여야 할 때는 가급적 중앙지역으로 배치하는 노력이 필요하다.

　인천공항의 경우 2층과 1층

은 에어사이드의 CIQ 지역으로서 항공기가 도착하여 승객이 하기하는 층으로 에어사이드에서 검역(Quarantine)과 입국사열(Immigration)을 거친 다음 세관(Custom)이 있는 1층으로 내려오는 동선이기에 2층은 대체로 항공사를 비롯한 항공관련 회사와 공항지원기관들의 사무실이 배치되어 있으며, 3층과 4층에 대부분 컨세션 시설들이 집중되어 있다.

도착 Flow에서는 탑승교부터 에어사이드 출구까지 컨세션 시설은 배치되지 않는 것이 일반적이나 국제선 터미널의 경우 공항에 따라 입국면세점이 운영될 수도 있다. [우리나라는 인천공항에 2019년 5월부터 입국장면세점 운영]

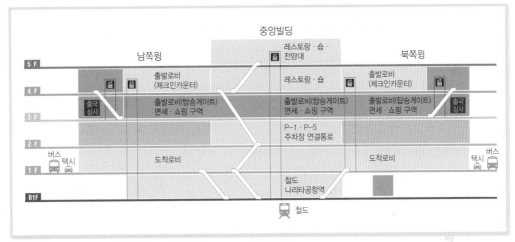

┃ 일본 나리타 공항의 여객터미널 구조 입면도 [출처 : 나리타공항 홈페이지]

## (3) 컨세션 시설의 배치와 운영 고려사항

컨세션 시설을 배치하고 운영할 때는 다음과 같은 요소를 고려하여야 한다.

① 여객 및 상주직원 등 이용자의 동선 안전성, 편의성, 쾌적성

② 공항접근 교통시설과의 연관성

③ 항공기 탑승 및 항공 정시성, 항공보안 간섭요소

④ 전체 공항의 서비스 수준에 미치는 영향도

⑤ 종목 구성의 적정성 및 비즈니스, 문화와의 조화

⑥ 사업자 별 사업, 마케팅, 고객서비스 전략

⑦ 합리적 임대수익 등

### (4) 터미널 내 컨벤션 사업 종류

① 주차장 및 육상 또는 해상 교통안내 및 발권 시설
② 면세점과 시내면세점의 면세품 수취시설, 소비세환급시설
③ 백화점, 슈퍼마켓 등 비교적 규모가 큰 쇼핑시설
④ 환승호텔, 휴식 및 휴게시설, 샤워 및 마사지 시설
⑤ 택배회사 및 수하물 보관시설
⑥ 은행과 환전소, 보험 등 금융사
⑦ 우체국, 서점과 인터넷 사용 시설, 병원과 약국
⑧ 카페, 식당 등 일반 식음료 시설
⑨ 어린이 놀이방, 의자, 벤치 등을 포함한 대기시설
⑩ 전화 및 팩스 시설, 항공사 및 기타 비즈니스 라운지
⑪ 편의점, 미용실, 기도실, 미니골프 등 기타 오락 및 서비스시설

## 13) 면세점(Duty Free Shop)

### (1) 개념

면세(免稅)란 판매물품에 부과하는 세금을 면제(免除)하는 것이며, 면세점은 내국인에게 부과되는 소비세, 수입품의 관세 등을 면제하여 판매하는 보세판매장*을 말한다. 면세점은 공항이나 항만, 또는 시중의 허가된 공간에 있으며 국제선의 항공기 내에서 이루어

> *"'보세판매장에서는 외국으로 반출하거나 관세의 면제를 받을 수 있는 자가 사용하는 것을 조건으로 외국물품을 판매할 수 있고, 세관장은 보세판매장에서 판매할 수 있는 물품의 종류, 수량, 장치장소 등을 제한할 수 있다." [관세법 제196조]

지는 기내면세품 판매도 면세점과 같은 역할을 한다. 보세판매이니 만큼 외국으로 물품을 반출하거나 관세 면제를 받을 수 있는 사람이 사용할 것을 조건으로 해외로 출국하는 내·외국인만이 면세물품을 구매할 수 있다. 만약 해외여행객이 어떤 연유로 항공기를 탑승하지 않고[출국하지 않고] 다시 입국한다면 출국 전에 구매한 면세품은 구매한 면세점에서 환불받아야 한다.

## (2) 면세점의 발달 역사

면세점의 역사는 2차 세계대전이 끝나고 상업항공시장이 궤도에 오르기 전인 1947년 아일랜드 새넌공항(Shannon Airport)에서 처음 만들어졌다. 당시 미국 유학길에서 아일랜드로 돌아오던 브랜단 오리건(Brendan O'Regan)이란 사람이 선박 안에서 면세로 술을 파는 것을 보고 힌트를 얻어 공항에서도 면세점을 운영할 것을 주창하였고 이 아이디어가 아일랜드 국회에서 채택되어 새넌 공항이 무관세 공항으로 지정됨으로써 세계 최초의 면세점이 탄생하게 되었다.

이후 미국의 피니(Chuck Feeney)와 밀러(Robert W Miller)가 DFS[현재 세계 면세점 시장 1위인 DFS그룹의 모

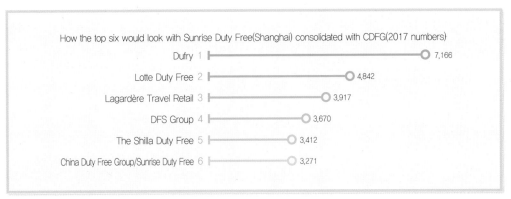

How the top six would look with Sunrise Duty Free(Shanghai) consolidated with CDFG(2017 numbers)

| | |
|---|---|
| Dufry 1 | 7,166 |
| Lotte Duty Free 2 | 4,842 |
| Lagardère Travel Retail 3 | 3,917 |
| DFS Group 4 | 3,670 |
| The Shilla Duty Free 5 | 3,412 |
| China Duty Free Group/Sunrise Duty Free 6 | 3,271 |

[출처 : Moodie Davitt Interactive, 2018]

태를 만들어 엄청난 성공을 거두자 면세점 사업은 전 세계로 급속히 퍼져나갔다. 우리나라는 1973년 동화 면세점이 처음으로 면세점을 열었고 이후 롯데와 신라가 면세점사업에 뛰어들었으며, 1988년 여행 자유화로 면세점들이 대폭 증가하여 워커힐, 파라다이스, AK, 한진 등의 회사들이 공항 또는 시내에서 면세점을 운영하였다. 면세점사업은 초기 투자비용이 많이 들고 재고 부담이 커 차츰 자금력이 우수한 대기업 위주로 재편되었는데, 2010년 롯데가 AK면세점을 인수하고 2012년 신세계에서 파라다이스면세점을 인수한다.

면세사업은 항공여행의 발전과 중국 유커들의 해외여행 증가 등에 힘입어 세계적으로 꾸준한 성장세를 보이는 시장으로 그 규모가 1985년 60억 달러에서 2015년 620억 달러로 900% 이상 성장하였다. 면세점에서 가장 높은 매출을 올리는 상품은 향수와 화장품으로 전체 판매액의 32%이며 그 다음이 주류(16.4%)와 담배(12%)로 일반판매 시에 높은 세금이 부과되는 물품들이다.

글로벌 면세점 순위를 보면 2017년 매출액 기준으로 스위스의 듀프리가 우리 돈 9조 3700억원의 매출을 올려 1위에 올랐고, 롯데듀티프리가 6조 33억 원으로 2위, 신라면세점이 4조 4600억 원으로 5위에 랭크되었다.

## (3) 면세점사업의 특징

면세점은 공항 항만 등 장소의 임차보증금, 반품과 재고관리가 어려운 상품구매자금, 화려한 인테리어 비용, 인력과 설비 투자에 따른 초기 운영자금 등, 대규모의 초기투자가 필요한 규모의 경제 특성을 지닌다. 따라서 자금력이 큰 대기업이 사업에 유리하다. 또한, 공항과 항만은 공공시설로 면세점을 열기 위해서는 정부로부터 경쟁 입찰을 통한 면허를 받아야만 한다. 따라서 출국장 면세사업은 특허사업이자 임대사업의 성질을 가지며, 관세법을 비롯한 여러 법률에 의해 직접적 규제를 받는다.

## (4) 면세점의 종류

면세점은 외교관면세점, 출국장 면세점, 시내면세점 등으로 그 종류가 분류되는데 세부내용은 다음과 같다.

| 구분 [근거] | 내용 |
|---|---|
| 외교관면세점<br>[비엔나 협약 및 관세법] | 외국의 대사관·공사관 등 기관의 업무 용품 및 직원과 그 가족이 사용하는 물품 |
| 출국장 면세점<br>[보세판매장운영에 관한 고시] | 국제공항이나 국제항만에 위치하여 출국하는 국내·외 여행자를 대상으로 면세물품을 판매하는 상점으로,<br>출국인 및 통과여객기(선)에 의한 임시 체류인(승객)에게 판매하는 보세판매장 |
| 시내면세점<br>[보세판매장운영에 관한 고시] | 시내 또는 공항 인근 등의 출국장 이외의 장소에서 출국인 및 통과여객기(선)에 의한 임시 체류인(승객)에게 판매하는 보세판매장 |
| 지정면세점<br>[제주특별자치도 설치 및 국제자유도시 조성을 위한 특별법] | 제주특별자치도 여행객이 제주특별자치도 외의 다른 지역으로 휴대하여 반출하는 것을 조건으로 면세물품을 판매하는 곳으로, 제주특별자치도 내 국내선 공항·여객선터미널의 출발장 등에 있다. |

- 인터넷면세점 : 면세사업자가 전자상거래의 방법으로 운영하는 면세유통채널
- 기내 면세점 : 항공운송업자(항공사)가 항공기 내에서 물품을 판매하는 것
- 사후면세점 : 외국인 관광객에게 제품을 팔면서 세금을 환급해주는 비과세상점으로, 지정판매장에서 3만 원 이상을 구매한 외국인은 물품 대금에 포함된 부가세(10%)와 개별소비세(5~20%)를 공항 내 Tax Free 환급 창구를 통해 돌려받을 수 있다. 사후면세점은 관할세무서에 신고만 하면 영업이 가능하다.

## (5) 우리나라 면세사업 현황

앞서 글로벌 면세점 시장에서 우리나라 기업들이 선전하고 있음을 볼 수 있었는데, 이는 우리나라 면세시장이 그만큼 크기 때문이다. 국가 별로 면세점 시장 규모를 보면 우리나라가 2018년 기준 18조 4천억 원으로 세계 전체 규모의 약 12%를 점유하여 점유율 1위에 올라있다. 우리나라 면세산업이 이렇게 성장할 수 있었던 것은 중국 여행객 증가가 직접적 원인이지만, "면세점들이 K-POP 콘서트와 같은 대중문화콘텐츠(엔터테인먼트)와 관광(투어)을 결합한 엔터투어먼트 마케팅, 해외 유명 한류스타를 이용한 한류 마케팅 등을 통해 문화와 쇼핑을 융합한 노력과 세계최초로 시행한 시내면세점의 성장, 그리고 우리나라만의 고도화된 통합물류 시스템 덕분"[한국면세점 협회 분석]이라 할 수 있다. 하지만 중국과 홍콩의 면세점 시장이 가파른 성장세를 보이며 우리나라를 추격하고 있고, 면세시장에서 중국

[따이공(代工)과 웨이상(微商)]*이 차지하는 비중이 과도하게 큼[70% 내외]에 따라 정치, 사회적 환경 변화로 인한 파급을 최소화할 수 있도록 시장 다변화, 모바일과 인터넷 채널로의 물류시스템 업그레이드 등의 전략이 필요한 시기라 하겠다.

> "*따이공은 선박, 항공기 등을 이용하여 출퇴근하듯이 물품을 구매하는 중간상인으로 보따리상이라 불리며, 웨이상은 위챗, 웨이보, 유투브 등 모바일 SNS를 기반으로 물품을 구매하여 판매하는 사업자를 의미한다."

## (6) 면세품 구매 규정

구매자 1인당 구매물품의 면세한도는 담배, 주류, 향수를 제외한 전 품목에 대해 미화 600달러이며, 추가로 담배 1보루, 주류 1L, 향수 60ml를 구입할 수 있다. [관세법 및 관세법 시행규칙]

### 승객 일인당 면세한도

1. 술 : 1병(1ℓ 이하이고 미화 400달러 이하인 것으로 한정)
2. 담배 : 궐련 200개비, 엽권련 50개비, 전자담배 니코틴용액 20㎖, 그 밖의 담배는 250g(두 종류 이상의 담배를 반입하는 경우 한 종류에 한정해 면세됨)
3. 향수 : 60㎖
4. 다만, 19세 미만인 사람이 반입하는 술, 담배에 대해서는 관세가 면제되지 않음

여행자 휴대품 면세한도는 US$600입니다. 초과분에 대해서는 세관신고 후 세금을 납부해야 합니다.

면세한도와 구매한도는 다르다. 면세한도는 세금을 면제해주는 물품의 가액이고, 구매한도는 국내면세점에서 구매할 수 있는 한도 금액을 말한다. 출국하는 내국인의 면세점 구매한도는 물품총액 미화 3,000달러로 국내면세점에서 내국인에게 3,000달러 이상은 판매할 수 없다.

면세한도(600달러) 이상의 구매물품을 반입하는 경우 그 차액(총 구매금액에서 600달러를 뺀 금액)에 대해서 세금이 부가된다. [보세판매장운영에 관한 고시]

| 인천공항 면세점 사업자 현황 및 매출 실적 [2017년 기준] | |
| --- | --- |
| **1청사 사업자 현황** | **2청사 사업자 현황** |
| · 매장수와 면적 규모 순. 7개 사업자, 총 매장 수 74개, 총 면적 16,956㎡<br>· 호텔롯데, 호텔신라, 신세계(대기업), 시티플러스, SM면세점, 삼익악기, 엔타스(중소, 중견기업) | · 매장수와 면적 규모 순. 6개 사업자, 총 매장 수 33개, 총 면적 10,208㎡<br>· 신세계DF, 호텔신라, 호텔롯데(대기업), SM면세점, 시티플러스, 엔타스(중소, 중견기업) |

2017년 인천국제공항 면세점 매출은 전년대비 4.1% 증가한 21억달러(약 2조3313억원)로, 사상 최대 연 매출 달성과 함께 2년째 공항면세점 매출 세계 1위 자리를 지켰다. 품목별로는 화장품이 7억7400만 달러로 전체 매출 중 38%를 차지해 가장 많은 매출을 올렸으며, 뒤이어 주류·담배 4억5900만달러(22%), 피혁 제품 3억100만달러(15%) 순으로 높은 매출을 기록했다. 업체별로는 7개 면세사업자 중 6개사의 매출이 2016년보다 증가했다. 일부 중소기업 면세 사업자의 매출 증가율은 10%를 웃도는 성장세를 보였다. 인천공항공사는 18일 제2여객터미널이 오픈으로 매출이 더욱 늘어날 것으로 기대하고 있다. 제2여객터미널에는 총 6개 면세사업자가 33개 매장을 운영한다. 샤넬, 디올, 설화수, 랑콤, SK2, 에스티로더 등 국내 외 6대 화장품 브랜드로 구성된 화장품 플래그십 부티크 매장에서는 제품 구매뿐만 아니라 메이크업 시연, ICT 디바이스를 활용한 체험 공간을 마련할 예정이다. 이러한 실적은 중국 정부의 사드(THADD·고고도미사일방어체계) 제제 여파와 안보 이슈에도 불구하고 중국인을 제외한 외국인과 내국인 매출이 증가한 결과다.

[인천공항공사 보도자료, 2018.1.5. 요약]

# 3

# 이동지역 운영

## 1) 항공교통관제

효율적인 공항운영과 항공안전을 위해 항공교통관제에 참여하는 기관 및 운영자들은 서로 긴밀하게 협조하여야 한다. 공항운영자가 항공교통관제에 관해 수행해야 할 주요 업무는 다음과 같다.

① 항행에 필요한 시각보조 시설의 유지보수
② 구조 및 소방서비스의 제공
③ 이동지역 관리 및 유지보수, 장애물 제거
④ 이동지역 내 교통흐름과 차량의 통제
⑤ 제설작업 및 적설상태 확인 및 보고
⑥ 항공기 주기 및 주기유도시스템의 설치 관리 운영
⑦ 활주로 마찰계수*의 평가
⑧ 조류 및 기타 야생동물의 감소조치
⑨ 기동불능 항공기의 처리에 대한 협의
⑩ 공항 주변의 부정적 환경영향을 최소화하기 위한 방법의 채택
⑪ 각종 공항자료의 제공 등

> **\*마찰계수**
> - 물체에 힘을 가했을 때 물체의 접촉면과 평면의 바닥사이에 운동을 방해하는 힘을 마찰력(friction force)이라고 하고, 마찰력과 그 물체에 작용하는 수직력의 비율을 마찰계수라고 한다.
> - $\mu$ = F/W (F 마찰력, $\mu$ 마찰계수, W 물체의 작용하는 수직력)
> - 공항에서는 비나 눈 등으로 활주로가 미끄러울 때 항공기가 착륙 시 안전한 제동거리를 설정하도록 활주로 마찰계수를 측정하여 각 항공사 및 관제탑에 전달한다.

## 2) 계류장 운영과 관리

### (1) 계류장 관리 방식

계류장에서 가장 중요한 행위는 항공기 기동과 관련된 것들이다. 항공기의 움직임은 어떠한 상황에서도 모든 작업에 우선하며, 항공기 주변의 차량운행과 장비작동 등 항공기의 안전에 직접적 영향을 미칠 수 있는 상황과 작업들도 중요한 관리 대상이다.

계류장 관리방식은 계류장 내에서의 항공기 기동을 통제하고 책임지는 주체에 따라 항공교통관제기관과 공항운영자가 협의하여 운영하는 협의식 관리방식과 일정구역 내에서는 공항운영자가 운영과 관리를 맡는 공항운영자 관리방식이 있다.

#### ① 협의식 관리방식

항공교통관제기관이 항공기의 무선관제 권한을 가지고 공항운영자는 차량통제를 관리하는 방식이다. 공항운영자는 항공교통관제기관과 교신하면서 항공기 주기장을 배정하고 항공기 도착시간과 이착륙에 관한 기본정보를 항공사와 지상조업사에게 제공한다.

#### ② 공항운영자 또는 운영회사에 의한 관리방식

계류장과 기동지역 사이에 항공기 인계 지점을 미리 정하고 그 지점부터는 공항운영자(내부의 단일 부서)가 항공기 및 차량 통제 절차를 수립하여 관리하는 방식이다. 공항운영자는 항공교통관제기관과 협의하여 공항교통관제기관에게 항공기 관제를 인계하는 지점까지의 지상 활주 허가를 내어준다.

## (2) 항공기 주기장 배정

효율적 주기장 운영을 위하여 주기장 배정 절차와 규정에 대한 매뉴얼이 있어야 한다. 항공기종 별로 사용할 수 있는 주기장과 항공사별로 선호하는 주기장을 분류하여 배정할 수 있는 절차와 시스템을 사용하는 방식이 필요하다.

| 일반적인 주기장 배정 기준 | |
| --- | --- |
| **PBB(탑승교) 주기장 배정기준**<br>여객기 우선, 출발 또는 도착 예정시간이 빠른 항공기 우선, 대형항공기 우선 | **화물주기장 배정기준**<br>정기화물편 우선 |
| **원격주기장 배정기준**<br>자력출발항공기를 포함하는 경항공기, 탑승교 주기장 이용이 곤란한 항공기 | **기타**<br>강풍으로부터 항공기, 차량, 장비 및 주변시설물을 보호하기 위한 주기장 배정 절차, 항공기 소산, 강풍 대비 결박시설 설치 주기장 운영 등 |

## (3) 항공기 주기 유도시스템

공항에서 지정된 장소(스폿Spot)으로 비행기 주기를 유도하는 방법에는 마샬링(Marshalling)과 VDGS(Visual Docking Guidance System)의 두 종류가 있다. Marshalling은 지상에서 유도원 Marshaller이 조종사에게 수신호로 방향을 지시하는 것이고 VDGS는 터미널 벽이나 주기장 전면에 항공기의 위치를 전자화면으로 표시해주는 시스템을 말한다.

**VDGS**

· VDGS(Visual Docking Guidance System)는 항공기의 시각 주기 유도 장치로 대부분의 대형공항에서 사용한다. AGNIS VDGS와 A-VDGS의 두 종류가 있다.

## AGNIS(Azimuth Guidance for Nose-In Stand)

- AGNIS는 두면의 사각형에 녹색과 적색으로 항공기가 주기장의 가운데 라인을 벗어나는지를 지시하는 초기의 VDGS이다. 항공기가 지정된 주기장의 가운데로 들어오면 양쪽 모두 녹색불이, 한 쪽으로 벗어나면 벗어나는 방향으로 적색불이 표시된다.

## A-VDGS

- 항공기의 기종을 인식하여 황색 · 적색의 불빛과 화살표로 좌우 균형을 나타내주고 정지 위치까지의 거리를 미터단위(3미터 이내에서는 0.1미터 단위)로 LED 화면에 숫자나 그래픽으로 지시해준다.

| AGNIS | VDGS |
|---|---|
| 정상 표시 / 오른쪽으로 벗어남 | 왼쪽으로 벗어남 / 정지선까지 20미터 / 정지 / 실제 VDGS 사례 |

## Marshalling

- 항공기가 도착하면 Marshaller는 주기장의 지정 위치에 대기하여 조종사에게 약속된 수신호를 보낸다.
- '천천히 진입하라, 속도를 줄여라, 오른쪽으로, 계속 진행하라, 멈춰라, 엔진을 꺼라' 등의 신호를 보여준다. Marshaller는 야광조끼를 입고 조종사가 쉽게 인지할 수 있도록 유도 Bat(주간)나 유도등(야간)을 사용한다.

계속 전진 / 왼쪽으로 / 속도를 줄이고 / 멈춤

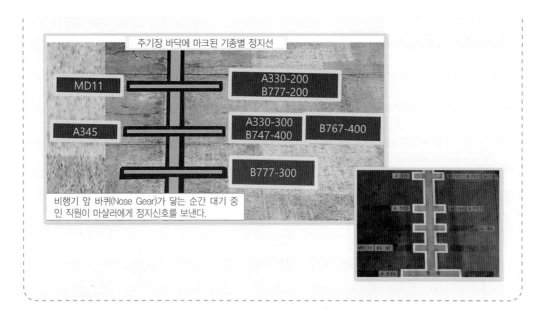

주기장 바닥에 마크된 기종별 정지선

MD11

A330-200
B777-200

A345

A330-300
B747-400

B767-400

B777-300

비행기 앞 바퀴(Nose Gear)가 닿는 순간 대기 중인 직원이 마샬러에게 정지신호를 보낸다.

### (4) 차량선도 유도업무

항공기를 유도하기 위해 사용하는 차량을 Leader van service, 또는 Follow-me car service라고 부른다. 항공기 유도(선도)차량 운전자는 무선 교신절차, 시각 신호, 지상 활주 속도, 항공기와 차량 간의 올바른 간격 확보 등에 대해 적절한 훈련이 되어 있어야 한다.

[출처 : by Gerhard66, Wikimediacommons]

### (5) 계류장 안전관리

#### ① 항공기 후류로부터 보호

계류장에서는 직원 뿐 아니라 승객을 포함한 모든 인원이 항공기 후류의 위험성을 인식해야 하며, 필요한 경우 계류장 설계 시 후풍 방지벽(Jet Blast Deflector)을 설치하고 활용하여 장비와 사람을 보호해야 한다. 원격주기장에서 탑승하고 하기하는 승객에 대하여는 항공사가 안내할 책임이 있다. 제트기의 후풍이나 프로펠러의 후류로 인해 움직일 수 있는 모든 차량 및 이동식 장비는 브레이크 등으로 고정되어 있어야 한다.

전형적인 Jet Blast Deflector(Fence)

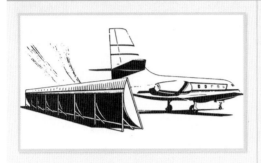

② 항공기 급유 시 안전조치

항공사와 급유 업체는 항공기 급유 중 안전 절차를 준수할 책임이 있다. 항공기 급유 시에 준수하여야 할 주요 사항은 다음과 같다.

　　㉠ 흡연 또는 불꽃을 일으키는 행위 금지
　　㉡ 급유작업 중 각종 동력장치 시동금지
　　㉢ 비상사태 대비 작업자의 신속한 철수를 위한 출입로 확보
　　㉣ 항공기와 급유장치 간의 연결과 지상접지 절차 확인
　　㉤ 소화 장비 비치
　　㉥ 연료누출 시의 조치 절차 확인

③ 계류장 청소(sweeping)와 세척(cleaning)

항공기 후류로부터 각종 장비를 보호하고 지상 활주 중인 항공기의 엔진을 파손할 수 있는 FOD(foreign object debris/damage)를 제거하기 위해 정기적으로 계류장을 청소한다. 외부 물질 유입으로 항공기 운항에 위험을 주는 구간이 보고되는 경우에도 청소를 실시한다. 계류장 표면이 오일, 기름때, 고무 퇴적물 등의 이물질 등으로 오염되었을 경우에는 주기장 이용을 중단시키고 화학용액으로 세척하여 제거한다. 주기장 바닥표지 재도색 작업 전후 이물질이 있을 경우에도 세척작업을 수행한다.

▌FOD 이미지와 안내문 [안내문 출처 : faasafety.gov]

## 3) 공항표면점검

공항표면은 Air side의 활주로, 유도로, 계류장 및 잔디지역을 포함한 비포장지역을 말한다.

### (1) 이동지역의 최소 점검주기

① 활주로 : 일일 4회

② 유도로 및 계류장 : 일일 2회

③ 비포장지역(잔디지역포함) : 항공기 통행지역과 인접한 지역은 포장지역과 동일한 횟수로, 그 외 지역은 표면상태 변화를 수시로 확인하며 점검한다.

### (2) 활주로 점검

① 활주로 전체 너비에 걸쳐 세밀한 표면점검 : 활주로 당 2회, 약 15분

② 점검지역의 구역과 거리를 고려하여 차량, 도보 또는 적절한 장비를 사용하여 점검 : 차량은 가능한 저속으로 움직이며, 포장지역의 세밀한 검사는 도보로 움직이며 점검

③ 점검지역 및 예정시간 등을 항공교통 관제실 등 관계기관에 사전 통보하고 허가 받은 후 점검

④ 점검 완료 시에도 관계기관에 통보하고 활주로 상태 보고 후 점검 개시 및 완료 시간을 기록하고 점검일지 작성

⑤ 점검 중에는 무선교신 채널 수신

⑥ 계기착륙시설(ILS) 주변 및 민감 구역 접근 금지

⑦ 항공기 이착륙 반대 방향으로 점검

## (3) 포장지역 점검

① FOD에 주의하면서 전반적인 청결상태를 점검

② 포장면의 균열 및 파손여부, 연결부 봉합상태, 아스팔트 표면의 골재 균열이나 헐거움, 마찰구간의 끊김 등 포장 표면의 손상 여부를 점검

③ 항공기에 위협을 가할 수 있는 손상이나 표면상태 저하는 즉시 보고하고, 손상이 심각한 경우에는 점검 결과가 나올 때까지 해당 구역에서의 항공기 기동을 중단시킴

④ 비가 온 후에는 표면의 배수 상태 및 침수 지역을 확인하고 가능하면 이후의 재포장 작업이 쉽도록 표식

⑤ 등화시설의 파손여부, 활주로 표지의 청결도, 매립등, 맨홀, 급유구(급유전) 등의 피트(Pit) 덮개 상태 등을 점검

⑥ 활주로 시단지역* 점검에는 활주로 접지구역의 도색상태, 항공기 후류로 인한 진입등 시스템(Approach Lighting System) 및 시단등의 손상 여부, 활주로종단안전구역의 청결 상태 및 지장물의 방치 유무 등을 확인하고 결함이 발견되면 즉시 필요한 조치를 취한다.

> *활주로 시단은 Runway threshold라고 한다. 항공기 착륙에 사용 가능한 활주로 부분의 기점(시작점)을 말한다.

### 포장지역의 여러 가지 손상 사례

| 이음새 균열 Reflective Cracking | 바퀴자국에 의한 홈 Rutting |  포장 균열 Craking |

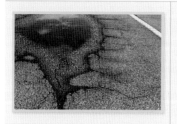  

| 침하로 인해 고인 물 Depression | 쓸려나감 Shoving | 풍화된 포장 면 Weathering |

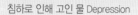

[이미지 출처 : faasafety.gov]

## (4) 비포장지역 점검

① 일반적인 식생 상태 : 초목이 조명, 표지, 마커(marker)*등을 가리는지 확인

② 지반 침하가 진행 중인 곳, 보고되지 않은 항공기 바퀴 자국 기록 및 보고

③ 표지 및 마커의 상태를 기록하고, 수리가 필요하면 작업 지시 또는 요청

④ 초지의 지반강도(특히 항공기 포장 표면에 가까운 부분)

⑤ 상습 침수구역, 계획된 단차와 실제 포장구역과 초지의 높이 차이

⑥ 항공기 후류로 인한 침식

⑦ 조류 및 야생동물 출몰 상태, 항공기 이동로 부근의 잘라낸 풀더미 유무

> *Marker : 표시물을 의미하는데, 장애물을 나타내거나, 경계를 표시하기 위해 지표상에 설치하는 물건

비포장지역의 Markers

### (5) 장애물(Obstacle)*

① 합법적으로 설치된 장애물에 표지 상태 등 점검

② 불법적인 장애물은 담당기관에 즉시 보고 및 제거

③ 불법적인 장애물을 제거하기 어려운 경우 항공기운항 제한 여부 결정 및 해당 장애물에 대한 적절한 표지 및 등화 설치

> *장애물은 항공기의 지상 이동을 위한 구역에 위치하거나 또는 비행 중인 항공기를 보호하기 위하여 설정된 표면의 위로 돌출되는 고정된(일시적 또는 영구적) 혹은 움직이는 모든 물체 또는 그 일부를 말한다.

▌이동지역 내 합법적 장애물 [이미지 출처 : 제주지방항공청]

## 4) 저시정(低視程) 운영절차

### (1) 개념

저시정 운영절차(LVPLow Visibility Procedures)란 RVR(활주로의 가시 범위)이 일정범위 이내일 때 적용하는 공항 이동지역에서의 특별 운영절차이다. 저시정을 판단하는 RVR 범위는 활주로 카테고리 등급과 공항사정에 따라 조금씩 다르나 대체로 400m 내외로 정해져 있다. 국토교통부는 RVR 350m 미만의 기상조건에서 지상이동통제시스템 계획을 수립하여야 한다고 규정하고 있으며, 인천공항의 지상이동 안내 및 통제시스템 계획(SMGCS PlanSurface Movement Guidance and Control Systems. 2018년)에는 "접지대(Touch-down), 중간(Mid-point) 또는 종단(Roll-out) 중

어느 한 지점의 활주로 가시 범위(RVR)가 550m 미만 또는 운고 200FT 미만 시"에 저시정운영절차를 적용하도록 명시해놓고 있다.

## (2) 지상이동 유도통제시스템 계획의 수립

지상이동 유도통제시스템(SMGCS)은 "공항의 이동지역에서 항공기 및 모든 지상이동용 차량과 사람의 움직임을 유도·통제하는데 필요한 각종 보조시설, 설비, 절차, 규정 등으로 구성되는 시스템"으로 이동지역에서 항공기와 항공기 간, 항공기와 차량 간, 항공기와 장애물 간, 차량과 장애물 간, 차량과 차량 간 등의 충돌을 방지할 수 있도록 설계된다. SMGCS 운영에는 다음과 같은 요건들이 있다.

| | |
|---|---|
| 일반적 요건 | • 통제지관과 항공기, 차량 등 사이의 통신능력<br>• 각 시스템 간 호환성 등 |
| 조종사의 요구 조건 | • 사용할 경로, 위치, 주기, 방향에 대한 정보<br>• 다른 항공기, 장애물과의 충돌방지 정보 등 |
| 통제부서의 요건 | • 항공기의 식별, 진행, 위치 정보<br>• 통제 실행에 적합한 시설 |
| 비상차량 및 기타차량의 요건 | • 진행예정 경로 정보<br>• 항공기와의 충돌 방지 정보 등 |

SMGCS 계획을 수립하기 위해서는 항공법 등 관련법령의 기준에 맞는 등화시설, 표지 및 표지판 시설, RVR 측정시설, 항행안전무선시설, 항공관제통제시설, 항공고시보 운영시설 등이 구비되어야 한다. 또한 저시정 운영 절차와 이동지역에서의 운영 절차가 포함되어야 하며, 그 주요 내용은 다음과 같다.

| 저시정 운영절차 | 이동지역운영절차 |
|---|---|
| • 발령 시기, 운영개시 및 해제 시기<br>• 발령 통보, 확인방법, 전파체계 구성도<br>• 기동지역의 출입통제 및 확인방법<br>• 이동지역 출입통제 및 이동경로 설정<br>• ILS 절차, 민감구역(Sensitive Area) 설정 및 보호방법<br>• 저시정시에 적합한 항공교통관제절차<br>• 구조·소방차량의 출동 및 대기 절차 | • 항공기 지상이동경로<br>• 차량, 장비의 이동경로<br>• 인원, 차량 및 장비의 이동지역 출입 및 통제절차<br>• 이동지역 시설 점검 및 청결 계획<br>• 구조·소방차량의 이동경로 및 대기 장소 설정<br>• 항공기 엔진시동지역 및 견인 경로 |

## (3) 저시정 운영 절차

저시정 운영 절차에는 저시정 운영 단계를 구분하고 단계 별 발령과 전파 절차, 이동지역에서의 차량속도, 운행제한 차량 종류, 운전자의 의무, 기동지역의 출입 제한, 저시정 시간동안 계류장의 작업자와 차량 제한 등에 대한 규정과 이행 수칙이 포함된다.

| 인천공항 저시정 운영 절차 적용단계 [인천국제공항 SMGCS PLAN 요약] | | |
|---|---|---|
| | 1단계 | 2단계 |
| 저시정 운영 개시 | 활주로 가시거리 측정 장비 중 어느 한 지점의 RVR 550m 미만 또는 운고가 200FT 미만으로 관측되는 경우 | 활주로 가시거리 측정 장비 중 어느 한 지점의 RVR 400m 미만으로 관측되는 경우 |
| 저시정 운영 종료 | 활주로 가시거리 측정 장비 모두에서 RVR 400m 이상으로 관측되고 지속적으로 호전 될 것으로 예상되는 경우 | 활주로 가시거리 측정 장비 모두에서 RVR 550m 이상 또는 운고가 200FT 이상으로 관측되고 지속적으로 호전 될 것으로 예상되는 경우 |

① 이동지역

ㄱ 차량 운전자는 저시정 운영 교육을 이수하고 저시정 운영 준비 발령 시 통행 가능한 차량도로 도면을 차량에 비치한다.

ㄴ 차량속도는 계류장내에서는 시속 20km 이하로 운행하고, 외곽도로, 지하차도 및 유도로 횡단경로에서는 시속 30km 이하로 운행한다. (관제기관과 직접 교신이 가능하고 안전 활동 목적으로 운행 중인 차량은 예외)

② 기동지역

ㄱ 항공기 운항과 직접 관련이 있는 긴급한 보수 작업 차량 및 인원 이외에는 기동지역을 출입할 수 없다.

ㄴ 기동지역을 출입하고자 하는 인원 및 차량은 기동지역경계선의 황색실선을 통과하기 전에 관제탑으로부터 사전인가를 받아야 한다.

ㄷ 차량 높이가 4m 이상인 차량이 활주로 시단 차량도로를 통행하는 경우 활주로시단을 횡단하기 전 관제탑의 허가를 받아야 한다.

ⓔ 출입이 허가된 인원 및 차량은 관제탑에서 지정한 경로 또는 지역을 이탈하지 않아야 한다.

ⓜ 출입이 허가된 인원 및 차량은 관제탑과 계속 통신이 유지되어야 하며, 관제탑과 통신이 불가능한 인원 및 차량은 이동지역 안전관리요원의 안내를 받아야 한다.

### ③ 계류장

㉠ 통행 가능한 차량도로표지로 표시된 도로로만 운행하여야 하며, 지상조업 필수 차량 및 저시정 운영관련 차량 이외에는 통행이 통제된다.

㉡ 교차로 또는 항공기 이동동선을 횡단하는 차량은 도로에서는 일단 정지하여야 하며, 차량 정지위치등이 설치되어 있는 경우에는 등화가 적색으로 점등되면 차량은 정지하고, 소등되면 진행하여야 한다.

㉢ 어떠한 경우에도 항공기 이동을 방해하지 말아야 한다.

### ④ 항공기 지상이동 절차

㉠ 모든 항공기는 유도로에 설치 운영 중인 유도로중심선등을 따라 이동 하여야 한다. 정지선등이 적색인 경우 정지위치표지에 대기하여야 하며, 이때 진행방향의 유도로 중심선등은 소등된다.

㉡ 유도로 정지선등의 점등 및 유도로에 표지된 대기지점은 항공기간 안전거리 확보 목적으로 사용된다.

㉢ Follow-me Car지원을 요청받은 관제기관은 동 내용을 이동지역 안전관리소로 통보하여 항공기 유도가 이루어지도록 조치한다.

ⓔ 저시정 운영 절차가 운영 중일 경우 탑승교 주기장으로 접현하는 모든 항공기는 마샬서비스의 안내에 따라야 한다.

ⓜ 기동지역 내 유도로 및 계류장 진출입에 사용되는 유도로는 단일방향 운영이 원칙이다.

ⓗ 계류장 내를 연결하는 유도로 및 주기장 진출입을 위해 사용되는 항공기주기장유도선은 관제사의 판단에 따라 양방향으로 운영할 수 있다.

ⓐ 활주로 가시 범위(RVR) 400m 미만에는 항공기의 안전한 이·착륙 환경을 위하여, 활주로 횡단을 위한 항공기 견인은 제한된다.

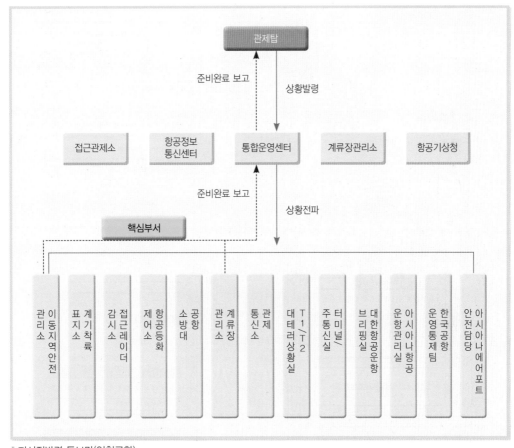

저시정발령 통보망(인천공항)

## (4) A-SMGCS(Advanced-Surface Movement Guidance and Control Systems)

기존의 SMGCS를 향상시킨 지상이동안내 및 통제시스템으로 지상레이더시스템(ASDE)과 운항정보시스템(FIMS)과 연계되어 항공기 도착시간, 항공기 및 차량의 현재 좌표까지 제공한다.

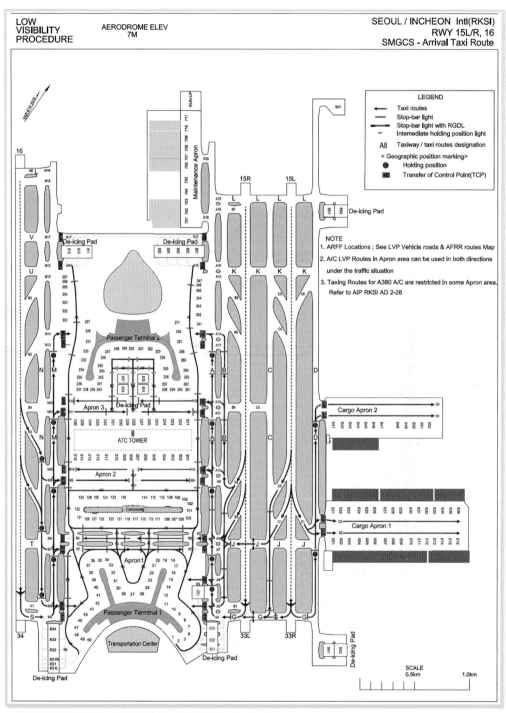

저시정 운영절차 항공기 이동경로 [출처 : 인천공항 SMGCS PLAN 2018.6]

# 4

# 화물터미널 운영

## 1) 항공화물

### (1) 공항 화물터미널의 개념

항공화물(Air Cargo)은 우편물(Air mail)과 수하물(Baggage)을 제외하고 항공기로 운송되고 있거나 운송될 모든 물품을 말한다.

화물터미널이란 화물의 집화(集貨)·하역(荷役) 및 이와 관련된 분류·포장·보관·가공·조립 또는 통관 등에 필요한 기능을 갖춘 시설물인데, 항공운송을 위한 화물을 취급하는 터미널이 공항 화물터미널이다. 대체로 중대형 공항에는 여객터미널과 분리된 별도의 화물전용터미널이 있으나 여수, 군산공항 등의 소규모 공항에서는 항공화물처리 절차를 준수하는 조건으로 여객터미널에서 항공화물을 처리하기도 한다.

항공화물운송(air cargo transportation)은 공항의 화물터미널(또는 그러한 기능을 하는 터미널)을 거쳐 항공기의 화물적재공간에 탑재한 화물을 다른 공항까지 운송하는 일련의 서비스를 의미한다.

### (2) 화물(貨物)과 수하물(手荷物)

| 구분 | 화물 Cargo | 수하물 Baggage |
|------|-----------|----------------|
| 운송항공기 | 화물기와 여객기 | 여객기 |
| 운송증표 | 화물운송장Airway Bill | 승객의 항공권Passenger Ticket과 수하물꼬리표 Baggage Tag |

| 규격과 무게 | 항공기 기종, 탑재용기, 화물성격 등에 따라 제한 | 기종에 상관없이 최대허용규격과 최대허용무게가 제한됨 |
| --- | --- | --- |
| 운송항공편 | 화주의 의사와 무관<br>목적 공항 중심 | 탑승권에 명시된 항공편의 승객과 동일 항공기로<br>운송 원칙 |
| 적재 및 하역 터미널 | 화물터미널, 일부 소규모 공항의 경우 여객터미널 | 여객터미널 |

## (3) 항공화물의 발달

항공기가 운송수단으로 등장하게 된 것은 애초에 우편물이라는 화물을 나르기 위해서였다. 일반적인 화물은 크기와 무게로 인해 항공운송에 적합하지 않았으나 항공기의 대형화와 성능향상, 항공화물용 컨테이너(ULDUnit Load Device)의 발명과 공항의 지상화물조업시스템의 고도화 등으로 안전성이 확보되고 운송단가가 낮아지면서 항공화물운송수요도 늘어나게 되었다. 휴대폰과 반도체 등 전자산업의 발달은 소형, 고가의 높은 부가가치의 화물운송 시장을 만들어 현재 항공화물운송은 국제무역의 핵심 운송수단이 되었다.

**항공화물 발달 요인 =**
항공기 성능향상 + ULD 발명 + 공항터미널 고도화 + 제조상품소량화와 고가화

## (4) 항공화물운송의 특징

항공운송은 육상과 해상운송에 비해 수송기간이 현저하게 짧고 정시 수송에 따른 화물의 적기 인도가 가능하여 재고비용과 자본비용을 절감할 수 있다. 또한 충격과 장시간 운반으로 인한 화물의 손상과 변질 가능성이 낮아진다. 그러나 항공기는 대량의 화물을 운반하기에 부적합하고 운임이 고가인 점은 항공화물운송의 단점이기에 항공화물시장은 고부가가치의 소형경량 화물과 신속성이 요구되는 긴급화물이나 부패성화물 위주로 형성되어 있다.

| 항공화물운송의 장점과 단점 | |
| --- | --- |
| 장점 | 단점 |
| 신속성, 정시 운송 | 높은 운임 |
| 품질 유지 | 대량운송 애로 |
| 안전성 | 규격·무게 제한 |
| 화물 손상 변질 방지 효과 | 공항이 없는 지역 운송 어려움 |
| 보험료 저렴함 | 기후 영향이 큼 |

## (5) 항공화물 운송현황

우리나라의 항공화물 수출액은 2017년 기준으로 1,750억 달러를 기록하여 전년 대비 30.3% 증가하였으며 지난 5년간 연평균 8.1%의 높은 성장을 보이고 있다. 항공화물의 주력품목은 반도체(55.2%)를 필두로 무선통신기기(10.2%)와 컴퓨터와 디스플레이(8.7%) 3개 품목이 전체 항공화물 수출의 74%%를 차지하였고 의약품과 화장품 등도 크게 증가하였다.

전체 수출물량에서 항공화물이 차지하는 비중은 1%에 불과하지만 금액에서는 항공화물이 차지하는 비율이 30.5%를 점유한다. 또한 항공화물로 이루어지는 무역에서 우리나라의 교역대상국은 중국과 홍콩이 상위권에 자리 잡았으며 베트남이 뒤를 잇는 신흥수출국으로 부상하고 있어, 이 3개국이 전체 항공화물 수출의 64%를 점유하고 있다.

| 항공화물수출 동향 | | | [억 달러, %] |
| --- | --- | --- | --- |
| 연도 | 총수출(A) | 항공화물수출(B) | 비중(B/A) |
| 2017 | 5,737 (15.8) | 1,750 (30.3) | 30.5 |
| 2016 | 4,954 (−5.9) | 1,343 (−3.3) | 27.1 |
| 2015 | 5,268 (−8.0) | 1,389 (1.6) | 26.4 |
| 2014 | 5,727 (2.3) | 1,368 (3.6) | 23.9 |
| 2013 | 5,596 (2.1) | 1,320 (10.4) | 23.6 |

( )안의 총 수출 대비 항공화물 비율
항공화물 수출 금액
총 수출 대비 항공화물 비중

[한국무역협회, 2018]

## (6) 항공화물 수출입 프로세서

### ① 수출 프로세서

항공화물은 수출과정이 복잡하여 운송주선업자(consolidator, forwarder)가 업무를 대행하는 것이 보편적이다. 항공화물의 운송도 여객운송의 예약-구매-운송의 절차와 유사하지만 수출입 통관과 운반에 있어 보다 복잡한 과정을 거치게 되는데 대체로 다음과 같이 진행된다.

ㄱ 화물의 항공운송장(air waybill) 번호, 출발지와 도착지, 포장개수, 각 포장상자의 중량과 부피, 상품명 등을 작성하여 항공사에 예약을 한다.

ㄴ 상품을 포장한 다음, 화물을 보세지역에 반입하고 상업송장, 포장명세서 등 서류를 수출신고서에 첨부하여 관할 세관에 제출한 후 수출신고필증을 교부받는다.

ㄷ 항공사(대리점)에서 항공운송장을 발급받고 화물에 적합한 라벨(label)을 붙인다. 위험물(DGRDangerous) 및 생동물(Live Animal)은 ICAO와 IATA 규정을 준수하여 취급한다.

ㄹ 항공기 탑재가 결정된 화물은 적하목록에 기재하고 세관에 제출하여 화물의 반출허가를 받는다.

ㅁ 운송인이 적하목록을 가지고 화물 장치장에서 탑재할 화물을 픽업하여 행선지별로 컨테이너, 팔레트 등에 적재한다.

ㅂ 탑재 관리사(Load Master)가 항공기의 운항에 필요한 제반 자료와 기타 화물량에 따라 탑재계획을 작성하여, 화물을 탑재하고 기장에게 보고한다. 화물이 여객기에 실리는 경

항공화물의 수출 흐름

우 여객기의 탑재관리사(Load Controller)와 상의하여 화물탑재 작업을 진행한다.

② 수입 프로세서

　㉠ 항공기가 도착하면 하기지시서(Unloading Instruction)에 따라 화물을 하역한 후 화물터미널의 분류구역으로 운반한다.

　㉡ 도착화물은 서류대조와 파손유무 점검 후 보세창고에 보관되며, 보세운송이 필요한 구간에는 보세운송업자에 의해 운반된다.

　㉢ 창고에 입고되면 운송인(항공사)이 수화인에게 전화 등을 통해 도착을 알린다. 보세장치장을 가진 수화인은 공항 도착 즉시 현장에서 인수하고, 혼재화물(Consolidated Cargo)*일 경우 항공사로부터 항공화물운송장을 인도받은 복합운송주선업체가 도착통지를 한다.

　㉣ 수하인 또는 통관업자는 항공사로부터 항공운송장을 인수받아 수입신고서를 세관에 제출하고 수입허가를 득한 다음 통관한다.

> *혼재화물은 하나의 운송장(AWB)으로 발행된 여러 개의 화물을 말한다. 혼재화물작업을 Consolidation이라고 하고 이러한 형태의 영업을 하는 사람을 혼재업자라고 한다. 운송장 하나에 한 개의 화물이 있는 단순화물Simple Cargo 보다 운임이 저렴하며, 혼재업자가 화주에게 발행하는 air way bill을 House Air Waybill이라 하고, 항공사에서 발행하는 air way bill을 Master Air Waybill 이라고 부른다.

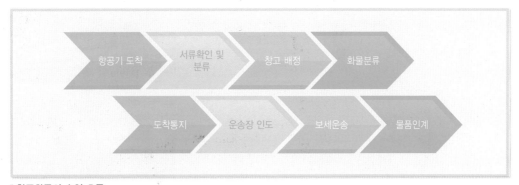

항공화물의 수입 흐름

## 2) 공항 화물터미널

### (1) 화물터미널의 유형

공항의 화물터미널은 그 운영을 누가 하느냐[운영주체]에 따라 공용터미널과 전용터미널로 분류되고, 공용터미널은 다시 운영주체에 따라 항공사 운영, 공항당국 운영, 지상조업사 운영, 공동 운영 등의 유형으로 구분된다.

공용터미널은 그 공항에서 전용터미널을 운영할 정도의 물량이 되지 않는 타인[항공사 등]에 임대할 목적으로 설비를 갖춘 터미널을 말하며, 전용터미널은 항공사 등이 일차적으로 자사의 사업에 이용하기 위하여 설치한 터미널로서 자사의 물량처리를 하고도 남는 여유 설비를 타인에게 임대하기 위한 목적으로 운영한다.

| 구분 | 운영주체 | 사례 | |
|------|----------|------|---|
| 공용 터미널 | 항공사 | 인천공항의 대한항공 제2 화물터미널.<br>운영주체는 대한항공이지만 대한항공과 계약한 외국항공사들의 화물을 처리한다. [이미지 출처 : 대한항공 홈페이지] | |
| | 공항당국 | 독일 프랑크푸르트 공항운영자인 Fraport AG. 에서 운영하는 화물터미널.<br>독일 루프트한자 항공과 우리나라 대한항공, 중국 남방항공 등의 화물을 처리한다. 네덜란드 스히폴 공항의 Schiphol Group이 운영하는 화물터미널, 홍콩 공항의 HACT 등도 공항당국이 소유 및 운영하는 화물터미널들이다. [이미지 출처 : Fraport AG. 홈페이지] | |
| | 지상조업사 | 홍콩공항의 AAT(Asia Airfreight Terminal Company Ltd.) 화물터미널 임대와 운영을 전문으로 하는 회사로 홍콩공항에서 공항당국의 HACT 다음으로 규모가 크다. [이미지 출처 : AAT 홈페이지] | |
| | 공동운영 | 인천공항의 AACT 화물터미널.<br>미국 화물전용항공사인 Atlas Air와 샤프에비에이션케이가 공동 투자하여 운영하는 화물터미널 [이미지 출처 : AACT 홈페이지] | |

| | | | |
|---|---|---|---|
| 전용<br>터미널 | 항공사 | 인천공항의 대한항공 제1터미널, DHL 화물터미<br>널 등 |  |
| | 기타 | 인천공항의 우리나라 우정사업본부가 운영하는 국<br>제우편물류센터(터미널) |  |

## (2) 화물터미널의 주요 시설과 장비

### ① Warehouse

| 이름 | 기능 | 예시 |
|---|---|---|
| ETV | • Elevating Transfer Vehicle<br>• 전동 및 유압조작으로 ULD 단위의 화물을 상하좌우로 이동시키는 터미널 장비 | |
| ETV Rack | • Elevating Transfer Vehicle Rack<br>• ULD Container 및 Pallet를 보관하는 설비 | |
| T.V | • Transfer vehicle<br>• ULD 단위로 화물을 수평 이동시키는 설비<br>SACO사의 T.V [이미지 출처 : http://www.saco.aero/] | |
| AS/RS | • Automated Storage & Retrieval System<br>• 소형, 경량 화물의 자동화 보관설비<br>[이미지 출처 : Bt Thomas Philippi, Wikimediacommons, https://commons.wikimedia.org/wiki/File:Miniload_ASRS.jpg] | |
| Work station | • 화물을 ULD에 싣고(Build-up) ULD에서 내리는(Break-down) 작업을 하는 설비 | |

| | | |
|---|---|---|
| By-pass | • ULD 단위로 접수된 화물을 Land side 에서 Ramp side 로 반출하는 설비 | |
| Scissors Lift | • Truck Dock Motor Roller Deck<br>• ULD 단위의 화물을 반출입하는 설비 | |

② ULD(Unit Load Devices)

ULD란 항공기에 탑재하기 위해 항공화물(화물, 수하물, 우편물 등)을 적재하는 단위탑재운송용기로서 항공화물전용 컨테이너(Container)와 팔레트(Pallet) Type이 있다. 항공기에 화물(수하물 포함)을 탑재하는 데에는 화물을 ULD 내부(Pallet인 경우 Pallet 위)에 적재한 다음 그 ULD를 탑재하는 방식과 화물을 항공기 화물칸에 직접 탑재하는 방식(Bulk Loading)이 있는데, ULD는 A330이나 B747과 같은 대형기(광동체기, Wide body Aircraft)에 화물이나 수하물을 안전하고 신속하게 다량으로 수송할 수 있도록 고안된 항공 화물운송 전용 용기이다. ULD는 용도, 재질, 크기(부피), 화물기 전용 등에 따라 다양하게 구분되며 IATA에서는 각 ULD Type 별로 알파벳과 숫자로 된 9글자의 식별코드를 부여하여 관리하도록 하고 있다. [IATA ULD Technical Manual]

☞ IATA ULD ID Code 예시 :

AKN12345DL (DL항공 소유 고유번호 12345의 LD3 ULD)

| 코드순서 | 내용 | Example |
|---|---|---|
| | R K N    60007   KE | |
| 1 | ULD 카테고리 | |
| 2 | 바닥 면적 (Base Dimension) | |
| 3 | 모서리 윤곽과 호환성 (Contour and Compatibility) 및 기타 정보 | |
| 4~8 | 일련번호 | |
| 9, 10 | 소유자 코드(항공사 등) | |

▌IATA의 ULD LD Identification Number

여객기의 Cabin과 Cargo Compartment 구조 모형도 화물전용기는 여객기의 객실이 주 화물칸Main Cargo Compartment
이 된다.

객실/Cabin

화물칸/Cargo Compartment

Main Deck Nose Door

Main Deck 화물칸

Lower Deck
전방 화물칸

Lower Deck
후방 화물칸

Bulk 화물칸

▌화물전용기 Main Deck 내부 모습과 대한항공의 B747-400 화물기 [출처 : 대한항공]

## ULD의 종류와 제원 [단위 Inch. 1 Inch = 2.54cm]

▌High-Loader에 의해 항공기
에 탑재되고 있는 ULD(LD3
Type) [wikimediacommons]

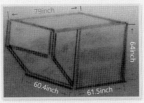

- ULD Type : LD3 Garment Container
- IATA ULD code: AKE (AVA, AVB, AVC,
  AVK, DVA, DVE, DVP, XKS, XKG, AKN,
  AVN, DKN, 등)
- Half-width lower hold container with one
  angled side. (화물칸 가로 한 구역의 1/2
  점유)
- 여객기 화물칸에 가장 보편적으로 사용되
  는 기본 ULD
- 최대적재중량 : 1,588 kg (3,500 lb)
- 용기무게(Tare WT) : 114 kg (260 lb)

- ULD Type : LD3 Refrigerated Container. 온도 조절 장치가 있는 부패성 화물 운반 용기.
- IATA ULD code: RKN
- 최대적재중량 : 1,588 kg (3,500 lb)
- 용기 무게 : 260 kg (585 lb)
- 온도조절 범위 : −15℃ ～ +15℃

← 컨테이너에 설치된 온도조절 장치

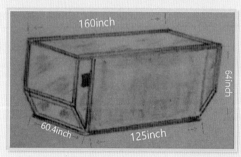

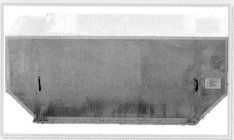

- ULD Type : LD6
- IATA ULD code: ALF (AWA, AWF, AWC)
- Full-width lower hold container with angled ends. (LD3 2배 크기)
- 최대적재중량 : 3,175 kg (7,000 lb)
- 용기 무게 : 230 kg (507 lb)

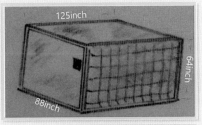

- ULD Type : LD9
- IATA ULD code: AAP
- 일반화물 용, Canvas Door
- 최대적재중량 : 4,624 kg (10,194 lb)
- 용기 무게 : 215 kg (473 lb);

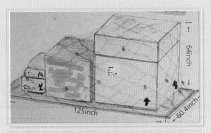

- ULD Type : Half pallet
- IATA ULD code: PLA half pallet (PLB, FLA, P9A, P9B, P9P, P9R, P9S 등)
- 최대적재중량 : 3,175 kg (6,999 lb)
- 팔레트 무게 : 91 kg (200 lb)

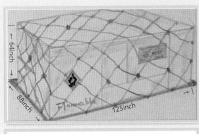

- ULD Type : LD7
- IATA ULD code: P1P flat pallet with net
- 최대적재중량 : 4,626 kg (10,198 lb)
- 팔레트 무게 : 105 kg (231 lb)
- 가장 보편적으로 사용되는 88 inch pallet, 세로 양쪽 모서리가 날개 모양으로 세운 것도 있다.

4

# 항공보안

# 1

# 항공보안의 개념

## 1) 보안(保安)과 항공보안(航空保安)

### (1) 안전과 보안

안전(安全)은 '위험이 없는 모습', 보안(保安)은 안전(安)을 '지키고자 하는(保) 상태'를 의미한다. 일반적으로 안전과 보안이 지향하는 목적은 동일하지만 위험 요인을 구분함에 있어 약간의 차이가 있다

| 구분 | Safety(안전) | Security(보안) |
| --- | --- | --- |
| 사전적 의미 [Merriam–Webster] | "The condition of being protected from harm or risk" | "The quality or state of being free from danger", "measures taken to guard against espionage or sabotage, crime, attack or escape" |
| 위험발생 요인 | • 인적요소, 환경요소 또는 둘의 결합<br>• 임의적, 불법적 발생 | • 인간의 고의적 행위<br>• 계획적, 환경적 또는 불법적 발생 |

### (2) 항공안전과 항공보안

항공안전은 고의적 행위(Intentional act)에 의한 사고와 함께 항공기 운항과 정비, 기상악화, 구조물의 부실, 인적 실수(Error)나 부주의(Carelessness)에 의한 사고[실수로 위험물질을 탑재하는 것 등]도 포함하나, 항공보안은 테러와 같은 고의적 행위를 예방하는 의미가 크다. 넓은 의미에서 항공안전은 항공보안을 포함하나 항공보안이 불법적이고 고의적 행위의 예방에 초점을 두는 점이 항공안전의 개념과 차별된다.

## (3) 항공보안의 정의

ICAO Annex 17에서는 항공보안(Aviation Security)을 "항공기 테러 등의 불법방해행위(Act of Unlawful Interference)*로부터 민간항공을 보호하기 위한 대책 및 인적 물적 자원의 결합"이라고 정의하고 불법방해행위의 유형을 다음과 같이 기술하고 있다.

> Security. Safeguarding civil aviation against acts of unlawful interference. This objective is achieved by a combination of measures and human and material resources. [ICAO annex 17]

| ICAO Annex 17의 불법방해행위 | 우리나라 항공보안법의 불법방해행위 |
|---|---|
| **[아래의 행위 또는 시도]**<br>1. 운항중인 항공기의 불법점유<br>2. 지상주기중인 항공기의 불법점유<br>3. 기내 또는 비행장에서 인질행위<br>4. 항공기, 공항 또는 항행안전시설에 대한 무력 불법 침입<br>5. 범죄를 저지를 목적으로 기내 또는 공항으로 무기, 위험장치 또는 물품을 반입하는 행위<br>6. 공항 또는 민간항공 시설 내에 있는 운항 또는 주기중인 항공기, 승객, 승무원, 지상조업요원, 일반인의 안전을 위협하는 거짓정보를 제공하는 행위<br>7. 서비스 중인 항공기의 파괴 행위<br>8. 사망, 심각한 부상 또는 재산, 환경에 심각한 손상을 줄 목적으로 서비스 중인 항공기를 사용하는 행위 | 1. 지상에 있거나 운항중인 항공기를 납치하거나 납치를 시도하는 행위<br>2. 항공기 또는 공항에서 사람을 인질로 삼는 행위<br>3. 항공기, 공항 및 항행안전시설을 파괴하거나 손상시키는 행위<br>4. 항공기 항행안전시설 보호구역에 무단침입하거나 운영을 방해하는 행위<br>5. 범죄목적으로 항공기 또는 보호구역 내로 무기 등 위해물품 반입행위<br>6. 지상에 있거나 운항중인 항공기의 안전을 위협하는 거짓 정보를 제공하는 행위 또는 공항 및 공항시설 내에 있는 승객, 승무원, 지상근무자의 안전을 위협하는 거짓 정보를 제공하는 행위<br>7. 사람을 사상(死傷)에 이르게 하거나 재산 또는 환경에 심각한 손상을 입힐 목적으로 항공기를 이용하는 행위<br>8. 그 밖에 이 법에 따라 처벌받는 행위 |

## 2) 항공보안의 발달

1944년 시카고 조약으로 탄생한 ICAO가 민간항공의 다양한 분야에서 표준지침들을 제정할 때에 항공보안이 오늘날과 같이 이렇게 심각한 이슈가 되리라고 예상한 사람은 많지 않았을 것이다. 항공보안의 중요성을 세계적으로 인식시키는 계기가 된 사건은 2001년 발생한 '911테러'다. 그 이전에도 항공보안 실패로 인한 사건들이 드물지 않았지만 911 사건에서 테러범들의 치명적 무기로 민간항공기가 사용되었던 것이 오늘날의 항공보안 체계를 만드는 계기가 되었다고 볼 수 있다.

### (1) ICAO Annex 17

항공보안이 국제적인 문제가 되어 본격적으로 다루어지기 시작한 것은 1960년대부터였다. 퍼시픽항공, 일본항공, 캐세이퍼시픽 항공 등에서 기내난동과 항공기 납치 등의 민간항공에 대한 불법방해행위가 잇따라 발생함에 따라 이를 규제하기 위한 국제적 논의의 필요성이 대두되었고, 1974년 ICAO의 주도로 항공보안에 관한 부속서(Annex 17)가 채택되었다. ICAO Annex 17는 지금까지 16번의 개정작업을 거치며 세부매뉴얼인 Doc8973과 함께 모든 조약국과 항공사들이 지켜야 할 항공보안의 표준이 된다.

### (2) 911 테러사건

911 사태 이후 ICAO를 중심으로 항공기 및 공항에 대한 보다 체계적인 보안대책이 강구되었고 미국을 필두로 모든 국가들이 항공보안 법령을 정비하고 항공보안 조직을 강화하기 시작하였다. 특히 미국은 911 직후인 2002년에 CBP(Custom and Boarder Protection), TSA(Transportation Security Administration), CIS(Citizenship and Immigration Services) 등의 항공보안과 국경통제와 입국자 심사기관들을 포함하는 국토안보 관련 행정부처를 통합하여 연방기구인 국토안보부(United States Department of Homeland Security, DHS) Homeland Security를 창설함으로써 국가차원의 항공보안법과 조직을 갖추게 된다.

### (3) 우리나라

우리나라 역시 2002년 8월에 '항공안전 및 보안에 관한 법률'[지금의 항공보안법]을 제정하면서 국제표준에 부합하는 항공보안체계의 기틀을 마련하였다. 제도적으로는 항공교통 주무부처인 국토교통부 내에 항공보안을 전담하는 항공보안과를 신설하여 공항운영자와 항공사업자들이 항공보안 전담조직을 재정비하고 규정 및 매뉴얼을 보완하도록 하였다. 2011년에 항공법을 정비하면서 항공안전법을 만들었고 "항공안전 및 보안에 관한 법률"을 "항공보안법"으로 이름을 변경하면서 관련 규정을 보다 세분화하였다. 항공보안법을 근거로 항공보안을 확보하기 위한 여러 기준, 절차 및 의무사항들을 이행하기 위하여 국가항공보안 기본계획, 국가항공보안계획, 국가항공보안 우발계획, 국가항공보안수준 관리지침 등의 규정과 지침을 수립하여 시행하고 있다.

# 2
# 세계의 항공보안 규정

## 1) ICAO(국제민간항공기구)의 법규

### (1) ICAO Annex(부속서)와 국제협약

국제항공기구에는 ICAO[국제민간항공기구] ICAO, IATA[국제항공운송협회] IATA, ACI[국제공항협의회] AIRPORTS COUNCIL INTERNATIONAL 등이 있다. 이 중에 국제적으로 민간항공에 통일된 기준을 수립하고 적용하는 기구는 1944년 2차 세계대전이 막바지에 이를 무렵 체결된 국제민간항공조약(시카고조약)으로 탄생한 ICAO이다. ICAO는 국제민간항공조약의 기본정신과 조약 제37호(국제표준 및 절차의 채택)에 의거하여 19종의 부속서ANNEX를 제정하고 모든 체약국이 항공업무를 수행함에 있어 따라야 할 각 분야별표준과 권고 및 관행(SARPs)을 제시하고 있다.

**SARPs : International Standards and Recommended Practices.**

· ICAO의 규정은 표준(Standard) → 권고(Recommend) → 관행(Practice) 순으로 적용강제성이 높다. Standard는 조약국들이 반드시 따라야 하는 의무사항, Recommend는 가능한 지켜야 하는 내용, Practice는 업무의 기준을 제시한다.

ICAO 부속서 17-보안(Security)은 "각 체약국은 불법방해행위\*로부터 민간항공의 보호와 관련된 모든 문제에 있어서 승객, 승무원, 지상운영요원 및 일반대중의 안전을 주요 목표로 두어야 한다."며 항공보안의 보호대상을 규정하고 있다.

"Each Contracting State shall have as its primary objective the safety of passengers, crew, ground personnel and the general public in all matters related to safeguarding against acts of unlawful interference with civil aviation. [Annex 17. 2.1.1]

우리나라 항공보안법 역시 ICAO Annex를 기초로 제정되었으며, 민간항공의 보안에 관해서는 항공보안법을 적용하고 법에 해당되는 사항 외에는 5개의 국제협약[아래 국제협약 중 1 항에서 5항까지의 협약]에 따라야 한다고 규정하고 있다.

## (2) ICAO 항공보안 규정

### ① Annex 17 보안-Security(Safe guarding International Civil Aviation against Acts of Unlawful Interference)

항공보안규정의 최상위에 있는 규정으로 항공기에 대한 불법행위에 기술적으로 대처하고, 국가 별로 항공보안규정 수립, 공항과 항공사의 보안프로그램, 교육훈련프로그램 운영 등에 대해 체약국가의 의무사항과 체약국에 권고하는 권고사항 등으로 규정되어 있다.

Annex 17의 주요 구성 항목은 다음과 같다.

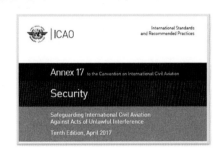

CHAPTER 1. Definitions
CHAPTER 2. General principles
CHAPTER 3. Organization
CHAPTER 4. Preventive security measures
CHAPTER 5. Management of response to acts of unlawful interference

### ② Annex 9 출입국간소화-Facilitation

항공기 출입국시의 불필요한 지연을 방지하고, 여객, 수하물, 화물 등의 출입국 절차를 간소화하기 위한 표준과 권고사항을 규정하고 있다.

### ③ Doc 8973(항공보안 지침서)

각 체약국이 ICAO 부속서 17 시행을 위해 항공보안절차를 세부적으로 정한 지침서로, 정보공유, 기내보안관, 보안직원인증, 항공보안관리체계(SeMS, The Security Management System), 보안검색장비 요건 등을 제시하고 있으며, 이 문서는 대외비로 취급된다.

### ④ ICAO Doc 9303(기계 판독 여행 서류–Machine Readable Travel Documents, MRTDs,)

체약국들은 2010년 4월 1일부터 기계판독여권(Machine-readable passport, MRP)만을 발급하고, 기계판독여권·비자 및 기타 공적 여행문서에 MRTDs을 적용한 생체데이터를 포함할 것을 권고하고 있다.

## (3) ICAO의 주요 보안 프로그램

### ① 글로벌항공보안평가(USAP–Universal Security Audit Programme)

전 세계 항공보안의 증진을 위해 체약국을 대상으로 Annex 17(항공보안)의 이행실태를 종합적으로 평가하는 제도로 9개 평가영역으로 구성되어 있으며 체약국의 항공보안 법령, 세부규정, 조직, 교육과 훈련, 기술지침, 승인과 인증, 보안감독, 보안위해요소 해결 외에 Annex 9(출입국 간소화) 보안 관련 조항이 담겨있다.

### ② 항공보안 관리체계(SeMS–Security Management System, SeMS)

항공보안 국제기준을 이행하고 적극적 위험 관리를 통한 신종 위협에 대응하며 보안목표 개선을 위한 프로그램으로 체약국의 정부 및 항공운송사업과 공항의 운영자(항공사,

공항 등)의 항공보안관리체계(SeMS)를 부속서 17의 제12차 개정판에 포함, 항공보안지침서(Doc 8973)에 수록되었다.

### ③ 사전 승객 정보 제공 시스템(API-Advance Passenger Information)

출입국 심사 시 위험인물을 항공기 도착 전에 식별하기 위한 항공보안강화 프로그램으로 항공사에서 비행정보 및 여권 등을 포함한 승객 정보를 출발공항과 도착공항의 출입국 심사당국으로 전송하는 시스템과 제도를 의미한다. 승객예약정보(PNR-Passenger Name Record) 전송방식을 표준화하여 의심스러운 여행패턴(비정상적 일정이나 중복예약, 임박 예약 등)을 찾아냄으로써 위험인물의 식별과 통제를 도모한다. 신상정보, 비행정보, 지불방식, 청구서 정보, 연락처, 상용고객 정보, 여행사 정보 등이 통보대상이다.

## (4) 국제 협약

### ① 동경 협약

ㄱ 항공기 내에서 범한 범죄 및 기타 행위에 관한 협약[1963].

ㄴ 항공기 운항 중 항공기안전을 위태롭게 하는 행위 및 형사법을 위반하는 범죄에 대한 국제조약으로, 항공기내 범죄행위에 대한 재판관할권 행사와 항공기 기장에게 특정한 권한을 부여하는 것이 주 내용이다.

### ② 헤이그 협약

ㄱ 항공기의 불법납치 억제를 위한 협약[1970]

ㄴ 국제선 항공기 납치를 응징하고 예방하기 위한 조약으로, 서명 국가들의 엄한 처벌 기준과 범죄인 인도, 재판관할권 행사 등을 명시하였다.

### ③ 몬트리올 협약

ㄱ 민간항공의 안전에 대한 불법적 행위의 억제를 위한 협약[1971]

ㄴ 항공기 안전을 위태롭게 하여 항공기 탑승객에게 영향을 주는 모든 행위에 대한

처벌을 명시한 조약으로, 불법적 행위를 응징하기 위하여 조약서명 국가들의 엄한 처벌을 명시하였다.

④ 몬트리올 회의

   ⓐ 가소성(可塑性, plasticity) 폭약의 탐지를 위한 식별조치에 관한 협약[1991]

   ⓑ 표시되지 않은 플라스틱 폭발물 제조 및 유통을 방지하기 위한 협약으로 폭약이 자국 영토 안에서 제조되는 것을 금지 · 방지하기 위한 효과적인 조치를 행하도록 명시하였다.

⑤ 몬트리올 의정서

   ⓐ 국제민간항공에 사용되는 공항에서의 불법적 폭력행위의 억제를 위한 의정서
[1988. 몬트리올 협약 보충서]

   ⓑ 기구나 물품 또는 무기를 사용하여 불법적으로, 고의적으로 아래와 같은 행위를 할 경우 범죄행위로 간주하여 처벌토록 하였다.

- 국제공항에 근무 중인 자에 대하여 폭력을 행하고 그 행위가 인명의 부상이나 사망의 결과를 가져오거나 그러한 가능성을 초래할 수 있는 행위
- 국제공항 또는 국제공항에 주기해 있는 항공기에 대한 파괴 또는 공항 업무방해 행위 (그러한 행위가 해당 공항의 안전을 위협하거나 위협할 가능성이 있을 경우)

⑥ 베이징 협약

   ⓐ 국제민간항행 관련 불법행위 억제를 위한 협약[1971]

   ⓑ 몬트리올 협약을 대체하는 협약으로, 민간 항공기 자체의 무기화, 민간 항공기에 대한 공격 행위 억제, 운송 범죄(transport offence) 조항(민간 항공기를 활용하여 무기 및 관련 물자

를 불법 운송하는 행위], 국가 관할권의 확대, 협약의 적용범위 확대[서비스 범위 내로 확대] 등을 규정하였다.

1944 시카고 협약
(Chicago Convention)
– 항공관계 국제조약의 모체

1963 동경 협약
(Tokyo Convention)
– 항공기내 범죄 및 기타 행위에 관한 협약

1970 헤이그 협약
(Hague Convention)
– 항공기의 불법납치 억제를 위한 조약

1971 몬트리올 협약
(Montreal Convention)
– 민간항공안전에 대한 불법행위 억제를 위한 조약

1991 몬트리올 회의
가소성 폭약의 탐지를 위한
식별조치에 관한 협약[1991]

1998 몬트리올 추가 의정서
(Montreal Additional Protocol)
– 공항 내 항공기, 공항청사 및 인명에 대한
테러행위도 범죄에 포함

▌항공보안 관련 국제협약(조약) 체계도 (연도순)

## 2) IATA와 ACI의 보안정책

### (1) IATA 매뉴얼

IATA는 국제항공사협의회로서 항공업무의 표준을 수립하고 보완하여 항공사는 물론 전 세계 공항과 항공 관련 기업들에 항공 관련 업무의 기준을 제시하고, 주제별 매뉴얼로 제작하여 따르도록 하고 있다.

**Security Manual**
Effective October 2016

① IATA Aviation Security Manual

② AHM[Airport Handling Manual]

③ IGOM[IATA Ground Operation Manual]

④ IATA Cargo Handling Manual 등

### (2) Smart Security(스마트보안) – IATA와 ACI가 함께 추진

① 목적

㉠ 승객별 위험수준에 따른 보안검색 방식 차별화

㉡ 보안검색 절차로 인한 승객 불편 최소화

㉢ 최신 기술을 활용하여 보안자원 운영 최적화

② 주요 내용

㉠ 승객 보안검색(Passenger Screening)

최신기술의 보안검색장비(Security Scanner)로 금속성 위협물과 비금속 위협물을 한 번에 탐지하여 검색요원의 전신촉수검색을 줄임

㉡ 기내반입 수하물검색(Cabin Baggage Screening)

Dual/multi-view X-ray 및 Computed Tomography(CT) 장비, 자동화된 목표 식별

알고리즘(ATR–Automated Target Recognition algorithms)을 활용하여 빠르고도 정확한 검색

ⓒ 기타

- 승객의 자율성에 초점을 둔 보안검색 레인(Lane) 재설계와 절차 개선
- 보안검색 이미지를 한 곳에서 종합처리 및 통제
- 승객보안평가 등급(Risk–based Differentiation)에 따라 검색 차별화
- 폭발물 흔적 탐지장비(ETD–Explosive trace detection), 폭발물 탐지견(EDD–Explosive detection dogs) 등 예측 되지 않는 탐지 방법의 다양화

[이미지 출처 : IATA Smart Security brochure]

③ 미래형 Smart Security – 미래 여객 보안 검색대(Checkpoint of the Future)

행동방식 분석, 여객 데이터 등과 검색기술을 결합하여 '위험물품'선별에서 '위험인물'의 선별로 중단 없는 흐름(Seamless flow) 추구

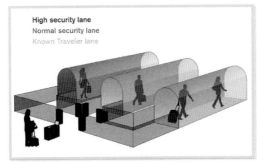

‖ IATA의 Check pint of Future 예시도 [출처 : IATA]

‖ 미 TSA의 SaS(Apex Screening at Speed) 개념도 [출처 : dhs.gov]

## (3) ACI(Airports Council International) 핸드북

국제공항협의회(ACI)는 매해 ACI 핸드북(Recommended Practices and Policy Handbook)을 발간하여 공항운영에 관한 지침을 제시하고 있다. 핸드북은 항공운송 정책, 출입국간소화와 공항서비스 등 총 8장으로 구성되어 있다.

8개의 지침 중 '7–Security at airports'가 ICAO Annex 17을 근간으로 하여 공항에서의

분야별 세부운영기준을 제시한다.

  ① 항공기, 여객, 기내수하물, 화물, 우편물, 기타 물품

  ② 항공보안에 대한 인식, 코드쉐어 및 기타 공동 협약

  ③ One stop 보안, 신기술과 우발상황

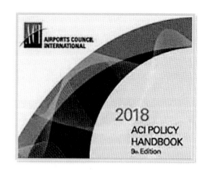

아울러, 랜드사이드 보안핸드북(Landside Security Handbook)에서 랜드사이드 보안 관련 운영지침을 제시하고 있으며, 주요 내용은 다음과 같다.

  ① 보안 예방 및 탐지 측정기술

  ② 보안위기 상황의 효과적 의사소통

  ③ 위기상황의 사례

  ④ 위험취약성 평가

  ⑤ 터미널 설계

## 3) 미국 보안 법규

### (1) 보안 관련 주요 법규

  ① USC 44906 & 44907

해외 공항의 보안 표준에 대해 명시해놓은 미 연방법(United States Code)의 항공보안 법령.

- §44906. Foreign air carrier security programs
- §44907. Security standards at foreign airports

② CFR 1540

승객 및 항공 관련자들의 책임, 보안위협 평가, TSA 승인 프로그램 운영자들의 책임 등을 명시해놓은 미 연방규정(Code of Federal Regulations)

## (2) TSA의 항공보안 프로그램

### ① Secure Flight

㉠ 승객의 이름을 '믿을 수 있는 명단(trusted traveler list)' 및 '감시명단(watchlist)'과 대조하여 승객이 공항에 도착 전 위험 정도를 구분

㉡ 저(低)위험 승객에 대해서는 표준 보안검색, 고(高)위험 승객에 대해서는 강화된 보안검색 수행

### ② 기타 항공보안 프로그램

㉠ 항공화물감시(Air Cargo Watch) 프로그램

㉡ 관찰기법에 의한 승객검색(Screening of Passengers by Observation Techniques, SPOT) 프로그램

㉢ 항공보안 신고제도(Aviation security reporting system)

## 4) UN 및 EU

## (1) UN 안전보장이사회의 항공보안과 안전에 관한 결의안(SC Resolution 2309)

### ① 배경

| UN 안보리 회의 모습 [출처 : UN.org]

㉠ 세계적으로 테러로 인한 국제적 평화와 보안 위협의 확산과 증가

㉡ 민간항공에 대한 직접적인 테러 및 민간항공의 테러리스트들의 이동수단 활용 방지

ⓒ 유엔 안보리 차원의 국제 안전 기준 적용(2016)

② 주요 내용

㉠ 보안 검색절차 강화[아래 결의안 원문(Paragraph 16, 17) 참조]

㉡ 위협파악 기술개발과 정보공유

㉢ UN대테러사무국(CTEDCounter-Terrorism Executive Directorate)과 ICAO의 협력

㉣ 사전승객정보(API) 공유 등

㉤ 공항에서의 보안검색 절차 강화에 관한 내용은 다음과 같다.

- 16) "Take all necessary steps to ensure that these measures are effectively implemented on the ground on a continuing and sustainable basis, including through the provision of the required resources, the use of effective quality control and oversight processes, and the promotion of an effective security culture within all organizations involved in civil aviation;"

- 17) "Strengthen security screening procedures and maximize the promotion, utilization and sharing of new technologies and innovative techniques that maximize the capability to detect explosives and other threats, as well as strengthening cooperation and collaboration and sharing experience in regards to developing security check technologies;"

## (2) 유럽민간항공위원회(ECAC-European Civil Aviation Conference)

ECAC는 EU회원국의 안전하고 효율적인 항공운송 시스템 유지를 위해 설립된 EU산하기구. 회원국 간의 민간항공 정책 의사결정을 하며 항공보안 프로그램을 개발하고 논의한다.

① EC No.300/2008

EC(European Commission) 의회에서 만든 민간항공보안에 관한 기본 법령으로 EC 272/2009, EC1254/2009 등의 세부 시행령이 있다.(European Parliament and of the Council of 11 March 2008 on common rules in the field of civil aviation security and repealing Regulation)

② 주요 항공보안 프로그램 명칭

　㉠ ECAC Work Programme 2016-2018 Security : 보안 기술 및 항공보안장비의 평가 프로세스 등에 관한 프로그램
　㉡ Aviation Security Audit Programme : 항공보안이행 평가
　㉢ 항공화물 보안규칙(ACC3) : EU에서 인증하지 않은 역외 공항으로부터의 화물과 우편물 반입 규제 프로그램

# 3
# 우리나라의 항공보안법규

## 1) 항공보안 관련 법령 체계도

우리나라는 항공보안법을 상위법으로, 아래에 시행령과 시행규칙 등을 두고 있다.

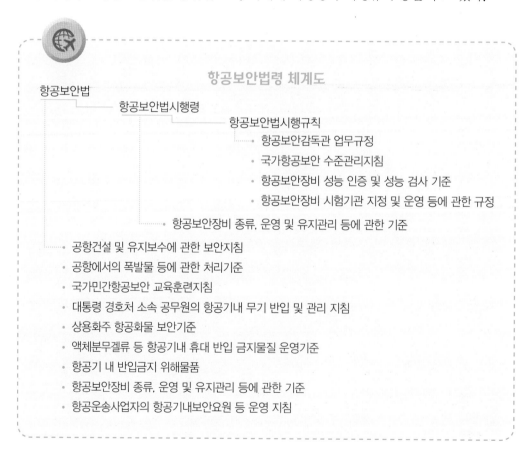

항공보안법령 체계도

항공보안법
　　항공보안법시행령
　　　　항공보안법시행규칙
　　　　　　　· 항공보안감독관 업무규정
　　　　　　　· 국가항공보안 수준관리지침
　　　　　　　· 항공보안장비 성능 인증 및 성능 검사 기준
　　　　　　　· 항공보안장비 시험기관 지정 및 운영 등에 관한 규정
　　　　· 항공보안장비 종류, 운영 및 유지관리 등에 관한 기준
· 공항건설 및 유지보수에 관한 보안지침
· 공항에서의 폭발물 등에 관한 처리기준
· 국가민간항공보안 교육훈련지침
· 대통령 경호처 소속 공무원의 항공기내 무기 반입 및 관리 지침
· 상용화주 항공화물 보안기준
· 액체분무겔류 등 항공기내 휴대 반입 금지물질 운영기준
· 항공기 내 반입금지 위해물품
· 항공보안장비 종류, 운영 및 유지관리 등에 관한 기준
· 항공운송사업자의 항공기내보안요원 등 운영 지침

## 2) 항공보안관련 법령

### (1) 항공보안법

항공보안법은 총 8장으로 구성되어 있으며 주요 내용은 다음과 같다.

| 주요내용 | |
|---|---|
| 공항운영자와 항공운송사업자 등에게 국가항공보안계획의 이행의무 부여 | • 국가항공보안계획과 자체 보안계획에서 정한 사항을 이행하도록 의무화 |
| 법률의 실효성 확보를 위한 처벌규정 보완 | • 공항운영자 등이 국가항공보안계획을 이행하지 않은 경우 1천만 원의 과태료를 부과하는 등 항공보안에 관한 의무이행 사항에 대한 처벌규정 보완<br>• 행정처분 위반에 따른 시정명령 조치를 이행하지 않는 경우 등 경미한 위반사항에 대하여는 벌금형을 과태료로 전환 |

- 제1장 총칙 : 국제협약의 준수, 국가의 책무 등
- 제2장 항공보안협의회 등 : 협의회의 구성 및 운영, 항공보안 기본계획 수립 등
- 제3장 공항·항공기 등의 보안 : 공항운영자와 항공운송사업자의 책임과 역할 등
- 제4장 항공기 내의 보안 : 기장 등의 권한, 승객의 협조의무 등
- 제5장 항공보안장비 등 : 항공보안장비의 종류, 성능 및 운영방법 등
- 제6장 항공보안 위협에 대한 대응 : 국토교통부장관, 공항운영자 등의 책임과 역할
- 제7장 보칙 : 항공보안 업무 수행에 필요한 비용 지원
- 제8장 벌칙 : 항공기손괴죄, 항공기납치죄, 항공시설 파손죄 등

### (2) 항공보안법 시행령

항공보안법에서 위임된 사항과 그 시행에 필요한 사항을 규정하고 있는 대통령령으로 2019.2.8.에 최신 개정되었다. 항공보안협의회 구성과 임무, 항공보안에 관한 기본계획 수립, 보안검색방법, 합동현장점검 실시 등에 대해 규정하고 있으며, 항공보안 사건·사고에 대한 의무보고 범위확대, 항공보안장비의 국토교통부장관의 성능 인증과 장비사용

의무화, 신규 보안검색장비 도입 근거 명확화, 승객 휴대 대형 물품에 대한 검색 기준, 보호구역으로 진입하는 사람 및 물품에 대한 검색 기준 등도 추가 제정되었다.

총 21조의 조문과 부칙 등으로 이루어져 있으며 주요 항목은 다음과 같다.

① 항공보안협의회의 및 지방항공보안협의회의 구성 등

② 기본계획의 수립ㆍ변경 등

③ 승객 및 휴대물품, 위탁수하물, 화물의 보안검색방법 등

④ 특별 보안검색방법과 보안검색의 면제

⑤ 보안검색이 완료되지 아니한 사람 등에 대한 조치

⑥ 기내 반입무기, 합동 현장점검, 항공보안 자율신고업무의 위탁

⑦ 과태료의 부과기준 등

## (3) 항공보안법 시행규칙

시행규칙은 항공보안법 및 항공보안법 시행령에서 위임된 사항과 그 시행에 필요한 사항을 규정하고 있는 국토교통부령이다. 총 20조의 조문과 부칙 등으로 이루어져 있으며 주요 내용은 다음과 같다.

① 국가항공보안계획의 내용

② 자체 보안계획의 승인

③ 보호구역의 지정 승인, 변경, 취소, 출입허가

④ 항공기 보안조치

⑤ 보안검색위탁업체 지정기준

⑥ 상용화주의 지정기준

⑦ 보안검색 실패 등에 대한 보고절차

⑧ 비행 서류의 보안관리

⑨ 기내 무기 반입 허가절차

⑩ 탑승거절 대상자, 수감 중인 사람 등에 대한 호송방법 등

⑪ 항공보안장비의 성능 인증, 평가, 점검

⑫ 보안검색교육기관의 지정

## (4) 행정규칙

항공보안법, 시행령, 시행규칙 등 법령의 하위에 분야별로 여러 규정들이 훈령(訓令), 지시(指示), 예규(例規), 고시(告示) 형태로 제정되어 공항운영자와 항공운송사업자 등의 보안업무활동의 기준으로 제시되고 있다.

예를 들면, 보안검색 업무를 함에 있어 실질적인 지침이 되는 내용을 담고 있는 대표적 행정규칙으로 "항공기 내 반입금지 위해물품(고시)"과 "액체ㆍ분무ㆍ겔류 등 항공기내 휴대 반입 금지물질 운영기준(고시)"을 들 수 있다.

전체 내용은 부록 또는 국토교통부 홈페이지[www.molit.go.kr]—정보마당—법령정보—행정규칙 내의 "항공기 내 반입금지 위해물품(고시)" 참조

① 항공기 내 반입금지 위해물품(고시) 중 항공기 내 반입금지 위해물품의 종류(예시)

| 물품명 | 객실 반입 | 위탁수화물 반입 | 비고 |
|---|---|---|---|
| ① 무기류<br>※ 도검ㆍ무술호신용품ㆍ총기 등 무기류는 객실 반입금지, 위탁수화물 반입가능 | | | |
| 1. 도검류<br>① 무술용 검, 펜싱용 검, 칼이 든 지팡이 등 검류<br><br>② 부엌칼, 과도, 다용도칼, 사냥칼 | × | ○ | 단, 플라스틱 칼, 둥근 날을 가진 버터칼, 안전날이 포함된 면도기, 안전면도날, 전기면도기 및 기내식 전용 나이프(항공사 소유에 한함)는 객실 반입가능 |

② 액체·분무·겔류 등 항공기 내 휴대 반입 금지물질 운영기준(고시)

'액체 · 분무 · 겔 류'란 Liquids, Aerosols and Gel을 의미하며 줄여서 LAGs라 한다. 항공기 내 반입금지 품목에서 특별히 액체류에 관한 처리 규정을 담고 있는 행정규칙으로 주요 내용은 다음과 같다.

| 적용 대상 | 대한민국 내의 공항에서 출발하는 모든 국제선 여객항공편 또는 통과 및 환승 항공기를 이용하여 여행하는 승객이 휴대 운반하는 LAGs |
|---|---|
| LAGs 보안검색 | 1. 모든 LAGs는 용량이 100㎖ 또는 이와 동등한 용량(3.4온스, 100그램)을 초과하지 않는 용기에 담아야 한다.<br>2. 100㎖를 초과하는 용기에 일부 분량의 LAGs를 담아서 운반할 수 없다. 단, 100㎖를 초과하는 빈 용기는 반입할 수 있다.<br>3. 모든 LAGs 용기는 최대 용량이 1리터(20.5cm x 20.5cm, 25cm x 15cm 또는 이와 동등한 크기)를 초과하지 않는 투명하고 개폐가 가능한 플라스틱 봉투에 담겨져야 하며, 용기들은 이 봉투가 완전하게 닫힐 수 있는 정도의 분량이어야 한다.<br>4. (3)의 플라스틱 봉투는 승객 1명당 1개만 휴대할 수 있다.<br>5. 환승하거나 통과하는 승객이 휴대한 LAGs는 아래의 경우에만 보안검색대를 통과할 수 있다.<br>• LAGs 물품 상용공급자(면세점 등)가 판매한 LAGs를 액체류보안봉투(STEB Security Temper-Evident Bag, 구매영수증 포함)에 넣어 운반하는 경우<br>• LAGs 물품 상용공급자가 판매한 LAGs를 유사봉투(구매영수증 포함)에 넣어 운반하고, 환승공항에서 액체폭발물 탐지장비를 사용하여 검색을 완료한 경우 |
| LAGs 보안통제 면제 대상 | 1. 비행근무시간(flight duty period)동안 항공기 운항에 필수적인 업무를 수행하기 위하여 책임이 부여된 자격증명을 갖춘 운항승무원이 소지한 LAGs<br>2. 승객이 휴대한 의약품 및 특별 식이처방음식<br>3. 보호구역 및 항공기로 출입하는 공항근무자가 휴대한 LAGs<br>4. 위기대응임무를 수행하는 요원이 휴대한 LAGs |
| STEB 표준사양 및 액체류를 담은 STEB 예시 | |

## 항공기 객실 내 휴대반입금지 LAGs 물품

| 분류 | 반입금지 물질 예시 |
|---|---|
| 물 등 음료수<br>water and other drinks | 생수, 과실음료(야채주스 등), 청량음료(콜라·사이다 등), 홍차음료, 커피, 유산균음료, 스포츠용 음료, 식초음료, 알코올음료(소주·청주·맥주·위스키·한방술 등), 유제품(탈지유·농축우유, 요구르트 등), 얼음류(아이스크림, 빙과류) 등 |
| 국 종류(스프류) soups | 곰탕, 설렁탕, 다시마국물 등 |
| 시럽류 syrups | 꿀, 물엿, 시럽, 엑기스 등 |
| 잼류 jams | 스프레드 류(잼, 땅콩버터, 초코스프레드 등), 버터류 |
| 스튜류(국물류) stews | 통조림 등 |
| 소스류 sauces | 각종 장류(된장, 고추장 등), 케찹, 마요네즈 등 |
| 반죽(풀)류 pastes | 도우(dough) 등 |
| 소스 또는 액체가 포함된 음식류<br>foods in sauces or<br>containing a high liquid content | 김치류, 액체절임 고기류, 액젓류 등 |
| 크림류 creams | 약용크림, 연고, 보습크림, 화장클렌징크림, 액체형 구두약, 구두크림 등 |
| 로션류 lotions | 밀크로션, 스킨로션, 바디로션, 자외선차단로션, 화장수, 액체비누 등 |
| 화장품류 cosmetics | 액상파운데이션, 매니큐어, 매니큐어제거제 등 |
| 오일류 oils | 식용유, 올리브유, 쇼트닝 등 |
| 향수류 perfumes | 샤워코롱, 향수 등 |
| 분무류 sprays | 헤어스프레이, 페이셜미스트 등 스프레이류 |
| 겔류<br>gels including hair and shower gels | 샴푸, 린스, 트리트먼트, 헤어젤, 샤워젤 등 |
| 압력용기품목<br>contents of pressurized containers,<br>including shaving foam | 면도크림(폼), 세안폼 등 |
| 탈취제류<br>other foam and deodorants | 신체냄새제거제, 액상제균제 등 |
| 치약류<br>pastes including toothpaste | 구강세정제, 구강청정제 등 |
| 액체혼합 물질<br>liquid-solid mixtures | 한방건강식품류(십전대보탕 등), 먹물, 물감, 물감, 만년필잉크 등 |
| 마스카라 mascara | 액체 마스카라, 액상 아이라이너 등 |

| 립글로스/립밤 lip gloss/lip balm | 립글로스, 립밤, 젤 타입 립스틱 등 |
| --- | --- |
| 실내온도에서 액체류 상태를 유지하는 모든 물질 any item of similar consistency at room temperatures | 반입금지 LAGs로 의심되는 모든 물질 포함 |

※ 비고
1. 목록별 통제 물품 예시는 대표물품만을 수록하였으므로 유사한 물품 및 의심되는
   물품은 통제대상 물품에 포함될 수 있음
2. 다음의 경우 항공보안 검색감독자가 판단하여 반입을 제한할 수 있다.
   1) 용기에 담겨있지 아니하면 형태를 유지하기 곤란한 물질
   2) 내용물 또는 용량을 확인할 수 없는 물질
   3) 휴대 반입금지 LAGs 물질과 유사한 특성을 보이는 물질
   4) 위해(危害) 가능성이 있는 것으로 의심되는 물질

### ▌항공기 객실 내 휴대반입금지 LAGs 제외물품 ▌

| 예외대상 품목 | | 예외대상 물품 예시 | 허용기준 |
| --- | --- | --- | --- |
| 의약품 | 처방 약품 | 의사처방전 있는 모든 약품 | 제6조 제2항에 따라 허용 |
| | 시판 약품 | 액상 감기약, 액상 위장약, 기침 억제시럽, 젤 캅셀약, 비강스프레이, 콘택트렌즈용제(보존액), 해열파스, 안약, 의료용 식염수 등 | [제6조 제2항 요약]<br>· 비행여정을 참고하여 승객에게 약의 종류, 비행 중 복용 필요성, 투약횟수 등을 질의<br>· 특별 식이 처방 음식은 승객의 건강에 꼭 필요한 음식임을 확인 후 허용. 어린아이를 동반한 승객이 휴대한 어린아이의 용품(우유, 물, 주스, 액체·겔·죽 형태의 음식 및 물티슈 등)은 허용. 단, 비행여정을 초과하는 분량은 제한<br>· 출처증명(처방전 등) 확인, 비행여정에 필요한 적절량, 승객 본인이 사용하기 위한 것 확인<br>· 보안검색 결과 의심스러운 LAGs는 보안검색대를 통과할 수 없으며, 승객이 해당 LAGs가 반드시 필요하다고 주장하는 경우 항공여행을 중단토록 권고 |
| | 비 의약품 | 변질방지 등 의료목적으로 사용되는 얼음, 얼음팩, 젤팩 (이식용 장기 보관용), 혈액 또는 혈액제제, 물티슈, 자폐증 환자용 음료 | |
| | 특별 식이처방음식 | 승객의 건강에 꼭 필요한 음식 | |
| | 어린아이 용품 | 우유, 물, 주스, 모유, 액체·겔·죽 형태의 음식 및 물티슈 등 | |

## (5) 기타 지침

### ① 국가민간항공보안 교육훈련지침

ICAO의 Document 8973은 각 체약국이 민간항공보안 교관, 종사자 교육, 교육기관 등의 설립 요건을 정하도록 권고하고 있다. 우리나라도 국제기준에 부합하는 교육에 관련된 인력, 시설, 교육요건 등을 정하는 지침을 국토교통부 예규로 마련하여 보안검색요원의 전문성 확보와 보안검색 감독자를 비롯한 항공보안업무와 관련된 사람에 대한 교육기준을 세부적으로 규정하고 있다.

### ② 국가항공보안 수준관리지침

국가항공보안 수준관리지침은 국가 보안수준의 지속적인 개선 및 향상을 위하여 필요한 사항을 규정한 국토교통부의 예규로 다음과 같은 기본방침을 둔다.

- ㉠ 보안지침 및 절차의 준수 및 효과적인 시행 확인
- ㉡ 법령, 규정 등의 지속적인 제·개정을 통한 효율성 확보
- ㉢ 국가항공보안 프로그램의 적정성과 효율성 점검
- ㉣ 국가민간항공보안 교육훈련지침에 따른 적절한 교육 이수 여부 확인
- ㉤ 불법 방해 행위의 적절한 조사, 보안대책 검토 및 재평가

## 3) 보안계획

### (1) 항공보안기본계획

항공보안법 제9조(항공보안 기본계획)에 따라 국토교통부장관이 5년마다 수립하는 항공보안에 관한 종합적이고 장기적인 기본계획으로, 그 내용을 공항운영자, 항공운송사업자, 항공기취급업체, 항공기정비업체, 공항상주업체, 항공여객·화물터미널운영자 등에게 통보한다. 주요 내용은 다음과 같다.

| 보안협의회 구성 | 항공보안 주요 정책사항을 협의하기 위해 12개 정부기관 국장급 및 공사·항공사 임원진으로 구성된 협의회(위원장 : 국토교통부 항공정책실장) |
|---|---|
| 항공보안 기본계획 | 항공보안에 관한 기본계획을 5년마다 수립, 관련 기관(회사 등)에 통보 |
| 내용 | • 항공보안에 관한 종합적·장기적인 추진방향 포함<br>1. 국내외 항공보안 환경의 변화 및 전망<br>2. 국내 항공보안 현황 및 경쟁력 강화에 관한 사항<br>3. 국가 항공보안정책의 목표, 추진방향 및 단계별 추진계획<br>4. 항공보안 전문인력의 양성 및 항공보안 기술의 개발에 관한 사항<br>5. 그 밖에 항공보안 발전을 위하여 필요한 사항 |

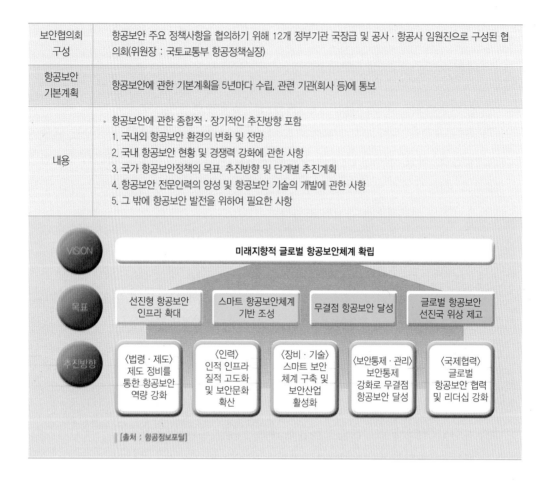

[출처 : 항공정보포털]

## (2) 국가항공보안계획

항공보안법 제10조(국가항공보안계획 등의 수립)에 의거하여 정부(국토교통부)가 만드는 국가항공보안계획으로 항공보안법령을 시행하는 실질적 수행 지침서다. 이 계획을 바탕으로 공항공사, 항공사 등이 자체보안계획을 수립한다.

## (3) 자체 현장 보안계획

공항운영자(공항공사, 도심공항터미널 운영자)와 항공사, 그리고 항공기취급업을 영위하는 회사 등 에어사이드의 보호구역 내에서 활동하는 업체들은 자체 보안계획을 수립하고 국토교통부 장관의 승인을 받은 다음 운영한다. 자체 현장 보안계획의 구성요건은 다음과 같다.

① 공통 사항 [모든 기관 및 기업 공통]

- 항공보안업무 담당 조직의 구성 · 세부업무 및 보안책임자의 지정
- 항공보안에 관한 교육훈련
- 항공보안에 관한 정보의 전달 및 보고 절차

② 공항운영자 [공통사항에 추가에 아래 사항 추가]

- 공항시설의 경비대책
- 보호구역 지정 및 출입통제
- 모든 승객 · 휴대물품 및 위탁수하물에 대한 보안검색
- 승객의 일치여부 확인 절차
- 항공보안검색요원의 운영계획
- 보호구역 밖에 있는 공항상주업체의 항공보안관리 대책
- 항공보안장비의 관리 및 운용
- 보안검색 실패 등에 대한 대책 및 보고 · 전달체계
- 보안검색 기록의 작성 · 유지
- 공항별 특성에 따른 세부 보안기준

※ 공항운영자는 자체 보안계획을 관련 기관, 항공운송사업자 등에게 통보

③ 항공운송사업자(항공사) [공통사항에 추가에 아래 사항 추가]

- 항공기 정비시설, 기내식시설 등의 항공운송사업자가 관리 · 운영하는 시설에 대한 보안대책
- 항공기 경비 등 항공기보안에 관한 사항 ☞ [Chapter 6. 항공기보안]참조
- 기내식 및 저장품에 대한 보안대책
- 항공보안검색요원 운영계획
- 보안검색 실패 대책보고
- 항공화물 보안검색 방법
- 보안검색기록의 작성 · 유지
- 항공보안장비의 관리 및 운용

- 화물터미널 보안대책(화물터미널을 관리 운영하는 항공운송사업자)
- 운송정보의 제공 절차
- 위해물품 탑재 및 운송절차
- 보안검색이 완료된 위탁수하물에 대한 항공기 탑재 전까지의 보호조치
- 승객 및 위탁수하물에 대한 일치여부 확인 절차
- 승객 일치 확인을 위해 공항운영자에게 승객 정보제공
- 항공기 탑승 거절절차
- 항공기 이륙 전 항공기에서 내리는 탑승객 발생 시 처리절차
- 비행서류의 보안관리 대책
- 보호구역 출입증 관리대책
- 그 밖에 항공보안에 관하여 필요한 사항
- ☞ 외국국적 항공운송사업자의 자체 보안계획은 영문 및 국문으로 작성

### ④ 항공기취급업체 등 [공통사항에 추가에 아래 사항 추가]

- 보호구역 출입증 관리 대책
- 해당 시설 경비보안 및 보안검색 대책
- 항공보안장비 관리 및 운용 등

### ⑤ 자체보안계획의 수립절차

자체보안계획은 관할 지방항공청의 공항안전운영협의회 협의 후 국토해양부장관에게 승인을 받아야 한다. [자체보안계획을 변경하는 경우도 동일]

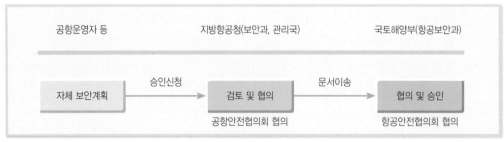

| 공항운영자 등 | 지방항공청(보안과, 관리국) | 국토해양부(항공보안과) |

자체 보안계획 →(승인신청)→ 검토 및 협의 →(문서이송)→ 협의 및 승인

공항안전협의회 협의 / 항공안전협의회 협의

| [이미지 출처 : 국토교통부]

## (4) 기타 항공보안 관련 법규

| 법률 | 해당 내용 |
|---|---|
| 항공법 제50조(기장의 권한) | • 기장은 항공기나 여객에 위난(危難)이 발생하였거나 발생할 우려가 있다고 인정될 때에는 항공기에 있는 여객에게 피난방법과 그 밖에 안전에 관하여 필요한 사항을 명할 수 있다.<br>• 기장은 항행 중 그 항공기에 위난이 발생하였을 때에는 여객을 구조하고, 지상 또는 수상(水上)에 있는 사람이나 물건에 대한 위난 방지에 필요한 수단을 마련하여야 하며, 여객과 그 밖에 항공기에 있는 사람을 그 항공기에서 나가게 한 후가 아니면 항공기를 떠나서는 안 된다. |
| 제59조(위험물 운송 등) | • 항공기를 이용하여 폭발성이나 연소성이 높은 물건 등 국토교통부령으로 정하는 위험물(이하 "위험물"이라 한다)을 운송하려는 자는 국토교통부령으로 정하는 바에 따라 국토교통부장관의 허가를 받아야 한다.<br>• 항공기를 이용하여 운송되는 위험물을 포장·적재(積載)·저장·운송 또는 처리(이하 "위험물취급"이라 한다)하는 자(이하 "위험물취급자"라 한다)는 항공상의 위험 방지 및 인명의 안전을 위하여 국토교통부장관이 정하여 고시하는 위험물취급의 절차 및 방법에 따라야 한다. |
| 사법경찰관리의 직무를 수행할 자와 그 직무범위에 관한 법률 | • 항공기 안에서 발생하는 범죄에 관하여는 기장과 승무원이 사법경찰관 및 사법 경찰관리의 직무를 수행한다. |

## (5) 벌칙 [항공보안법]

| 불법행위 유형 | 벌칙 내용 요약 |
|---|---|
| 운항 중인 항공기 파손 죄 | 사형, 무기징역 또는 5년 이상의 징역 |
| 계류 중인 항공기 파손 죄 | 7년 이하의 징역 |
| 항공기 납치 죄 | 무기 또는 7년 이상의 징역, 사람 사상(死傷) 시 최대 사형, 미수범, 예비 또는 음모한 자도 처벌 |
| 항공시설 파손 죄 | 10년 이하의 징역, 사람 사상(死傷) 시 최대 사형 |
| 항공기 항로 변경 죄 | 1년 이상 10년 이하의 징역 |
| 직무집행방해죄 | 10년 이하의 징역 |
| 항공기 위험물건 탑재 죄 | 2년 이상 5년 이하의 징역 또는 2천만 원 이상 5천만 원 이하의 벌금 |
| 공항운영 방해죄 | 5년 이하의 징역 또는 5천만 원 이하의 벌금 |
| 항공기 내 폭행죄 등 | 10년 이하의 징역 (출입문·탈출구·기기의 조작 포함) |
| 항공기 점거 및 농성 죄 | 3년 이하의 징역 또는 3천만 원 이하의 벌금 |
| 운항 방해정보 제공 죄 | 3년 이하의 징역 또는 3천만 원 이하의 벌금 |

# 4
# 항공보안사고

## 1) 항공사고의 종류

항공사고는 항공사고, 항공준사고, 항공안전장애의 세 가지 유형으로 나뉜다.

### (1) 항공사고(航空事故, Aviation Accident)

승무원이나 승객이 항공기에 탑승한 후부터 내릴 때까지의 사이에 그 항공기가 운항함으로써 일어난 사람의 사망, 부상, 항공기의 손상 등 항공기와 관련된 사고로 사고결과가 다음 중 하나 이싱에 해당되는 것을 말한다.

　① 사람의 사망 · 중상(重傷) 또는 행방불명
　② 항공기의 중대한 손상 · 파손 또는 구조상의 결함
　③ 항공기의 위치를 확인할 수 없거나 항공기에 접근이 불가능한 경우

### (2) 항공준사고(航空準事故, Aviation Incident)

항공기사고는 아니지만 항공기사고로 발전할 수 있었던 모든 상황을 의미하는 것으로 항공기의 안전운항에 큰 위협이 되었다거나 또는 그럴 가능성이 큰 사건들을 말한다. 항공기준사고는 사고조사결과에 따라 항공기사고 또는 항공안전장애로 재분류 될 수 있다. 준사고의 범위는 다음과 같다.

　① 항공기의 위치, 속도 및 거리가 다른 항공기와 충돌위험이 있었던 것으로 판단되는 근

접비행(Near-miss)이 발생한 경우(다른 항공기와의 거리가 500피트 미만으로 근접하였던 경우를 말한다) 또는 경미한 충돌이 있었으나 안전하게 착륙한 경우

② 항공기가 정상적인 비행 중 지표, 수면 또는 그 밖의 장애물과의 충돌(Controlled Flight into Terrain)을 가까스로 회피한 경우

③ 항공기, 차량, 사람 등이 허가 없이 또는 잘못된 허가로 항공기 이륙·착륙을 위해 지정된 보호구역에 진입하여 다른 항공기와 충돌할 뻔 한 경우

④ 비행 중 운항승무원이 신체, 심리, 정신 등의 영향으로 조종업무를 정상적으로 수행할 수 없는 경우(Pilot Incapacitation)

⑤ 항공기가 지상에서 운항 중 다른 항공기나 장애물, 차량, 장비 또는 동물과 접촉·충돌하여 손상을 입은 경우

⑥ 비행 중 조류(鳥類), 우박, 그 밖의 물체와 충돌 또는 기상 이상 등으로 손상을 입은 경우

## (3) 항공안전장애(Significant Incident/Event)

항공기사고 및 항공기준사고 외에 항공기의 운항 등과 관련하여 항공안전에 영향을 미치거나 미칠 우려가 있었던 사례로 다음과 같은 경우가 해당된다.

① 항공기, 차량, 사람 등이 유도로에 무단으로 진입한 경우

② 항공기, 차량, 사람 등이 허가 없이 또는 잘못된 허가로 항공기의 이륙·착륙을 위해 지정된 보호구역에 진입하였으나 다른 항공기의 안전 운항에 지장을 주지 않은 경우

③ 지상조업 중 비정상 상황(다량의 기름유출 등)이 발생하여 항공기의 안전에 영향을 준 경우

④ 위험물 처리과정에서 부적절한 라벨링, 포장, 취급 등이 발생한 경우

⑤ 비행계획 단계에서 예측하지 못한 외부 요인으로 해당 비행편의 운항승무원이 최대 승무시간을 초과한 경우

⑥ 비행 중 정상적인 조종을 할 수 없는 정도의 레이저 광선에 노출된 경우

⑦ 운항 중 객실승무원이 부상을 당한 경우

## (4) ICAO의 항공기 사고에 대한 정의

근거 : Annex 13 — Aircraft Accident and Incident Investigation

| | |
|---|---|
| ACCIDENT | An occurrence associated with the operation of an aircraft which takes place between the time any person boards the aircraft with the intention of flight until such time as all such persons have disembarked, in which: <br> **a) a person is fatally or seriously injured as a result of:** <br> — being in the aircraft, or <br> — direct contact with any part of the aircraft, including parts which have become detached from the aircraft, or <br> — direct exposure to jet blast, <br> except when the injuries are from natural causes, self-inflicted or inflicted by other persons, or when the injuries are to stowaways hiding outside the areas normally available to the passengers and crew; or <br> **b) the aircraft sustains damage or structural failure which:** <br> — adversely affects the structural strength, performance or flight characteristics of the aircraft, and <br> — would normally require major repair or replacement of the affected component, except for engine failure or damage, when the damage is limited to the engine, its cowlings or accessories; or for damage limited to propellers, wing tips, antennas, tires, brakes, fairings, small dents or puncture holes in the aircraft skin; or <br> **c) the aircraft is missing or is completely inaccessible.** |
| INCIDENT | An occurrence, other than an accident, associated with the operation of an aircraft which affects or could affect the safety of operation. |
| SERIOUS INCIDENT | An incident involving circumstances indicating that an accident nearly occurred. |

## 2) 항공보안사고

항공보안이 "항공기 테러 등의 불법 방해행위로부터 사람과 항공기, 그리고 공항시설 등을 보호하여 항공안전(Aviation Safety)을 지키기 위한 각종 대책과 활동"이라고 할 때 이러한 '불법 방해행위'로 인하여 인적 또는 물적 피해가 일어난 경우를 항공보안사고(航空保安事故)라 할 수 있다. 그러나 최근에는 피해를 유발하지 않은 불법 방해행위도 항공보안사고로 취급되고 있다.

사례

• 2016년 인천공항에서 중국인 승객이 출국장 안 보안구역에서 밀입국한 사건과 베트남 승객이 무인 자동출입국 심사대의 감시가 느슨한 틈을 타 유리문 사이로 밀입국을 시도한 사건

위 사건은 인적 또는 물적 피해를 초래하지는 않았지만 항공안전과 공항(국경)보안망의 취약점에 경종을 울리는 사건으로 항공업무 관계자들에게는 실제적인 보안사고로 간주되었다.

## (1) 세계의 주요 항공보안사고 사례와 목록

### AI182 폭발물 테러 사건

• 비행기종 : B747
• 탑승객 : 승객 307명, 승무원 22명 등 총 329명
• 항공노선 : AI182(몬트리올/런던/델리/뭄바이) 외
• 사건 개요 : 시크교 무장 조직의 일원에 의한 것으로 추정되는 폭발물 테러로 항공기가 대서양 상공 9500m에서 폭발, 추락하여 탑승객 전원이 숨진 사건

#### 사건 경위

6월 22일 밴쿠버 공항, 토론토 행 캐나다 퍼시픽 항공 탑승수속 카운터에서 승객(테러범 일원)이 토론토를 출발 몬트리올을 거쳐 인디아로 가는 AI182편으로 수하물을 연결 위탁하고 자신은 탑승하지 않았다. 그 시각 도쿄로 가는 캐나다 퍼시픽 항공편에도 또 다른 승객(테러범 일원)이 도쿄에서 방콕으로 가는 에어 인디아 301편으로 수하물을 연결 위탁하였으나 이 수하물도 승객이 탑승하지 않은 채 운송되었다.

6월 23일, 수하물은 토론토를 떠나는 에어인디아 비행기에 연결 탑재되었고, 비행기는 23일 07시

사고 일부 수습된 사고기 잔해 [출처 : aviation-accidents.net]

경, 조종사가 아일랜드 섀넌 공항 관제소에 마지막 교신을 한 후 폭파되었다. AI301편으로 연결될 예정이던 두 번째 가방은 같은 날 일본 나리타공항에서 폭발하였으며 2명의 공항직원이 사망하였다.

## KE858 폭파사건

- 비행기종 : B707
- 탑승객 : 탑승객 95명, 승무원 20명 총 115명
- 항공노선 : KE858(바그다드/아부다비/방콕/서울)
- 사건 개요 : 1987년 11월 29일 북한의 특수공작원 김승일, 김현희 2인조 폭파범에 의해 인도양 상공에서 폭파, 실종되어 탑승객과 승무원 115명이 모두 희생된 사건
- 범인들은 바그다드에서 사고항공기에 탑승하여 미리 준비한 액체 폭발물을 좌석 부근에 두고 아부다비에서 내렸다. 폭발물은 사고기가 아부다비에서 방콕으로 가는 도중 미얀마 부근의 인도양 상공에서 폭파하였고, 범인들은 아부다비에서 도주 중 위조여권이 실마리가 되어 체포되었으나 김승일은 가지고 있던 청산가리로 자살하고 김현희는 체포되었다.

## PA103편 폭파사건

- 비행기종 : B747
- 탑승객 : 탑승객 243명, 승무원 16명 총 259명
- 항공노선 : PA103(프랑크푸르트/런던 히드로/뉴욕 JFK/디트로이트)
- 사건 개요 : 12월 21일 스코틀랜드 로커비 상공에서 폭발, 탑승자 259명 전원과 지상에 있던 주민 11명 등 270명이 사망한 사건. 로커비 테러(Lockerbie bombing)라고 불린다. 사고조사 결과 수하물에 실린 약 1파운드(450그램)의 플라스틱 폭발물이 항공기의 앞부분에서 폭파되면서 항공기가 급속히 파괴됐다고 결론이 내려졌다.

▌ 사고 후 잔해 모습 [출처 : fbi.gov]

- 폭발물이 최초 출발지인 프랑크푸르트 국제공항에서 실렸기 때문에 항공사와 공항의 허술한 수하물 검사가 이슈화 되었으며, 후에 팬암사는 거액의 소송에서 유죄판결을 받게 되는데 이는 팬암사가 파산하는 데 한 요인이 된다.
- 에어인디아182편과 함께 이 사건도 수하물에 담긴 폭발물이 원인이 됨에 따라 이 사건 이후 위탁수하물이 폭발물 탑재 수단으로 사용되는 걸 방지하기 위해 미국 등에서는 보안당국에 의한 수하물 검색 권한과 위탁수하물 일치 규정(Baggage Reconciliation Rule) 등이 만들어지게 되었다.

| 발생년도 | 사고 내용 | 피해 규모 |
|---|---|---|
| 1931 | 페루 혁명분자에 의한 우편물 수송비행기 납치 사건 | 최초의 항공기 납치 사건 |
| 1963 | 퍼시픽 항공 773편 테러사건, 범인은 조종사 살해 후 자살 | 탑승자 44명 전원 사망 |
| 1968 | 팔레스타인 해방기구(PLO) 테러범에 의한 이스라엘 여객기 피랍사건 | 최초의 테러범에 의한 항공기 납치 사건 |
| 1974 | TWA 841편 폭파 테러, 보잉 707 | 탑승자 88명 전원 사망 |
| 1976 | 에어프랑스 139편 납치 사건(일명 엔테베 작전) | 13명(인질4, 테러범8, 이스라엘군1) 사망 |
| 1985 | 인도항공 182편 폭파 사건, 보잉 747 | 탑승자 329명 전원 사망 |
| 1985 | 이집트항공 648편 납치 사건 | 탑승자 60명 사망, 38명 부상 |
| 1986 | 팬암 73편 납치 사건 | 탑승자 21명 사망 |
| 1988 | 팬암 103편 폭파 사건, 보잉 747 | 탑승자 259명, 지상 11명 사망 |

| 1989 | UTA 772편 폭파 사건 | 탑승자 170명 전원 사망 |
| 1989 | 아비앙카 항공 203편 폭파 사건 | 탑승자 107명 전원 사망 |
| 1996 | 에티오피아 항공 961편 납치 사건 | 사망자 125명 |
| 2001 | 9.11 테러 – 하이재킹, 자살테러 | 공식 사망자 2,977명, 부상자 6,000명 이상<br>(항공기 탑승자는 전원 사망) |
| 2014 | 에티오피아 항공 702편 납치 사건 | 인명 피해 없음 |
| 2016 | 이집트 항공 181편 납치 사건 | 인명 피해 없음 |
| 2016 | 리비아 아프리키야 항공 209편 납치 사건 | 인명 피해 없음 |
| 2018 | 호라이즌 항공 Q400 항공기 절도 사건 | 범인(지상직 직원) 1명 사망 |

## (2) 국내 주요 항공보안사고 목록

| 발생년도 | 사고 내용 | 피해 규모 |
| --- | --- | --- |
| 1958 | KNA 창랑호 납북 사건 DC-3 | 인명 피해 없음 |
| 1969 | 대한항공 YS-11기 납북 사건 YS-11 | 인명 피해 없음 |
| 1971 | 대한항공 F27기 납북 미수 사건 포커 F27 | 생존자 59명 승무원 1명 사망 |
| 1986 | 김포공항 국제선 청사에 폭탄 테러 | 5명 사망, 30여 명 중경상 |
| 1987 | 대한항공 858편 폭탄 테러 사건 보잉 707 | 탑승자 115명 전원 사망 |
| 2015 | 준사고-대한항공 023편 기내난동 사건 | 인명 피해 없음 |
| 2016 | 준사고 대한항공 480편 기내난동 사건 | 인명 피해 없음 |
| 2016 | 제주항공 기내난동, 항공기 밖으로 무단이탈 시도, 승무원에게 폭력 | 인명 피해 없음 |
| 2017 | 에어부산 기내난동, 승무원에게 폭력 | 인명 피해 없음 |

　우리나라에서는 1987년 대한항공 858편 항공기에 대한 테러폭파 사건 이후 테러 등의 불법방해행위에 의해 인명피해가 발생한 항공보안사고는 일어나지 않고 있으나, 항공여행객이 급증하면서 기내난동과 같은 인적요인에 의한 보안사고는 오히려 증가 추세에 있다.

　국내에서 최근 5년간 보고된 항공보안사고를 유형별로 분류하면 기내난동(소란), 공항 보호구역 무단출입, 탑승권 오(誤)발급 및 바꿔치기, 위해위험물품 무단반입 등으로 나눌 수 있는데, 특히 기내난동과 같은 기내 불법행위는 "2014년 354건, 2015년 460건, 2016년 455건, 2017년 438건 등으로 증가추세에 있는 것으로 나타났다."[국토교통위원회 소속 이용호 의원. 기내폭행, 성희롱, 흡연 등 불법행위 통계. UPI뉴스]

# 5
# 항공보안조직

## 1) 조직

　　ICAO는 부속서 17 항공보안에서 각 국가차원에서 항공보안업무 전담조직을 설립하고, 그 내용을 ICAO에 통보하도록 규정하여 항공보안업무 전담조직에 대한 설립을 의무화하고 있다. 우리나라는 국토교통부 항공정책실 내 항공정책관 산하에 항공보안과를 두어 항공보안업무를 전담하고 있으며, 산하기관인 세 곳의 지방항공청을 중심으로 각 공항운영자와 항공운사업자들의 항공보안조직을 감독하며 항공보안업무를 지원하고 총괄하고 있다.

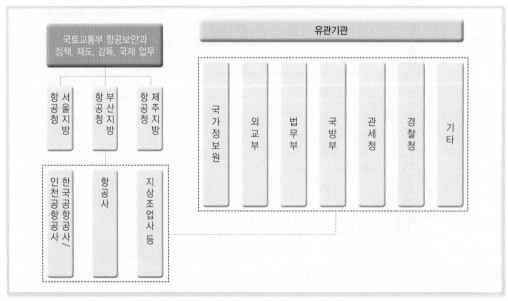

국가 항공보안 조직 관계도

## 2) 보안협의회

### (1) 항공보안협의회

국토교통부(항공보안과)는 항공보안 관련 업무를 총괄하면서 국토교통부장관을 위원장으로 하고 12개의 정부기관의 국장급과 공항공사와 항공사의 담당임원진으로 구성된 항공보안협의회를 설치, 운영한다. 항공보안협의회는 공항운영자와 항공운송사업자의 자체보안계획의 수립 및 변경에 관하여 협의한다.

### (2) 지방항공보안협의회

각 공항 차원에서도 공항운영자(공항공사)는 항공보안업무를 전담하는 조직을 두며, 그 조직과 별도로 국토교통부 산하 지방항공청장을 위원장으로 하는 지방공항보안위원회를 구성한다. 지방항공보안위원회는 공항시설의 보안에 관한 사항, 항공기의 보안에 관한 사항, 자체 우발계획의 수립 · 시행에 관한 사항 등에 대해 협의한다.

### (3) 공항 테러보안대책협의회

공항에서 공항과 항공기와 관련되어 폭발물 발견, 폭파협박 전화, 탑승객 탑승 후 하기 등의 위해요인이 발생할 경우 현장에서의 즉각적 조정과 대응을 위하여 공항별로 국가정보원이 주관하는 보안협의회를 구성하여 운영한다.

---

**국가대테러활동지침 [대통령훈령] 제 17조 [요약]**

① 공항 또는 항만 내에서의 테러예방 및 저지활동을 원활히 수행하기 위하여 공항 · 항만별로 테러 · 보안대책협의회를 둔다.

② 테러 · 보안대책협의회의 의장은 당해 공항 · 항만의 국가정보원 보안실장(보안실장이 없는 곳은 관할지부의 관계과장)이 되며, 위원은 당해 공항 또는 항만에 근무하는 법무부 · 보건복지부 · 국토해양부 · 관세청 · 경찰청 · 소방방재청 · 해양경찰청 · 국군기무사령부 등 관계기관의 직원 중 상위 직위자와 공항 · 항만의 시설관리 및 경비책임자가 된다.

## 3) 공항운영자의 항공보안조직

우리나라 민간공항을 운영하는 공사(公社)의 보안조직을 보면 다음과 같다.

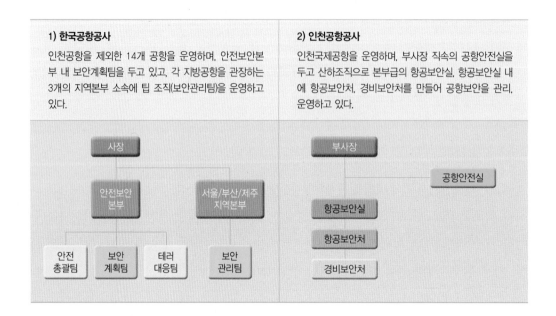

**1) 한국공항공사**

인천공항을 제외한 14개 공항을 운영하며, 안전보안본부 내 보안계획팀을 두고 있고, 각 지방공항을 관장하는 3개의 지역본부 소속에 팀 조직(보안관리팀)을 운영하고 있다.

**2) 인천공항공사**

인천국제공항을 운영하며, 부사장 직속의 공항안전실을 두고 산하조직으로 본부급의 항공보안실, 항공보안실 내에 항공보안처, 경비보안처를 만들어 공항보안을 관리, 운영하고 있다.

사장

안전보안본부

서울/부산/제주 지역본부

안전총괄팀

보안계획팀

테러대응팀

보안관리팀

부사장

공항안전실

항공보안실

항공보안처

경비보안처

5

# 보안검색

# 1

# 항공보안검색의 개념

## 1) 항공보안검색의 개념

### (1) 보안검색의 정의

항공보안검색이란 여객의 안전한 여행과 항공기의 안전운항을 위하여 탑승객을 포함한 공항보호구역 내로 들어가는 사람[사람에 대한 신원확인을 포함] 및 휴대물품의 위험여부를 항공보안장비를 이용하여 수색하는 활동이다. 보안검색 등에 관하여 "국가민간항공보안 교육훈련지침(National Civil Aviation Security Training Program)"에서는 다음과 같이 정의하고 있다.

① 보안검색 : 불법 방해행위를 하는 데에 사용될 수 있는 무기 또는 폭발물 등 위험성이 있는 물건들을 탐지 및 수색하기 위한 행위

② 항공보안검색요원 : 승객, 휴대물품, 위탁수하물, 항공화물 또는 보호구역에 출입하려고 하는 사람 등에 대하여 보안검색을 하는 사람

③ 장비운영자 : 보안검색을 실시하기 위하여 항공보안장비를 설치·운영하는 공항운영자, 항공운송사업자, 화물터미널운영자, 상용화주 및 그 밖에 국토교통부령으로 정하는 자

보안검색 시 확인하는 위험물질은 무기류, 폭발물 등 국토교통부장관이 정하여 고시하

는 위해물품을 말하며, 검색장비란 문형 금속탐지장비, 휴대용 금속탐지장비, 엑스선 검색장비, 폭발물 탐지장비, 폭발물 흔적탐지장비(ETDexplosive trace detection) 등을 의미한다. 또한, 필요시에 검색장비를 사용하지 않고 보안검색요원이 손으로 직접 검색대상자의 몸을 수색[촉수검사]할 수 있도록 규정하고 있다.

▌촉수검색[Pat-Down]

| 보안검색요원 | |
| --- | --- |
| 자격 | 국토교통부장관이 지정한 보안검색 전문교육기관에서 보안검색요원 초기교육 및 직무교육(OJT)을 받고 자격 획득. 매년 정기교육 이수 의무 |
| 주요 업무 | 항공기에 탑승하는 승객·휴대물품·위탁수하물 등에 대하여 항공안전 보안장비(X-ray 검색장비 및 금속탐지장비 등)를 사용하여 불법 방해행위에 사용될 수 있는 무기 또는 위험성이 있는 물건들을 탐지, 수색, 처리 |

## 2) 보안검색의 주체

항공보안법[시행령 제 10조, 12조 등]에서는 항공보안검색 주체를 검색대상에 따라 달리 정해 놓고 있다.

### (1) 보안검색 대상 별 주체

| 주체 | 대상 | 비고 |
| --- | --- | --- |
| 공항공사 (한국공항공사, 인천공항공사) | 1. 승객 및 휴대수하물, 위탁수하물<br>2. 통과 및 환승 승객과 휴대물품 및 위탁수하물<br>3. 허가를 받아 보호구역으로 들어가는 사람(예를 들면 상주직원 등) 또는 물품 | 항공운송사업자는 통과 승객 또는 환승 승객의 운송정보를 공항운영자에게 제공하고, 항공기가 도착 후 승객들이 휴대물품을 가지고 내리도록 한다. |
| 항공운송사업자 (항공사) | 1. 화물(여객터미널에서 운송되는 화물도 포함)<br>2. 허가를 받아 보호구역으로 들어가는 사람(예를 들면 상주직원 등) 또는 물품 | |

## (2) 보안검색의 위임

보안검색의 주체인 공항운영자 또는 항공운송사업자가 실제 보안검색 업무를 직접 하거나 경비업 전문업체에 위탁할 수가 있다. 2018년 기준으로 인천공항의 경우 인천공항공사의 위탁을 받은 경비업체에 소속되어 경비 및 보안검색 업무를 수행하고 있는 직원은 3,000여 명 내외이다.

| 국내 주요 경비 및 보안전문 업체 현황 | | |
|---|---|---|
| 소재지 | 기업이름 | |
| 수도권 | (주)유니에스<br>서운에스티에스(주)<br>조은시스템<br>에스디그룹(주)<br>프로에스콤<br>(주)건은 | (주)삼구아이앤씨<br>(주)월드유니텍<br>(주)코압섹<br>(주)장풍HR<br>(주)삼성티엠에스 |
| 지방 | (주)삼진보안, 미창산업(주) | |

# 2
# 보안검색장비

## 1) 검색장비의 개념

공항에서 사용하는 보안검색장비는 항공기 안전운항을 저해할 수 있는 불법 방해행위에 사용될 수 있는 위해물품의 보호구역 내로의 반입을 차단하기 위한 모든 장비와 시설을 포함한다.

### (1) 검색장비의 기능과 역할

검색장비는 위해물품이 포함되어 반입되거나 의도적으로 은닉되어 반입되는지를 검색요원이 식별할 수 있도록 영상과 소리 신호로 표출해 준다. 검색대상자의 몸을 신체적으로 접촉하지 않고, 또한 가방이나 물품을 개봉하지 않고 검색할 수 있는 기능을 가지고 있어 효과적이고도 신속한 검색을 할 수 있는 장점이 있다. 그러나 사람에 대해 정밀검색이 필요한 경우 보안검색요원이 부득이 신체접촉을 할 수밖에 없는 경우도 종종 발생한다. 이러한 문제점을 보완하기 위해서는 물론 날로 지능화되고 다양화되는 소재의 위해물품들에 대한 보다 정밀한 검색을 위해 검색장비의 성능 개선도 지속적으로 요구되고 있다. 위해물품의 사전 차단이라는 검색장비의 본연의 역할을 완벽하게 수행하면서, 동시에 검색대상인 사람에게 신체적, 정신적 안정성이 보장되는 기능을 가진 검색장비들의 개발과 운영이 이루어져야 할 것이다.

## (2) 검색장비의 사용 근거

① ICAO Annex 17과 ICAO Document 8973[항공보안지침서]
② 항공보안법 및 항공보안장비 종류·성능 및 운영기준[국토교통부고시 제2015-205호]

## 2) 검색장비의 종류와 성능 기준

검색장비는 엑스선 검색장비, 금속 탐지장비, 폭발물 탐지장비 등으로 대별된다. 금속 탐지장비는 60년대부터 사용되었고, 70년대에 들어 엑스선 검색장비가 도입되어 운영되어 오고 있다. 항공테러가 증가함에 따라 90년대부터 폭발물 탐지장비가 개발되어 사용되기 시작하였으며 911 테러 이후 전신 검색장비를 비롯한 첨단화된 고가 장비들의 사용 비중이 증가하고 있다. 국제 테러와 보안사고위험의 증가가 새로운 검색기술들의 개발을 촉진시키고 있는 것이다.

### (1) 엑스선 검색장비(X-ray Screening System)

① 엑스선[투과성이 강하여 물체의 내부를 볼 수 있는 전자기파] 발생장치를 이용, 검색 대상물에 엑스선을 조사(照射. irradiate)하여 그 내용을 모니터에 영상으로 표시하는 대표적인 보안검색장비다.

② 항공 보안장비로 사용되려면 모니터는 19′이상, 화면 확대배수와 비율, 이미지 저장과 검색기능,

‖ X-ray 검색 중인 검색요원(방콕공항)

유기물질과 무기물질 제거와 색상 표식, 밀도 차 구분 등 세부적 요건이 필요하다.

③ 유기물질과 혼합물질은 색상으로 서로 구분되고, 4색 이상으로 물질과 밀도의 차를 표시할 수 있어야 한다.

④ 기내반입용 승객수하물은 5초 이상 이미지형상이 나타나야 하고 이미지형상 중 어두운 부분은 무기류 등의 은닉일 수 있기 때문에 별도의 수(手)검색 대상이 된다.

⑤ 1차 검색 후 12초 이내 불법반입물 확인이 어렵다면
2차 검색을 실시한다.

⑥ 위험물 자동탐지기능을 갖춘 고성능 AT급 엑스레
이는 정확도가 높은 반면 처리속도가 일반엑스레이
보다 느릴 수 있기에 일반엑스레이 검색기와 적절히
혼용한다.

## AT급 X-ray

- lAdvanced Technology(AT)를 이용하는 X-ray 검색기로서 여행객의 수
하물에서 폭발물 및 위험물질을 신속 · 정확하게 검색하기 위한 장비
로, 국제공인기관(ECAC 등) 또는 국가기관(TSA, DFT 등)에서 성능인증
이 된 장비라야 한다. [이미지 : Smiths Detection사의 휴대수하물 전용 AT급
X-ray HI-SCAN 6040aX]

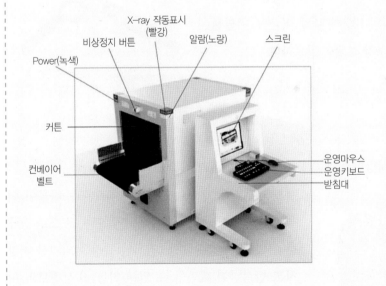

- 특수 (운영)키보드를
이용하여 X-ray기계
를 작동, 정지, 검색
(모니터링), 이미지
저장, 반복재생 등을
수행한다.

## (2) 금속 탐지장비

① 전기자기장을 이용하여 금속물체를 탐지하는 검색장비로서 문형(門型) 금속 탐지장비(Walk-Through Metal Detector, 우측 그림)와 휴대용 금속 탐지장비 (Hand-Held Metal Detector)가 있다.

### 금속탐지기의 작동 원리

· 금속탐지기는 한 쌍의 탐지코일과 전자회로로 구성되어 있는데, 코일에 교류 전류를 흘리면 자기장이 형성되고, 코일 아래에 금속 물질이 있을 경우 금속표면에서 와전류를 유도한다. 이렇게 유도된 와전류에 의해 금속 물질이 2차 자기장을 발생시키며, 이 자기장의 변화를 금속탐지기가 감지하게 된다.

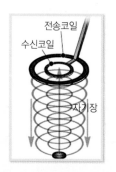

② 금속탐지기만을 사용하여 보안검색을 하는 경우에는 전체승객의 10%에 대해 비금속 폭발물에 대한 무작위 추가 검색이 필요하다.

┃ 휴대용 금속탐지기

## (3) 폭발물 탐지장비(Explosive Detection System)

① 이온[ion, 원자 또는 분자의 특정한 상태], 엑스선 검색, 중성자[中性子, neutron, 원자핵을 구성하는 핵자의 하나]검색, 기타 탐지방법 등에 의하여 폭발물 및 폭약 성분을 탐지하는 장비

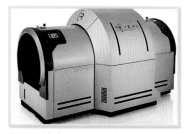

┃ leidos사의 Reveal CT-80DR+

② 폭발물 탐지장비에는 일정한 간격으로 수하물이 이동되도록 컨베이어가 설치되어 있으며, 스스로 장애를 진단할 수 있는 기능, 검색된 특정 이미지를 저장하고 반복하여 확인할 수 있는 기능, 비상경보와 비상정지 장치 기능 등이 장착되어 있어야 한다.

### (4) 폭발물 흔적 탐지장비(Explosive Trace Detector)

① 검색대상물에 묻어 있는 화학성분을 흡입하여 폭발물 및 폭약성분의 흔적을 탐지하는 장비로 1996년 TWA 여객기의 공중폭발 사건을 계기로 도입되었다.

Rapiscan사의 NARCOTICS DETECTOR

② 자체적인 자동교정기능, 폭발물 폭약 종류 표시, 새로운 폭발물 또는 폭약 자료 입력과 운영, 자료의 상태표시와 경보, 폭발물 탐지 분석결과 저장과 재생 등의 기능이 있어야 하고, 탐지 가능한 폭발물의 종류는 최소 10가지 이상이 되어야 한다.

### (5) 액체폭발물 탐지장비(Bottled Liquid Scanner, or Liquid EDS)

① 폭발성이 높거나 연소성이 높은 액체 상태의 폭약 성분을 탐지하는 장비로 1995년 필리핀에서 항공기 액체폭탄테러 미수 사건을 계기로 도입되었다.

CEIA사의 EMA series

② 탐지 가능한 액체류 폭발물질이 10가지 이상 되어야 하고, 검색대상물이 들어 있는 용기의 마개를 개봉하지 않은 상태에서 위험성을 분석할 수 있고, 액체폭발물 탐색의 자동분석 시간은 최대 20초 이내이어야 하는 등의 조건이 충족되어야 한다.

### (6) 원형(전신) 검색장비(Whole Body Scanner, or AIT Advanced Imaging Technology)

① 금속 탐지장비에 의하여 탐지하기 어려운 무기 또는 폭발물 등 위험성이 있는 물건을 신체에 대한 접촉 없이 탐지하여 그 내용을 모니터에 영상으로 표시하는 검색장비로 국내에서의 공식명칭은 원형검색장비이다.

② 검색장비의 종류에는 X-ray(방사선)방식과 밀리미터파 방식이 있으며, 국내공항에서는

두 종류를 다 사용하고 있다. 인체에 미치는 안전에 관하여 방사선 방식의 경우 1회 사용 시 방사선 피폭량이 흉부 X-ray 촬영 시의 1/1,000, 밀리미터파 방식의 경우 1회 사용 시 전자파가 휴대폰 통화 시의 1/10,000 수준에 불과하여 인체에 미치는 영향이 거의 없다고 한다.

| 신체검색장비 비교 | | |
| --- | --- | --- |
| 원형검색장비(Backscatter X-ray, 후방산란방사선) | 후방산란 X-ray를 방출하여 금속 및 비금속 위해물품 탐지 | |
| 원형검색장비 (Millimeter Wave AIT) | 밀리미터파의 비이온고주파(Non-ionizing radio frequency energy)를 이용, 금속 및 비금속 위해물품 탐지 | |

③ 촉수검색의 한계, 정밀 검색의 장시간 소요와 불편 등의 문제점을 해소하기 위해 도입되었다. 세라믹, 분말 등의 위험물질을 발견하고, 신체접촉으로만 가능했던 정밀검색 방법을 이원화하여 보안검색 편의를 높이는 효과가 있다.

④ 전신 검색기는 전체 승객을 대상으로 하지 않고, 항공기 안전 운항과 승객 안전을 해칠 우려가 있는 자 등의 요주의 승객만을 대상으로 하고, 또한 본인이 원하지 않는 경우는 종전대로 촉수정밀검색을 받을 수 있다. 장비에 이미지 저장, 출력, 전송 기능이 없고 신체 주요부분의 이미지는 식별할 수 없도록 처리된다.

⑤ 2018년 말 기준으로 국내공항에는 인천국제공항 3대, 김포 · 김해 · 제주국제공항 각 1대가 설치되어 있다.

## (7) 신발 검색장비(Shoe Metal Detector)

① 금속탐지기로 검색이 어려운 신발 아래쪽과 발목에 은닉한 위험물을 탐지하는 장비로 2001년 파리에서 마이애미로 가는 노스웨스턴 항공 안에서 신발 속에 숨겨둔 폭약을 터트리려다 제압된 사건을 계기로 도입되었다.

② 신발 밑창, 발목부위 등에 숨겨진 칼, 총기 등 위험물을 탐지하고, 위험물을 인식한 경우 시각적, 청각적으로 즉시 표시되어야 하며, 신발 한 면당 5초 이내에 검색이 완료되어야 한다.

CEIA사의 SAMD

## 3) 검색장비의 성능인증과 점검

### (1) TSA인증과 ECAC인증

모든 공항에서는 국가의 보안규정에서 요구하는 성능인증을 통과한 장비만 사용할 수 있다. 성능인증 기준이 되는 지표는 해상도, 투과율, 온습도, 내구성, 탐지율, 오경보율 등으로 그 수준을 판단하는 다양한 기술이 있으나, 대부분 국가는 이런 기술을 국가보안 사항으로 다루며 보호하고 있다.

미국의 TSA인증[Transportation Security Administration, 미 교통보안청의 인증제]과 유럽의 ECAC인증[European Civil Aviation Conference, 유럽민간항공위원회의 인증제]이 현재 항공보안장비를 인증해주는 글로벌 양대 인증제도로 우리나라 공항에서도 이 기관의 인증을 받은 장비가 사용되고 있다.

- DfT 인증 : Department for Transport, 영국의 교통부 인증제도
- CAAC 인증 : 중국민간항공국(Civil Aviation Administration of China) 인증제도

### (2) 우리나라의 인증제

우리나라도 항공보안장비 산업규모가 증가함에 따라 항공보안장비의 국내외 생산제품에 대한 성능제도를 마련할 필요가 있어, 20019년 1월에 국토교통부에서 '항공보안장비 성능인증 및 성능검사 기준'[국토교통부고시 제2019-52호]을 제정, 항공보안장비에 대한 국내 인

증제를 마련하였다. 그동안 전량 외국산 장비에 의존하여 왔던 국내공항의 보안검색에 기술력 있는 국산장비가 사용될 수 있는 길이 열렸으며, 항공안전기술원 **KIAST 항공안전기술원**에서 성능검사와 인증을 담당한다.

| 항공보안장비 성능인증제의 주요 내용 | 항공보안장비 성능인증제의 근거 |
|---|---|
| 1. 성능인증 신청 방법 및 절차<br>2. 성능인증을 위한 구체적 기준<br>3. 인증심사위원회 구성·운영<br>4. 성능인증 관련 자료 기록 관리 등 | 항공법 27조(항공보안장비 성능 인증 등) 요약<br>1. 장비의 종류, 운영, 유지관리, 점검 등에 관한 기준<br>2. 항공보안장비 성능 상호인증 협약 체결된 국가의 인증 효력, 등 |

## (3) 검색장비의 점검

검색장비의 상시적 정상작동을 위해서 장비운용자는 규정에 따른 점검을 실시한 후 점검표에 기록하고 유지해야 한다. 점검절차는 정기점검(일일, 주간, 월간, 분기, 반기, 연간), 특별점검(항공보안사고 발생 시, 항공보안 위협의 증가 시 등), 일상점검(장비가 검색에 사용되기 전 정상작동 여부를 확인하는 점검. 보안검색요원이 점검) 등으로 나뉜다. 또 점검 시 점검용 시험물품을 사용할 수 있다.

▌ ICAO Doc. 8973. CTP Combined test piece

## (4) 검색장비의 교체 및 폐기

검색장비의 내용연수는 장비별로 조금씩 다르다. 인증기관의 승인이 없이 장비별 내용연수를 초과하여 사용할 수 없으며, 내용연수가 도래하지 않아도 성능검사 결과 기준에 미달한 장비는 사용할 수 없다. 검색장비의 일반적 내용연수는 다음과 같다.

| 검색장비 | 내용연수 |
|---|---|
| 엑스선검색장비, 문형금속탐지장비, 신발검색장비 | 10년 |
| 액체폭발물탐지장비, 폭발물탐지장비, 원형검색장비 | 11년 |
| 폭발물흔적탐지장비 / 휴대용금속탐지장비 | 5년 / 2년 |

# 3
# 여객터미널 보안검색

## 1) 사람(승객, 직원 등) 및 휴대수하물 보안검색

① 검색주체 : 공항운영자(공항공사)

② 목적 : 무기류, 폭발물 등 불법방해행위에 사용될 수 있는 기내반입금지 물품의 보호구역 또는 항공기로의 반입 차단

③ 검색대상 : 보호구역으로 진입하는 모든 사람(승객, 직원 포함) 및 휴대물품

④ 검색방법 : 검색장비 및(또는) 촉수 이용

### (1) 법적 근거

| | |
|---|---|
| 항공보안법<br>제15조, 제21조, 제44조 | • 항공기에 탑승하는 사람은 신체, 휴대물품 및 위탁수하물에 대한 보안검색을 받아야 하며, 공항운영자는 항공기에 탑승하는 사람, 휴대물품 및 위탁수하물에 대한 보안검색을 하여야 한다.<br>• 누구든지 항공기에 무기[탄저균(炭疽菌), 천연두균 등의 생화학무기를 포함한다], 도검류(刀劍類), 폭발물, 독극물 또는 연소성이 높은 물건 등 국토교통부장관이 정하여 고시하는 위해물품을 가지고 들어가서는 아니 된다.<br>• 휴대 또는 탑재가 금지된 물건을 항공기에 휴대 또는 탑재하거나 다른 사람으로 하여금 휴대 또는 탑재하게 한 사람은 2년 이상 5년 이하의 징역에 처한다. |
| 항공보안법 시행령<br>제10조 | • 공항운영자는 항공기 탑승 전에 모든 승객 및 휴대물품에 대하여 국토교통부장관이 고시하는 항공보안장비를 사용하여 보안검색을 하여야 한다. |
| 총포·도검·화약류<br>등 단속법<br>제2조 | • "총포"라 함은 권총·소총·기관총·포·엽총, 금속성 탄알이나 가스 등을 쏠 수 있는 장약총포, 공기총(압축가스를 이용하는 것을 포함) 및 총포신·기관부 등 그 부품으로서 대통령령이 정하는 것을 말한다. |

## (2) 보안검색에 대한 안내시설물 설치

보안검색장 입구 적절한 위치에 다음 내용을 고지하는 안내물 등을 설치한다.

① 안보위해물품 종류

② 위해물품은 휴대 또는 항공기 탑재 불가 안내

③ 보안검색은 모든 승객, 승무원의 의무사항임을 안내

④ 보안검색 거부 시 보안검색대 통과 불가 및 항공기 탑승 불가 고지

| 안보위해물품 [국가항공보안계획] |
| --- |
| 폭발물, 총기, 실탄, 도검, 기타 테러에 사용이 가능한 물품 등으로 여객이 소지하고 항공기 또는 선박에 탑승할 수 없는 물품이며, 적발 시 공항의 관계기관 합동조사 결과에 따라 처리된다. |

▌태국공항과 인천공항의 수하물제한품 안내문

위험물 항공안전운송 포스터 [국토교통부]

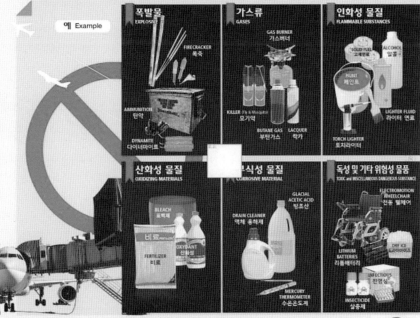

## 세부 물품 예시 [한국교통안전공단]

### 폭발물(Explosives)

| 탄약 Ammunition | 폭죽 Fireworks | 연막탄 Smoke Bomb |
| --- | --- | --- |

### 가스류(Gases)

| 가스 라이터 Lighter(휴대만 가능) | 에어로졸 Aerosols | 캠핑가스 Camping Gas | 부탄가스 Butane Gas | 소화기 Fire Extinguisher | LPG Camping Gas |
| --- | --- | --- | --- | --- | --- |

### 인화성 액체 (Flammable Liquids)

| 페인터 Paint | 알콜 Alcohol | 신나 Thinner | 라이터 기름 Lighter Fuel | 휘발유 Gasoline |
| --- | --- | --- | --- | --- |

### 인화성 고체 (Flammable Solids)

| 성냥 Match(휴대만 가능) | 고체연료 Solid Fuel | 번개탄 Ignition Coal | 바베큐 숯 Charcoal |
| --- | --- | --- | --- |

### 산화성 물질 (Oxidizing Material)

| 표백제 Bleaching Power | 락스 Crorox | 파마약 Permanent Agents |
| --- | --- | --- |

### 독성 및 전염성 물질 (Toxic And Infectious Items)

| 제초제 Herbicide | 살충제 Pesticide | 전염성 물질 Contagious Matter |
| --- | --- | --- |

### 방사성 물질 (Radioactive Materials)

| 방사성 동위원소 Radioisotope | 방사선 투과검사 장비 Radiographic Test Equipment |
| --- | --- |

### 부식성 물질 (Corrosive Materials)

| 빙초산 Glacial Acetic Acid | 습식 배터리 Wet Battery | 수온 온도계 Mercury Thermometer |
| --- | --- | --- |

### 기타 위험성 물품 및 물질 (Miscellaneous Dangerous Substance & Articlecle)

| 일회용 리튬전지 Non-Rechargable Lithium Batteries | 전자기기용 여분의 충전식 리튬이온전지 Spare Li-ion Batteries for Electronic Devices | 드라이 아이스 Dry Ice | 전자담배 Electronic Cigarette (휴대만 가능) | 연료전지 Fuel Cell |
| --- | --- | --- | --- | --- |

## (3) 보안검색의 흐름

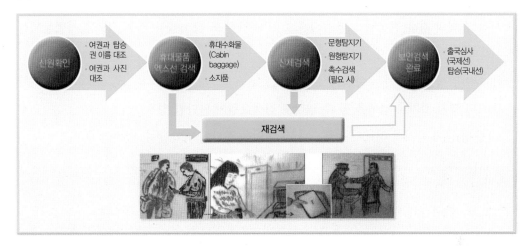

## (4) 신원확인

공항운영자는 보호구역으로 진입하는 승객들의 신원이 일치하는지를 승객의 신분증과 탑승권을 대조 확인한다.(생체정보인식 활용 무인 자동신원확인시스템 포함) 국제선공항의 경우 여권과 탑승권을 가지고 승객의 신원을 대조 확인한다.

### 생체정보 인증 신분확인 시스템

- 무인 키오스크에서 사전에 등록된 승객의 생체 정보(홍채, 지문, 정맥 등)를 이용하여 신분을 확인하는 시스템. 미국 애틀랜타공항, 네덜란드 스키폴공항, 영국 히드로공항 등 세계 주요공항에서 얼굴인식과 홍채, 지문 등의 생체정보를 이용한 신원확인 시스템을 운영하고 있다.
- 한국공항공사(김포공항 등)에서는 지문과 손바닥 정맥 기술을 이용한 생체정보시스템을 도입. 만 14세 이상 모든 국민은 사전등록 후 이용할 수 있도록 하고 있다.

┃ 국내공항(인천공항 제외) 출발장에 설치된 생체정보 인증 신분확인 시스템 모습. 탑승권 바코드를 읽히고, 손바닥(사전 등록된 지문과 정맥)을 기기에 올리면 신분확인이 완료된다.
[이미지 출처 : 한국공항공사 홈페이지]

## (5) 개별검색 대상

다음 승객의 경우 지정된 보안검색 장소 이외의 별도 장소에서 촉수검색 등 개별검색을 실시한다.

① 개별검색을 요청하는 승객 및 특수승객

② 일반검색 절차로 검색을 할 수 없다고 검색요원이 판단한 경우

③ 문형 금속 탐지기 경보가 울렸으나 그 원인을 정확히 파악할 수 없는 경우

---

### 특수승객과 특별검색

통상적인 검색절차와는 다른 방법으로 보안검색을 실시하는 것을 특별검색이라 하고 특별검색 대상 승객이 특수승객이다. 의료 보조 장치를 착용한 장애인 · 임산부 또는 중환자 승객 등이 특수승객에 해당된다. 화물(수하물 포함)의 경우 골수, 혈액, 유골, 유해, 이식용 장기, 살아있는 동물, 그리고 검색장비 등에 의하여 본래의 형질이 손상되거나 변질될 수 있는 것, 외교행낭 등이 특별검색 대상이 된다.

특수승객에 대해서는 지정된 보안검색장소 이외의 장소에서 개별적으로 검색할 수 있다. [항공보안법 시행령 제13조]

**특수승객 검색 방법**
- 독립된 공간에서 검색, 인격을 침해하는 언행 금지, 동성 검색요원이 촉수검색, 휠체어, 목발 등의 의료 기구도 검색, 앰뷸런스 이용 환자승객도 동일 수준으로 검색
- 임산부 · 영유아 · 환자 · 장애인 등은 전신검색장비 사용 제외

**화물(위탁수하물 포함)**
- 보안검색(개봉검색 포함) 면제 대상 : 외교행낭
- 외교신서사(外交信書使)의 신분을 증명할 수 있는 공문서 및 외교행낭의 수를 표시한 공문서를 소지한 사람과 함께 운송되어야 하고, 행낭의 외부에 외교행낭임을 알아볼 수 있는 표지와 국가표시가 있어야 함
- 외교행낭(外交行囊, Diplomatic Pouch) : 자국의 정부와 재외공관 사이에 공문서나 자료, 물품을 담아 운반하는 가방(주머니)로 내용물에 따라 등급이 있다.
- 외교신서사(外交信書使) : 다른 나라에 주재하는 자기 나라의 대사관에 발송하는 외교 문건을 전달하는 사람

[그림 출처 : 외교 사료관]

개봉검색 또는 서류증명 및 폭발물 흔적탐지장비에 의한 검색 대상 화물(수하물)
1. 골수 · 혈액 · 조혈모세포(造血母細胞) 등 인체조직과 관련된 의료품
2. 유골, 유해, 이식용 장기, 살아있는 동물, 의료용 · 과학용 필름
3. 기타 검색장비 등에 의하여 보안검색을 하는 경우 본래의 형질이 손상되거나 변질될 수 있는 것으로서 국토교통부장관의 허가를 받은 것

---

## (6) 휴대용 금속 탐지장비(또는 촉수) 이용 신체 검색 또는 휴대수하물 개봉 검색

① 검색장비가 설치되어 있지 않거나, 장비가 정상적으로 작동하지 않은 경우

② 검색장비의 경보음이 울리는 경우

③ 무기류 또는 위해(危害) 물품을 휴대하고 있다고 판단되는 경우

④ 검색장비에 의한 검색결과 그 내용물 판독이 불가능한 경우

⑤ 목적지에 따라, 또는 항공보안 위험등급 상향 발령 등 상황이 발생한 경우

## (7) 검색방법

① 승객이 문형금속탐지기를 통과하도록 한다.(손짓이나 육성으로 안내)

② 동일 성(性)을 가진 요원에 의한 신체검색 원칙. 여성승객은 여성요원이 검색하고, 남성승객은 불가피한 경우에 여성 검색요원이 수행

③ 문형탐지기에서 경보 발생 시 휴대용 금속탐지기를 이용하여 검색하거나 촉수검색 (Pat-down Screening)으로 경보의 원인을 밝힌다.

④ 휴대용 금속탐지기 사용

- 승객이 양팔을 벌린 상태에서 탐지기를 이용하여 검색
- 상반신 좌측어깨부터 팔, 옆구리, 하반신, 다리 사이를 검색하고, 우측 하반신부터, 옆구리, 팔, 어깨를 검색한 다음, 상반신 전면부, 등, 둔부 순서로 검색
- 금속탐지기에서 경보음이 울릴 경우 촉수로 확인
- 모자를 썼을 시에 탈모하도록 하고 모자 내부를 확인

⑤ 승객의 휴대물품 검색

- 전량 X-ray 장비를 이용하여 검색
- X-ray 장비를 이용할 수 없는 경우, 폭발물 탐지기 이용 검색 또는 촉수검색
- 수상한 수하물은 승객에게 설명 후 개봉하여 검색
- 승객이 정면으로 보고 있을 때 검색시작, 검색 중 승객이 이탈 시에 검색 중단
- 기내반입금지물품이 발견되면 관련 규정 설명 후 물품을 포기시키거나 수속카운터에 위탁토록 안내

⑥ 촉수, 개봉 등 물리적 검색

- 검색장비가 설치되어 있지 않거나 정상적으로 작동하지 아니하는 경우
- 검색장비의 경보음이 울리는 경우
- 무기류 또는 위해물품을 휴대 또는 은닉하고 있다고 의심되는 경우
- 엑스선 검색장비에 의한 검색결과 그 내용물을 판독할 수 없는 경우

## 2) 휴대 위해물품 적발 및 처리

① 보안검색을 거부하는 승객은 항공기 내부로 진입할 수 없다.

② 위탁수하물로 운송이 가능한 반입금지 물품은 승객에게 위탁절차를 안내하고, 위탁수하물로도 운송이 불가능한 경우 승객 동의하에 폐기처분한다.(인천공항의 경우 승객들이 자신의 물품을 택배서비스°로 돌려받을 수도 있다)

③ 반입금지물품은 보호구역 내에 보관해서는 안 된다.

④ 폭발물 및 의심물체 발견 시 처리

- 의심물체, 물체에 부착되거나 연결된 선 등을 만지지 않는다.
- 열에 노출시키거나, 물에 적시거나, 상표만 보고 판단하지 않는다.
- 공항 보안감독자 및 공항경찰대 등 관계기관에 즉시 신고한다.
- 승객 등 사람의 접근을 통제하고 현장을 보존한다.

### 인천공항, 기내 반입 금지 물품 보관 및 택배 서비스

- 인천공항공사는 귀중한 물건을 출국 과정에서 포기해야 했던 여객 불편을 해소하기 위해 인천공항 입점 택배사인 CJ대한통운㈜, ㈜한진과 함께 반입 금지 물품을 소지한 여객이 물품을 출국장 보안검색지역 내에 맡겨 공항 내 보관하거나 택배로 부칠 수 있는 서비스를 마련했다. 출국하는 여객이 보안검색을 받는 과정에서 기내반입 금지 물품을 소지하고 있으면 옆에 위치한 접수대로 안내를 받아 보관증을 작성하고 이용요금을 결제하면 물품을 맡길 수 있다. 맡긴 물품은 택배사 영업소에 보관했다가 귀국할 때 찾아가거나 원하는 주소로 배송할 수 있다.

  - 보관요금 : 1일 3,000원 동일요금

  - 택배요금 : 7,000원~20,000원(부피, 무게에 따라 적용)

  - 접수대 운영시간 : 06:00~20:00(하계 성수기 기준)

  [인천공항공사 보도자료 요약]

## 3) 위탁수하물 보안검색

### (1) 법적 근거

| 항공보안법 시행령 제11조 (위탁수하물의 보안 검색방법 등) | ① 항공운송사업자는 탑승권을 소지한 승객의 위탁수하물에 대해서만 공항운영자에게 보안검색을 의뢰하여야 한다. 항공운송사업자는 보안검색 의뢰 전에 그 위탁수하물이 탑승권을 소지한 승객의 소유인지 및 위해 물품인지를 확인하여야 한다.<br>② 공항운영자는 제1항에 따른 위탁수하물에 대하여 항공기 탑재 전에 엑스선 검색장비를 사용하여 보안검색을 하여야 한다.<br>③ 공항운영자는 아래와 같은 경우에 항공기 탑재 전에 위탁수하물을 개봉하여 그 내용물을 검색하여야 하고, 폭발물이나 위해물품이 있다고 의심되는 경우 폭발물 흔적탐지장비 등 필요한 검색장비 등을 추가하여 보안검색을 하여야 한다.<br><br>• 엑스선 검색장비가 정상적으로 작동하지 않거나, 무기류 또는 위해물품이 숨겨져 있다고 의심되는 경우<br>• 엑스선 검색장비로 보안검색을 할 수 없는 크기의 단일 위탁수하물인 경우 |
|---|---|

### (2) 검색절차

① 위탁수하물 접수(항공사)

탑승수속 직원은 다음에 해당하는 경우에만 위탁수하물을 접수할 수 있다.

㉠ 탑승권, 여권 또는 승객 사진이 있는 신분증명서와 승객을 대조하여 이상이 없는 경우(무인기기|Kiosk를 이용할 경우에는 여권 등을 이용한 전자적인 방법으로 신원확인 대체)

㉡ 위탁수하물 소지자에게 위탁수하물 보안질문(전자적인 방법 포함)을 하여 이상이 없는 경우

㉢ 의심스러운 승객 또는 그 내용물을 알려주지 않는 승객의 위탁수하물에 대해 개봉검색 등을 통해 이상이 없는 경우

㉣ 승객이 직접 위탁수하물의 운송을 접수하는 경우(중환자·장애인 등 승객이 혼자서 접수할 수 없는 경우는 제외)

㉤ 국토교통부장관이 대리수속이 필요하다고 인정하는 경우를 제외하고, 다른 사람이 대리 위탁하는 수하물은 접수되어서는 안 된다.

② 검색 및 보호

㉠ 공항운영자는 항공사에서 접수한(또는 접수 전) 모든 위탁수하물에 대하여 항공기 탑재 전에 엑스선 검색장비를 사용하여 검색한다.

㉡ 의심스러운 물품이 발견되었을 경우 정밀 검색한다.(폭발물 탐지장비 또는 폭발물 흔적탐지장비 이용 검색 또는 개봉검색)

㉢ 도심터미널에서 접수된 위탁수하물은 접수 이후 항공기에 탑재 시까지 비인가자의 접근이 차단되어야 하며, 공항으로 수송 시 수하물 적재 칸에 시건 또는 봉인 등의 보안조치가 이루어져야 한다.

㉣ 보안검색이 완료된 위탁수하물(통과승객, 환승 승객의 위탁수하물 포함)은 항공기에 탑재될 때까지 비인가자가 접근할 수 없도록 보호되어야 한다.

③ 탑승객과 위탁수하물의 일치 [Baggage Reconciliation]

㉠ 무주수하물은 항공기에 탑재하여서는 안 된다.

**무주(無主)수하물**
· 탑승이 거부된 승객의 위탁수하물, 탑승수속 후 탑승하지 않거나 못한 승객의 위탁수하물, 통과 또는 환승 공항에서 탑승하지 않은 승객의 위탁 수하물, 적절한 보안조치가 취해지지 않은 위탁수하물 등

㉡ 항공사는 승객 및 위탁수하물의 일치여부를 탑승시스템과 Bag Stub Manifest 또는 이에 상응하는 시스템(BRS-Baggage Reconciliation System)을 사용하여 대조한 후 항공기를 출발시켜야 한다.

BRS Baggage Reconciliation System
· 탑승수속 시에 생성된 수하물 고유 정보(Message)와 승객의 탑승수속정보를 비교하여 수하물의 위치를 파악할 수 있는 시스템

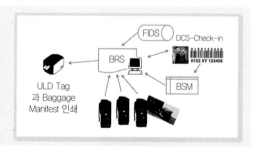

## 4) 위탁수하물 위해물품 적발 및 처리

### (1) X-ray 검색장비로 위해물질여부를 판독

① 영상판독요원은 위탁수하물의 X-ray(Explosives Detection System–EDS) 영상이미지를 판독하여 의심물품에 대해 개장검사를 결정하고 개장검색요원에게 알린다.

② 판독요원은 20분 이상 연속하여 판독업무를 해서는 안 되며, 업무 재개 시 최소 40분 이상 다른 업무를 수행한 다음에 판독업무를 한다.

### (2) 개봉검색

① X-ray가 설치되어 있지 않거나, 장비가 정상적으로 작동하지 않는 경우

② X-ray 검색장비로 그 내용물을 판독할 수 없는 경우

③ 무기류 등 불법 위해물질 판독이 의심되는 경우

④ 항공기 테러 위협 접수, 또는 국가 우발단계의 위협상황이 발생하였을 경우

### (3) 위해물품 적발

① X-ray 판독 및 개봉으로도 위해물품을 확인할 수 없는 경우에 폭발물흔적탐지장비(ETDExplosives Trace Detection)를 사용하여 추가 검색한다.

② ETD 장비 정상작동을 확인 후 검색한다.

③ 위해물품으로 판단되면 휴대용 폭발물탐지기로 다시 확인한다.

④ 2차 확인 결과 폭발물로 의심되면 방폭담요로 덮고 관련기관에 보고한다.

⑤ 의심화물의 승객이 운송을 요청한 다른 수하물이 있으면 격리한다.

## 5) 미래의 보안검색

IATA와 ACI의 Smart Security Concept을 기반으로 우리나라도 2017년 9월에 스마트공항 종합계획안을 수립, 국내공항에 적용하기 위해 추진 중이다.

## (1) 스마트공항 종합계획안 주요 내용

### ① 1단계

병렬검색대('19년 인천공항) 도입 : 3~5인의 동시 검색 준비가 가능하며, 추가 검색이 필요한 가방은 따로 분리하여 검색 시간 30% 단축 목표

### ② 2단계

빅데이터, AI 기반 X-ray 자동판독('18년 개발 착수-인천공항)으로 인적오류 최소화 도모

### ③ 3단계

Walking Through 보안검색 도입 : 수하물을 휴대하고 여객이 터널을 통과하면 수하물 및 여객의 전신이 통합 검색되는 터널형 보안검색대 장비 개발

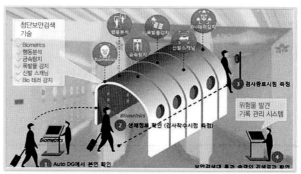

┃ 인천공항공사의 터널형 보안검색대 목표모델 [출처 : airportal.go.kr]

## (2) 스마트공항 개념도

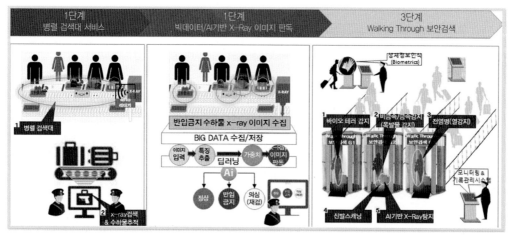

┃ 국토교통부의 스마트공항 단계별 개념도 [출처 : 국토교통부]

# 4
# 보호구역 관리

## 1) 보호구역의 개념

보호구역이란 공항시설에서 에어사이드의 활주로, 계류장<sup>(繋留場)</sup> 등 공항시설의 보호를 위하여 보안검색이 완료된 구역을 말한다. 외부<sup>(랜드사이드)</sup>의 사람이나 물품은 보안검색을 받아야만 들어갈 수 있는 구역으로, 국토교통부장관의 승인을 받아 공항운영자가 지정한다.

### (1) 법적 근거

| | |
|---|---|
| 항공보안법 제12조, 제13조<br>항공보안법 제12조, 제13조 | ① 공항운영자는 보안검색이 완료된 구역, 활주로, 계류장(繋留場) 등 공항시설의 보호를 위하여 필요한 구역을 국토교통부장관의 승인을 받아 보호구역으로 지정하여야 한다.<br><br>① 공항운영자의 허가를 받아 보호구역에 출입할 수 있는 사람<br>• 보호구역의 공항시설 등에서 상시적으로 업무를 수행하는 사람<br>• 공항 건설이나 공항시설의 유지·보수 등을 위하여 보호구역에서 업무를 수행할 필요가 있는 사람 등. |
| 항공보안법 시행규칙 제4조 | 보호구역 범위<br>• 보안검색이 완료된 구역<br>• 출입국심사장, 세관검사장, 관제시설, 항행안전시설 설치지역<br>• 활주로 및 계류장(항공운송사업자가 관리·운영하는 정비시설에 부대하여 설치된 계류장은 제외한다)<br>• 기타 |

### (2) 보호구역의 운영과 관리

보호구역은 항공관제시설, PBB가 연결되어 있는 항공기 탑승시설, 수하물 처리 및 수취지역, Apron<sup>(Ramp)</sup>을 포함한 항공기 이동로, 화물청사와 기타 지원시설 등이 있는 지역으로 구분된다.

| 공항운영자(공항공사)의 보호구역 관리 주요 의무 |
|---|
| • 일반지역과 보호구역 간의 경계 구분 및 보안울타리 또는 장벽 등 설치<br>• 보호구역에 대한 보안통제대책 수립<br>• 출입구에 출입통제 표지판 설치 및 경비원 배치 용 초소 · 출입통제 시스템 또는 잠금장치 등으로 보호<br>• 보호구역 내 계류장 · 외곽 울타리 · 활주로 · 유도로 근처에 대한 불규칙적 지속적 순찰 |

## 2) 보호구역의 출입

공항보호구역은 공항운영자로부터 허가를 받은 사람만이 출입할 수 있으며, 보호구역을 출입할 때와 보호구역에 머무르는 동안은 허가받은 출입증(차량은 차량출입증)을 가슴 앞 등 보이는 곳에 달고 있어야 한다.

### (1) 법적근거

| 항공보안법<br>시행규칙<br>제6조 | ① 공항운영자는 보호구역 등에 출입허가를 하려면 「보안업무규정」 제33조에 따른 신원조사를. 조사 기관의 장에게 의뢰하여야 한다.<br>② 공항운영자는 보호구역등의 출입허가를 한 경우에는 신청인에게 공항운영자가 정하는 출입증 또는 차량출입증을 발급하여야 한다.<br>③ 출입허가를 받은 사람이 보호구역등으로 출입하는 경우에는 출입증을 달아야 하며, 차량을 운행하여 출입하는 경우에는 해당 차량의 운전석 앞 유리창에도 차량출입증을 붙여야 한다. |

### (2) 신원조사

#### ① 신원조사 대상

ㄱ 보호구역 출입증(정규출입증, 행사출입증 등) 발급대상자

ㄴ 출입증을 갱신하는 경우

ㄷ 기타 공항운영자가 항공보안을 위하여 필요하다고 인정하는 자

#### ② 신원조사 생략 대상

ㄱ 국가공무원 및 외교관(대사관, 국제기구, 주한미군 포함)

ⓛ 정규출입증 재발급 신청자나 정규출입증 소지자가 이전 직장에서 퇴사한 후 10일 이내 재취업한 자 또는 신청일 기준 최근 3개월 이내에 신원조사를 필한 자 등,

② 출입증 발급제한 대상(신원 특이자)

신원조사 결과 다음과 같은 신원 특이자에 대하여는 정규출입증 발급을 제한한다. 재심사 요청이 접수되면 출입증심의위원회 또는 보안관련 기관합동회의에서 심사한 후 출입증 발급여부를 결정한다.

ㄱ 법률 위반으로 금고 이상의 형을 선고받고 형이 실효되지 아니한 자

ㄴ 관세법, 출입국관리법, 외국환거래법, 형법상 문서에 관한 죄, 성범죄관련법(보안요원에 한함), 마약류관리에 관한법률 위반으로 벌금형을 선고받고 형의 실효가 되지 아니한 자

ㄷ 사건(재판)이 진행 중이거나 처분이 미확정된 자

┃ 인천공항의 인원출입구역 예시 ┃

| 고유 문자 | 출입구역 구분 | | 출입증 예시 |
| --- | --- | --- | --- |
| | 구역 카테고리 | 세부카테고리 | |
| A | 관제시설지역 | 관제탑(계류장관제탑 관제실 포함) 지역 | |
| B | 항공기 탑승지역 | 여객터미널의 출국지역 및 입국지역 일부 | |
| C | 수하물 수취지역 | 국제선 도착수하물 수취지역(세관 관할 구역) | |
| D | 부대건물지역 | 변전소, 레이다 송신소, TVOR/DME, 계류장 관제탑 | |
| E | 항공기 이동지역 | 이동지역, 소방대, 항공기상대 | |
| F | 화물터미널지역 | 화물터미널 전 지역 | |

# 3) 출입증 발급과 관리

## (1) 출입증의 종류

보호구역 출입증은 발급 대상에 따라 인원출입증과 차량출입증, 용도에 따라 정규출입
증과 임시출입증 등으로 분류되고 그 종류는 다음과 같다.

| | 인천공항공사 | | 한국공항공사 |
|---|---|---|---|
| 정규출입증 | 1. 인원 정규출입증<br>2. 차량(장비포함) 정규출입증 | 인원출입증 | 1. 정규출입증<br>2. 임시출입증 |
| 임시출입증 | 1. 인원임시출입증(상주포함)<br>2. 차량(장비포함) 임시출입증<br>3. 공용출입증<br>4. 비표 | 차량출입증<br>(장비포함) | 1. 정규 출입증<br>2. 임시출입증<br>3. 지하서비스도로 출입증<br>1. 정규 출입증<br>2. 임시출입증<br>3. 지하서비스도로 출입증 |
| | 용도에 따른 임시출입증 구분<br>가. 순찰　나. 의전　다. 당직 | | |

## (2) 출입증 디자인

출입증 모양, 색상은 종류별로 다를 수 있으나 아래 사항이 포함되어야 한다.

| 인원 정규출입증 | 차량 정규출입증 |
|---|---|
| 가. 본인임을 확인할 수 있는 사진<br>나. 유효기간<br>다. 출입 허가지역(부호 표시)<br>라. 소지자 성명<br>마. 공항명 또는 공항 로고<br>바. 소속 기관명<br>사. 발행 일련번호<br>아. 출입증 소지자 준수사항 | 가. 차량 등록번호<br>나. 소속기관 또는 업체명(차량 소유주)<br>다. 출입허가 지역<br>라. 유효기간<br>마. 발행 일련번호<br>바. 공항명 또는 로고 |

## (3) 출입증소지자의 준수사항

보호구역 출입증 소지자와 출입증관리책임자, 인솔자 등은 출입증 사용과 관리에 있어

준수해야 할 사항들이 있으며, 이를 위반할 경우 위반행위 별로 제재를 받을 수 있다. 출입증 사용과 관리에 관한 주요 준수사항은 다음과 같다.

① 보호구역 내에서는 신체상반신 의복 외부의 잘 보이는 곳에 출입증을 항상 패용한다. 차량출입증은 외부에서 식별이 용이한 차량전면에 부착한다.

② 출입증관리책임자 또는 인솔자는 임시출입증을 발급받은 자에게 보호구역 출입에 대한 보안교육을 실시한다.

③ 보호구역 출입 시 또는 보호구역내에서 보안요원의 출입증 확인 및 보안검색에 적극 협조한다.

④ 탑승 진행 중에 해당 탑승교를 통하여 터미널과 이동지역(Ramp) 간을 이동하여서는 안 된다. 탑승교출입을 허가받은 자가 업무상 긴급을 요하는 경우에는 해당 항공사의 협조를 받아 출입할 수 있다.

⑤ 출입증을 이용하여 밀수, 밀입국, 출입국심사 회피, 면세품 구입, 업무와 상관없는 자 인솔 등 발급받은 고유 업무 목적 외에 사용하여서는 안 된다.

⑥ 휴대폰 및 블랙박스 등 카메라 기능이 있는 정보기기를 이용하여 보호구역을 촬영하여서는 안 된다.(일부 공항)

## (4) 출입증 발급

출입증의 종류에 따른 발급 대상과 규정은 다음 표와 같다.

| | 정규출입증 | 임시출입증 |
|---|---|---|
| 인원 | 1. 발급대상<br>· 공항상주 기관, 항공사, 업체의 직원<br>· 공사 및 상주기관(업체)과 계약을 체결한 업체의 직원으로 보호구역에서 3개월 이상 업무를 수행하는 자<br>· 외교관으로 보호구역에서 일상적으로 업무를 수행하는 자<br>· 항공관련 공무를 수행하는 공무원 및 정부산하단체 임직원<br>2. 필요 최소구역에 한정, 출입에 대한 구체적인 사유 명시<br>3. 신규발급대상자는 공사의 보안교육이수 의무 | 1. 발급대상<br>· 공항 상주근무자로 정규출입증 발급절차 이행 중에 있는 자<br>· 비상주자로 업무상 출입이 필요하다고 인정되는 자<br>2. 출입허가 기간<br>· 정규출입증발급 시까지, 최대 3개월<br>· 1일 임시출입자는 신분증을 경비근무자에게 보관시킨 후 출입<br>3. 해당출입구역의 정규출입증 소지자의 인솔 조건, 인솔자 1명은 즉시 통제 가능한 지역 안에서 최대 20명까지 인솔 가능 |

| 차량 | 1. 상주기관, 항공사, 업체의 소유차량 또는 상주자 차량<br>2. 이동지역등록 및 운전승인 취득<br>3. 최소구역에 한정하여 신청, 출입에 대한 구체적인 사유 명시 | 1. 항공기 지원 및 공무의전행사를 위한 차량<br>2. 해당지역에 대한 정규출입증을 소지한 인솔자의 인솔 조건. 이동지역 임시출입차량의 인솔자는 이동지역 운전승인을 득한 자<br>3. 인솔자 1인 1대(동시출입의 경우 1명이 즉시 통제 가능한 지역에 한하여 5대까지 인솔) |
|---|---|---|

## (5) 출입증 규정 위반 제재

### ① 출입증 분실

　㉠ 출입증 분실자는 분실 즉시 신고하고, 분실자의 소속 관리책임자는 분실신고일로부터 7일 이내에 출입증 신청시스템을 이용하여 분실신고

　㉡ 분실신고가 접수된 출입증은 사용되지 못하도록 조치

### ② 준수사항 위반자 제재

　㉠ 해당업체 : 규정위반 사안에 따라 관리실태 점검, 재발방지대책 제출, 전직원 보안교육, 소속업체 직원 일시 출입정지, 임시출입증 일시 발급정지, 상주업체 등록취소 등

　㉡ 규정 위반으로 제재조치를 받은 자가 출입증을 재발급 받을 경우에는 공항운영자가 실시하는 보안 교육 수료 의무

### ③ 출입증 회수(정규출입증) 대상

　㉠ 유효하지 않은 출입증 사용

　㉡ 출입증 확인을 거부하거나, 공항보안에 방해되는 행위를 하는 경우

　㉢ 출입증 소지자가 범죄행위에 관련된 경우

　㉣ 기타 보안관련 법규 및 규정위반 등으로 회수가 필요하다고 판단되는 경우

# 5

# 화물보안검색

## 1) 검색 절차

여객기에 탑재하는 모든 화물(Cargo, Mail)은 보안검색을 완료한 후 운송한다.

### (1) X-ray 검색

여객기에 탑재하는 모든 화물은 X-ray 검색장비로 폭발물 또는 위해물질이 없음을 확인하여야 한다. 다음의 경우는 개봉하여 검색한다.

① X-ray 검색장비가 정상적으로 작동하지 않는 경우

② X-ray 검색장비로 검색 중에 신고된 화물과 화물의 내용물이 상이할 경우

③ X-ray 검색장비로 내용물 판독이 불가할 경우

④ 화물 또는 그 내용물이 무기류 등 불법 위해 물품으로 의심되는 경우

⑤ 국가의 우발 단계 위협 상황이 발생하여 개봉검색이 필요한 경우

### (2) 폭발물 흔적 탐지 검색

① X-ray 검색장비 검색 또는 개봉검색 후에도 폭발물 존재가 의심되는 경우에는 폭발물 흔적 탐지장비를 사용하여 검색한다.

① 폭파위협정보가 접수되었거나, 방치된 화물이 발견되었을 때는 폭발물 탐지 훈련을 받은 특수견을 이용하여 보안검색을 실시한다.

## 2) 보안검색 면제 화물

다음의 화물은 개봉검색 또는 증빙서류 확인으로 보안검색을 대체할 수 있다.

① 생동물

② 골수, 혈액, 조혈모세포 등의 인명구조용 의료품, 유골, 유해, 이식용 장기

③ 의료용 및 과학용 필름

④ 기타 국토교통부 장관의 허가를 받은 물품

RAPISCAN사의 항공화물 X-ray machine (EAGLE® A10)

Smiths Detection사의 항공화물 X-ray machine(HI-SCAN 145180)

CHAPTER 1

CHAPTER 2

CHAPTER 3

CHAPTER 4

CHAPTER 5

CHAPTER 6

CHAPTER 7

부록

**6**

# 항공기보안

# 1

# 항공기 기내 및 외부 보안점검

## 1) 항공기의 구조

### (1) 항공기의 정의

항공기는 공기보다 가벼운 항공기와 공기보다 무거운 항공기로 구분된다.

공기보다 가벼운 항공기란 공기보다 가벼운 가열된 공기, 수소나 헬륨가스 등을 넣은 주머니로 공기의 부력을 이용하여 하늘을 나는 열기구나 비행선을 말하는데 단순히 부력만으로 나는 것을 기구라 하고, 조종할 수 있는 동력을 가진 것을 비행선이라고 한다.

공기보다 무거운 항공기(Flying machine-heavier-than-air)란 양력을 이용할 수 있는 날개가 달린 비행체로 동력이 없는 활공기와 동력이 있는 비행기로 나뉘며, 동력이 있는 비행기는 다시 날개가 고정되어 있는 고정익 비행기와 날개가 회전하는 회전익 비행기로 나뉜다. 날개와 동력장치가 있더라도 일반적으로 항공기라 할 때는 최대이륙중량이 최소 600킬로그램 이상 되어야 한다.

| 항공기의 분류 | | | |
|---|---|---|---|
| 항공기 | 공기보다 무거운 항공기 | | 우주선 |
| | | 비행기 | 고정익 비행기 |
| | | | 회전익 비행기 |
| | | 활공기 | |
| | 공기보다 가벼운 항공기 | 비행선 | |
| | | 열기구 | |

항공안전법은 항공기를 "공기의 반작용으로 뜰 수 있는 기기로서 최대이륙중량, 좌석 수 등 법령으로 정하는 기준에 해당하는 비행기, 헬리콥터, 비행선, 활공기(滑空機) 등"이라고 정의하고 있고, 항공사업법은 국내항공운송사업 및 국제항공운송사업용 항공기에 대한 규모의 기준을 다음의 3가지 조건을 모두 갖춘 것으로 세분하고 있다.[항공사업법시행규칙 2조]

1. 승객의 좌석 수가 51석 이상(항공여객운송사업)
2. 최대이륙중량이 2만5천 킬로그램 초과(항공화물운송사업)
3. 조종실과 객실 또는 화물칸이 분리된 구조일 것

## (2) 항공기의 기본구조 이해

### ① 항공기 외부구조

항공기는 크게 동체(Fuselage)와 날개(Wing), 그리고 엔진(Engine)으로 이루어져 있고, 날개는 주 날개와 꼬리날개로 구성된다. 항공운송사업에 사용되는 항공기의 기본구조 명칭은 다음과 같다.

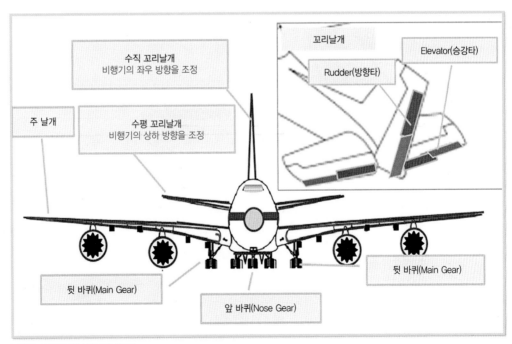

┃ 항공기 정면에서 본 외부구조

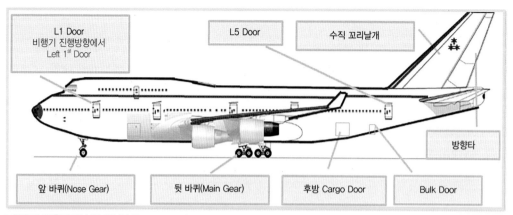

▌항공기 좌측면에서 본 외부구조

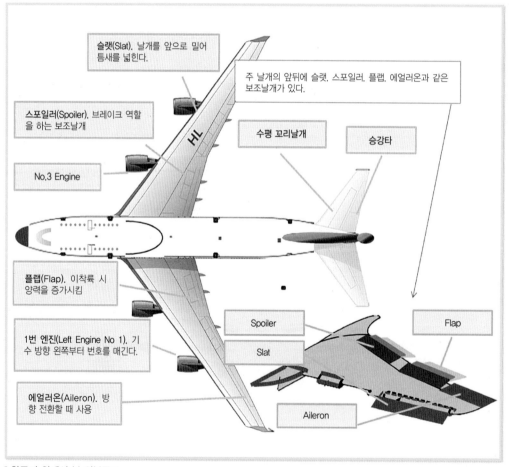

▌항공기 위에서 본 외부구조

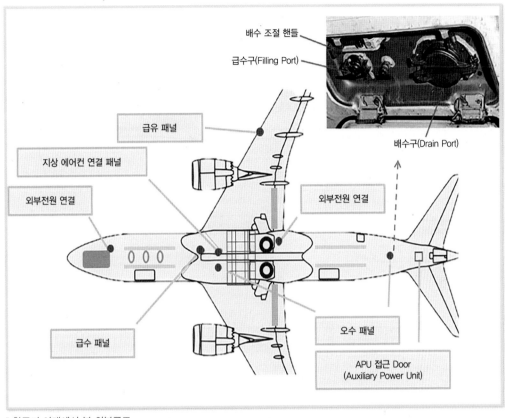

배수 조절 핸들
급수구(Filling Port)
배수구(Drain Port)

급유 패널

지상 에어컨 연결 패널

외부전원 연결

외부전원 연결

급수 패널

오수 패널

APU 접근 Door
(Auxiliary Power Unit)

▌ 항공기 아래에서 본 외부구조

② 항공기 내부구조

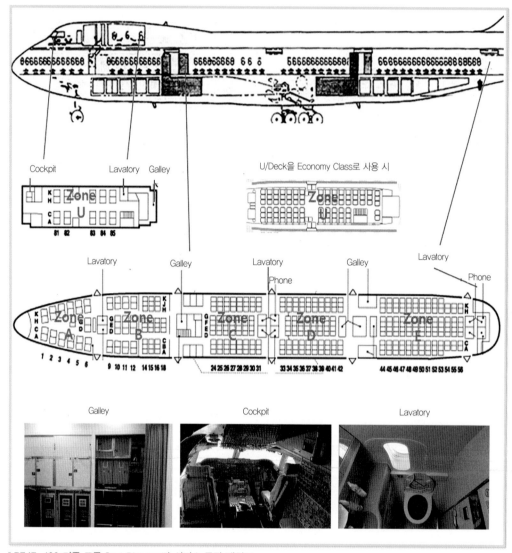

| B747-400 기준 표준 Seat Diagram과 서비스 공간 배치도

## 2) 항공기보안의 개념

### (1) 항공기보안 구분

항공기의 보안업무는 항공기가 운항중일 때와 주기중일 때의 보안업무로 구분할 수 있다. 주기중일 때는 항공기 출입 비인가자의 항공기 진입을 차단하기 위한 항공기 경비업무와 항공기 운항 전 기내의 보안상태를 확인하는 보안점검 활동이, 운항중일 때는 기내 보안요원의 보안활동이 주요 업무가 된다.

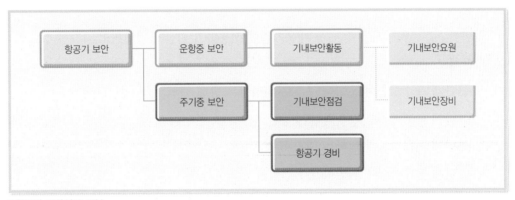

▌항공기 보안업무 구분

### (2) 법적근거

| 항공보안법<br>제 14조 | **승객의 안전 및 항공기의 보안을 위한 항공운송사업자의 필요 조치**<br>1. 항공기내보안요원 탑승, 매 비행 전 항공기 보안점검 실시<br>2. 항공기 내 반입금지 물질 규제, 항공기 경비 위탁 등 |
|---|---|
| 항공보안법<br>시행규칙<br>제 7조 | **비행 전 보안점검 내용**<br>3. 항공기의 외부, 객실, 조종실 및 승무원 휴게실 등에 대한 점검<br>4. 항공기 출입 통제, 위탁수하물, 화물 및 물품 등의 선적 감독<br>5. 승무원 휴대물품에 대한 보안, 보안 통신신호 절차 및 방법<br>6. 유효 탑승권의 확인, 기장의 통제와 명령 절차<br><br>**항공기 출입통제 대책**<br>1. 탑승계단의 관리, 탑승교 출입통제<br>2. 항공기 출입문 보안조치, 경비요원의 배치 |
| 기타 | **항공운송사업자의 항공기내보안요원 등 운영 지침 제3조**<br>1. 불법행위 발생 시 위협수준에 따른 무기 사용 절차<br>2. 적정수의 항공기내보안요원 탑승(승객 탑승 항공기) |

## (3) 항공기보안 주요 용어

① 무기 : 분사기 및 전자충격기

② 최소폭발물 위험 위치(LRBL : Least-risk bomb location) : 폭탄(Bomb) 또는 폭발장치(Explosive device)가 폭발하는 경우 항공기에 영향을 최소화하기 위한 장소

③ 관계기관 : 국가정보원(공항보안실), 국토교통부(지방항공청) 및 경찰청(도착공항 경찰관서) 등

④ 항공기내보안요원 : 항공기 내의 불법행위를 방지하는 직무를 담당하는 사법경찰관리 또는 그 직무를 위하여 항공운송사업자가 지정하는 사람(항공기내보안요원과 일반 객실승무원)

⑤ 위협수준 : 무기 사용 절차 등 대응기준에 적용하기 위한 불법행위의 심각성 정도로 4단계로 구분

　• 1단계 – 수상한 행동이나 구두로 위협하는 방해 행위

　• 2단계 – 육체적으로 폭력적인 행위

　• 3단계 – 목숨을 위협하는 행위

　• 4단계 – 조종실에 침범하거나 침범을 시도하는 행위 등

⑥ 운항 중 : 승객이 탑승한 후 항공기의 모든 문이 닫힌 때부터 승객이 내리기 위하여 항공기의 문을 열 때까지

⑦ 공항보안책임자 : 공항안전 및 보안업무 등에 대한 지도·감독업무를 총괄 수행하는 자로서 공항운영자가 지정한 자

⑧ 공항보안감독자 : 공항안전 및 보안업무 등에 대한 지도·감독업무를 수행하는 자로서 공항보안책임자의 추천을 받아 공항운영자가 지정한 자

⑨ 항공사보안책임자 : 항공사 안전 및 보안업무 등에 대한 지도·감독업무를 수행하는 자로서 항공운송사업자가 지정한 자

⑩ 항공사보안감독자 : 항공사 안전 및 보안업무 등에 대한 지도·감독업무를 수행하는 자로서 항공사보안책임자의 추천을 받아 항공운송사업자가 지정한 자

⑪ 보안검색감독자(항공경비감독자) : 보안검색요원 또는 항공경비요원의 업무 수행실태 등을 감독하는 자로서 공항운영자(항공운송사업자)가 지정한 자

⑫ 항공보안검색요원 : 승객, 휴대물품, 위탁수하물, 항공화물 또는 보호구역에 출입하려고 하는 사람 등에 대하여 보안검색을 하는 자

## (4) 항공기보안의 흐름

항공기의 보안책임은 항공운송사업자(항공사)에게 있으며 항공기 보안에 대한 대책 역시 항공사가 수립한다. 여객기에 대한 항공사의 보안절차는 승객의 여행단계에 따라 탑승단계(탑승수속 + 탑승) → 운항단계(운항 전 + 운항 중 + 운항 후)로 구분된다.

### ① 탑승 단계

㉠ 탑승수속 단계 : 승객의 여권, 비자, 신분증 등을 통한 신원확인, 위탁수하물에 대한 본인소유 여부 및 위해물품 소지 여부 확인

㉡ 탑승단계 : 항공기 탑승 직전 탑승권과 여권 대조를 통한 신원확인(국제선) 및 탑승권의 진위 재확인, 그리고 탑승객과 탑재위탁수하물의 수량 일치(BRS) 확인

㉢ 항공기 출입문A/C Door에서 객실승무원이 탑승권의 편명, 날짜 확인

| 단계 | 점검 내용 |
|---|---|
| 탑승수속<br>Check-in | 1. 승객의 항공권e-Ticket Data, 여권과 얼굴모습 대조<br>2. 보안질의<br>  ① 소지하신 수하물 중 낯선 사람으로부터 부탁받은 물건이 있습니까?<br>  ② 수하물을 포장 후 다른 곳에 둔 적이 있습니까? |
| 탑승<br>Boarding | 1. 승객의 탑승권Boarding pass 확인(국내선)<br>2. 여권과 탑승권 대조, 여권과 얼굴모습 대조(국제선)<br>3. 객실 승무원이 항공기 Door 앞에서 승객의 탑승권 편명과 날짜, 목적지 확인<br>4. 항공기 출발 전 탑승객과 위탁수하물의 수량 일치 확인 |

### ② 미국행 항공기에 대한 추가 보안절차

㉠ 근거

미국 TSA EA(Emergency Amendment) 및 MSP(Model Security Program, 미국국적 외의 항공사가 미국으로 운항 시 지켜야 할 절차 규정)

ⓒ 내용

(1) 보안질의(Security interview)

- 미국행 마지막 출발 공항(Last point of Departure)에서 승객의 여행목적, 여행서류, 수하물 내용 등에 대한 보안질의, 수하물통제 질의, 탑승질의를 통해 의심스러운 점이 발생할 경우 "인터뷰 Selectee"로 분류하여 별도의 신체검색과 휴대수하물에 대한 2차 정밀 검색을 실시한다.
- 탑승수속카운터 및 환승카운터에서 이루어지는 보안질의 및 수하물통제 질의(MBCQ, Mandatory Baggage Control Question)와 탑승구에서 이루어지는 탑승질의(EQ, Enplaning Question)로 나뉜다.

(2) ETD 검색

- 휴대폰보다 큰 전자기기에 대해 탑승구에서 ETD 검색을 실시한다.

ⓒ 강화된 보안질의로 인해 미국행 항공편의 탑승수속 시간이 추가 소요됨에 따라 미국행 전용 탑승수속카운터를 별도로 운영하기도 한다.

③ 운항 단계

ㄱ 운항 전 단계 : 항공기내보안점검과 비인가자의 항공기 출입통제
ㄴ 운항 중 단계 : 운항 중 조종실 출입 통제, 특이승객의 동향 감시, 폭발물 발견 및 난동승객 발생 등 비상상황의 발생 대비, 비상상황 발생 시 기내보안장비 활용 대응
ㄷ 운항 후 단계 : 승객들의 휴대물품 잔류 확인, 다음 항공편에 대한 보안절차 수행

| 항공기보안의 흐름도 | | |
|---|---|---|
| 운항 전 → | 운항 중 → | 운항 후 |
| Check-in 보안질의 → 탑승구 신원확인 | 기내보안 활동 | 기내 L/B 확인 |
| 기내 보안점검 + 항공기 출입 통제 | | |

## 3) 항공기 기내보안점검

항공기 보안검색은 항공기 보안점검 점검표(대외비)를 활용하여 승객이 탑승하기 전에 수행한다. 도착 후 다시 출발하는 Turnaround 항공기의 경우 승객이 내린 후 바로 수행한다.

### (1) 보안점검 범위

① 항공기 외부의 출입가능 구역으로 서비스 패널, 바퀴 집
② 화물칸(Cargo Compartment)과 주변, 화물칸에 실린 물품

### (2) 보안점검 대상 위치 및 항목

① 오버헤드 짐칸(객석 위 짐칸)
② 옷장, 화장실, 갤리(Galley), 카트 수납공간, 보안 seal 이상 유무 확인
③ 휴지통, 객석 뒷주머니, 잡지선반, 객석 아래
④ 좌석 및 수납 칸, 승무원 의자 및 휴게시설
⑤ 구명조끼(무작위)
⑥ 비상탈출구 주변과 좌우측 환풍기

| 좌석 밑 | 오버헤드 | 갤리 | 구명조끼 | 화장실 |
|---|---|---|---|---|

### (3) 점검 절차

① 보안점검직원은 기내보안요원(운항승무원, 객실승무원 등)과 함께(또는 감독 하에) 점검
　㉠ 승객 하기 및 기내 청소가 종료되는 시점부터 점검
　㉡ 항공기로의 출입 통제

CHAPTER 6

ⓒ 조명이 밝은 상태에서 점검

ⓔ 점검이 완료되면, 모든 문과 덮개들이 닫혀있는지 확인 및 항공기 출발준비 완료 (탑승 시작)시점까지 유지

ⓜ 점검결과 기록 및 유지

② 항공사의 기내보안요원 등은 아래와 같이 정해진 구역별로 자체 보안점검 Check List 에 따라 점검한다.

　ⓐ 운항승무원 : 조종실

　ⓑ 객실승무원 : 객실, 갤리, 화장실

　ⓒ 정비사 : 항공기 외부동체, 화물칸 내부

## (4) 통과여객이 탑승하는 항공기

① 통과여객을 포함한 승객의 모든 물품들이 항공기에서 하역되어야 함

② 통과여객이 기내에 남을 경우 자신의 물품들을 보이고 확인해야 함

## (5) 보안스티커(Security Seal) 사용

① 대상 항공기 : 미주행, 야간 주기, 특별 위협이 있는 항공기

② Seal 부착 위치 : 승무원 휴식 공간, 화장실, Life Vest, Dado Panel, 작업이 종료된 야간 주기 항공기 내·외부의 문, 서랍

③ Seal 부착 시점 : 기내보안점검 완료 후

④ 부착된 Seal의 훼손(변색, 파손 포함) 확인 후 훼손된 Seal은 제거한 다음 새 것으로 교체하여 부착

⑤ Sealing이 종료된 후 보안감독자가 확인

## (6) 의심물품 처리

① 의심스러운 물품이나 장치를 판단하는 상태와 기준은 다음과 같다.

　㉠ 설명이 되지 않는 물체나 위장된 물체

　㉡ 제자리에 있어서는 안 되는 물체

　㉢ 파손 또는 변괴의 흔적이 있는 것

　㉣ 전선, 철사 줄이 보이거나 이상한 냄새가 나는 물품

　㉤ 봉투를 비닐, 테이프, 줄 등으로 과다하게 포장된 것

　㉥ 봉투에 기름, 얼룩, 흔적, 탈색 가루가 묻어 있는 것

② 불확실한 물체는 의심스런 물품으로 취급하고 아래와 같이 처리한다.

　㉠ 물품을 만지지 않는다.

　㉡ 물품이 있는 지역을 허가되지 않은 사람들부터 차단한다.

　㉢ 폭발물 장치로 의심되면 폭발물 처리반을 기다린다.

## 4) 항공기내보안요원

　법률적으로 "항공기내보안요원 등"이란 항공기내보안요원과 일반 객실승무원을 지칭한다. 즉, 비행임무 중인 객실승무원은 모두 항공기내보안요원이 되는 것이다. 항공기내보안요원으로서 객실승무원의 권한과 수행임무는 다음과 같다.

### (1) 기내 불법 방해 행위의 유형

① 폭언, 고성방가, 흡연, 성(性)적 수치심을 포함하여 타인에 위해를 주는 행위

② 규정을 위반하여 전자기기를 사용하거나 출입문 또는 항공기장치 무단 조작

③ 기장 등의 업무를 위계 또는 위력으로 방해, 조종실 진입 시도, 기장 등의 정당한 직무상 지시에 따르지 않는 행위

④ 항공기가 착륙한 후 항공기를 점거하거나 기내에서 농성

⑤ 항공기 납치 및 납치시도, 항공기 무단 침입, 항공기 파괴 및 손상

⑥ 항공기의 안전위협, 운항방해 목적으로 거짓 정보제공

⑦ 범죄 목적으로 기내로 무기 등 위해물품 반입행위

⑧ 위계 또는 위력으로 운항 중인 항공기의 정상운항 방해

## (2) 기내보안요원의 권한

### ① 무기휴대 탑승 및 사용

㉠ 무기(분사기 및 전기충격기)와 수갑 및 포승줄(올가미 형)

㉡ 현장 상황의 합리적 판단, 가장 적합한 장비의 안전한 사용, 항공기내보안요원에 의한 무기 사용(불가피한 경우 예외)

| 기내무기 종류 | | | | |
|---|---|---|---|---|
| 테이저 건 | 가스분사기 | 포승줄 | Tie Wrap | 방폭담요 |

## 테이저 건 Taser Gun

- 미국의 Axon(과거 테이저 인터네셔널)사에서 개발된 비살상형 전자무기

- 전기충격기(Stun gun)와 원리는 같지만 스턴건 이 상대에게 통증과 함께 경련을 일으키는 반 면 테이저는 신경계를 일시적으로 교란시켜 움 직이지 못하게 만든다. 또 사용 방식에 있어 침 (probe)를 발사할 수 있다는 차이가 있다.

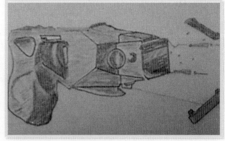

▌테이저에서 침이 발사되는 모습

- 테이저 건은 테이저(본체), 카트리지로 구성되 어 있는데 카트리지를 이용하여 전극 침을 발사하여 전류를 흘려보낸다.

- 카트리지가 없을 경우는 스턴건과 동일한 방법으로 사용할 수 있다.

- 위 사진의 총구앞 노란 색 부분이 카트리지로 방아쇠를 당기면 이 카트리지안의 압축공기가 방출되면서 내장된 두 개의 전극 침이 위 아래로 발사된다.
- 전극 침은 본체에 연결된 가느다란 전선에 의해 약 5초간 전류를 발생시키며, 안전장치를 이용하여 전류를 차단하거나 다시 흘려보낼 수 있도록 되어 있다.
- 테이저 건은 카트리지 없이는 최대 전압 5만 볼트를 낼 수 있지만 카트리지에서 전극이 발사되어 침을 통해 흐르는 전압은 최대 1200볼트, 평균 400볼트(X26 모델 기준)이다.

## Tie Wrap

- 얇은 허리띠 모양의 플라스틱 줄로 여러 개의 홈이 나 있고 톱니바퀴 구조로 앞부분을 홈에 끼우면 쉽게 빠지지 않아 밧줄, 전선, 물건을 들어 올리거나 묶는 용도로 사용된다.
- 케이블 타이(Cable Tie) 또는 집타이(Zip Tie)라고도 불리며, 사람의 힘으로는 끊을 수 없고 힘을 줄수록 조여드는 성질이 있다.
- 사용이 쉽고 부피가 작아 다량 보관이 가능하며, 두 개의 케이블이 한 쌍으로 된 것도 있어 손목을 결박하는 데 용이하다.

▌ 올가미형 포승줄 [이미지 출처 : 국토교통부]

▌ 포승줄로 묶은 모습, 기내난동승객을 제압하여 좌석에
　포승줄로 포박한 모습 (예시)

② "사법경찰관리의 직무를 수행할 자와 그 직무범위에 관한 법률"에 따른 사법경찰관리
　의 직무 수행

### 사법경찰직무법 제7조

① 해선(海船)[연해항로(沿海航路) 이상의 항로를 항행구역으로 하는 총톤수 20톤 이상 또는 적석수(積石數) 2백 석 이상의 것] 안에서 발생하는 범죄에 관하여는 선장은 사법경찰관의 직무를, 사무장 또는 갑판부, 기관부, 사무부의 해원(海員) 중 선장의 지명을 받은 자는 사법경찰관리의 직무를 수행한다.

② 항공기 안에서 발생하는 범죄에 관하여는 기장과 승무원이 제1항에 준하여 사법경찰관 및 사법경찰관리의 직무를 수행한다.

③ 범죄행위 녹화 및 그 행위를 저지시키기 위한 필요 조치
④ 항공기 내 주변 승객에게 협조 요구
⑤ 불법행위를 행한 자 및 항공안전을 해치는 범죄자의 현행범 체포

## (3) 기내보안요원의 임무

① 승객 탑승 전 항공기 객실 보안 점검 및 수색, 운항 중 객실 보안 순찰
② 의심스런 승객과 휴대수하물 수색 및 점검
③ 항공기 불법 점거 또는 파괴 행위 제지
④ 폭발의심물체가 발견된 경우 최소위험폭발물위치 사용절차 수행
⑤ 불법행위 녹화 및 불법행위 승객 도착공항 경찰서에 인도

## (4) 자격 및 교육

### ① 자격

2년 이상의 선임객실승무원 또는 객실승무원 경력을 갖춘 자로서 정신적으로 안정되고

성숙된 자로 연령 및 성별을 고려하여 항공운송사업자가 선발[국가민간항공보안 교육훈련지침]

② 교육훈련프로그램 내용

    ㉠ 항공기내 불법행위자에 대한 대응, 경찰인계 절차 및 구금기법

    ㉡ 비무장 공격 및 방어 기술

    ㉢ 최소폭발물위험위치 인지, 관찰 및 감시

    ㉣ 탑재된 무기의 사용방법 등 무기훈련

    ㉤ 불법행위 유형별 대응절차 및 조치사항

    ㉥ 승무원의 임무와 책임, 항공기 성능 및 객실장비 등 일반적 교육

    ㉦ 테러정세 및 국가대테러활동체계

    ㉧ 운항승무원과 항공 기내보안요원 간 정보 전달 방법

③ 교육과정 운영

    ㉠ 초기 · 정기 교육으로 분리 운영하고, 이론교육 및 실습훈련으로 구분 실시

    ㉡ 초기교육 – 실습훈련 포함 최소 8시간 이상

    ㉢ 정기교육 – 초기교육 이수자 및 일반 객실승무원 대상, 매 12개월마다 2시간 이상의 실습훈련 포함 최소 3시간 이상

# 2

# 항공기 출입자 신원확인

## 1) 탑승객 신원확인

비인가자의 항공기 탑승을 방지하기 위하여 항공기에 탑승하는 모든 사람(승객 포함)에 대하여 항공기 탑승 전 탑승구 입구에서 신원을 확인하고 필요에 따라 신체, 휴대물품 및 위탁수하물에 대한 보안검색을 실시한다.

| 국제선 탑승구 신원확인 근거 |
| --- |
| • 항공보안법 제32조(보안조치) : 국토교통부장관은 민간항공에 대한 위협에 신속한 대응이 필요한 경우에는 공항운영자등에 대하여 필요한 조치를 할 수 있다.<br>• 항공기 탑승구 앞 신원확인을 강화하는 국토교통부 보안조치(2015-1호, 15.3.18) 시행 : (국제선) 승객에 대한 항공기 탑승구 앞 신원확인은 여권과 항공권을 대조하여 정확히 확인 한 후 탑승 조치. 탑승구 앞 안내문 설치 |

| 인천공항 안내문 | 김포공항 안내문 |
| --- | --- |
| **안내 (Information)**<br><br>탑승구에서 여권과 탑승권을<br>확인하오니 협조하여 주시기<br>바랍니다.<br><br>**Please have your passport<br>and boarding pass ready<br>for checking at the<br>boarding gate.<br>Thank you for your<br>cooperation.**<br><br>搭乘口でパスポートと搭乗<br>券をご確認させていただき<br>ますのでご協力ください。<br><br>登机时需要出示护照和登<br>机牌，请提前准备好<br><br>Incheon Airport | **안내(Information)**<br><br>국제선 전체 노선에 대하여<br>탑승구 앞에서도 여권과<br>탑승권을 확인하오니<br>승객께서는 이에 협조하여<br>주시기 바랍니다.<br><br>For all passengers travelling<br>on international flight, please<br>be advised that you will be<br>asked to present your<br>passport and boarding pass<br>at the boarding gate.<br>Thank you for your<br>cooperation.<br><br>한국공항공사 |

## (1) 신원확인 절차

① 항공기 탑승구 앞에서 항공사 직원(업무위임자)는 여권과 탑승권을 대조하여 탑승객의 신원을 확인한다.(국제선)
  - 승객의 여권과 탑승권의 이름의 일치여부 확인
  - 여권 사진과 승객의 실제 얼굴을 비교하여 본인여부 확인
  - 모자, 선글라스 등은 벗도록 요청
② 승객이 소지한 탑승권이 유효한지 확인한다.(국제, 국내 공통으로 통상 항공사의 시스템에 의해 전산처리)
③ 객실승무원은 항공기 출입문 앞에서 승객의 탑승권 편명과 날짜, 목적지를 다시 확인한다.

## (2) 미탑승객 처리

### ① 미탑승객의 개념

미탑승객이란 항공편에 탑승수속을 완료하고도 해당 항공기에 최종적으로 탑승하지 않은 승객을 말하며, 미탑승객이 발생하였을 경우 항공운송사업자는 미탑승객의 위탁수하물 접수여부를 확인하고 그에 따른 절차를 수행하여야 한다.

| 법적 근거 |
| --- |
| **항공보안법 시행령 제11조(위탁수하물의 보안검색방법 등)**<br>⑤ 항공운송사업자는 보안검색이 끝난 위탁수하물을 항공기에 탑재하기 전까지 보호조치를 하여야 하며, 항공기에 탑재된 위탁수하물이 탑승한 승객의 소유인지를 확인하여 그 소유자가 항공기에 탑승하지 아니한 경우에는 그 위탁수하물을 운송해서는 아니 된다. 다만, 그 위탁수하물에 대한 운송처리를 잘못하여 다른 항공기로 운송하여야 할 경우에는 별도의 보안조치를 한 후에 탑재할 수 있다. |

### ② 탑승수속 및 확인 체계

㉠ 탑승수속 시 직원은 승객의 위탁수하물 수와 무게, 수하물 꼬리표 번호(Baggage Tag number)를 시스템(DCS,Departure Control System)에 입력한다. 이 정보를 바탕으로 탑승객

과 위탁수하물의 일치여부를 확인할 수 있다.

ⓛ 시스템장애가 발생하면 승객별 Bag Tag 번호와 수량을 수기로 기록한다.

ⓒ 항공기 출발 일정 시간(출발 5~10분) 전에 미탑승한 승객 소유의 위탁수하물을 파악하고 위탁수하물을 탑재하는 지상조업직원에게 그 수하물 번호와 수량을 알린다.

ⓔ 항공사의 탑승구 담당직원과 승무원은 미탑승객 여부를 시스템 및 수작업 등으로 확인하고 미탑승객이 있을 경우 그 위탁수하물을 탑재하지 않는다.(이미 탑재된 수하물은 하역한 후 항공기 출발을 결정한다)

## (3) 탑승 후 하기 승객 처리

### ① 자발적 하기

승객이 항공기 안으로 탑승하였다가 스스로 항공기에서 내리는 상황이 발생하면 기내에 보안위험요소가 발생하였다는 가정 하에 다음의 절차를 수행한다.

ⓖ 공항의 보안관계기관(합동상황실 등)에 보고

ⓛ 모든 승객이 하기해야 하는 경우 승객의 휴대품을 가지고 하기하도록 안내

ⓒ 기내보안요원은 규정에 따라 해당 구역 보안점검

ⓔ 하기한 승객들은 보안검색완료 구역 내에 대기하도록 통제

ⓜ 자발적하기 승객의 위탁수하물은 하역

ⓗ 모든 조치사항을 이행한 후 관계기관에 보고 후 지침에 따라 운항 결정

### ② 비자발적 하기

항공사 또는 관계기관의 문제로 인해 승객이 하기해야 하는 경우 승객이 기내탑승 중 보안위험행위를 하지 않았다는 전제로 자발적 하기 시와 같은 별도의 보안조치를 하지 않을 수 있다. 다음과 같은 상황이 해당된다.

ⓖ 항공사 등의 시스템 오류로 인해 중복 발급된 탑승권 교체

ⓛ 항공사의 예약초과로 인한 좌석부족

ⓒ 항공기 ACL 부족으로 인한 비자발적 하기 [ACL - Allowable Cabin Load. 해당 항공편에 탑재

할 수 있는 최대허용무게로 이를 초과할 경우 그 항공편은 운항할 수 없다]

   ⓔ 악기상, 정비 등에 의한 운항지연으로 승객이 여행을 포기하는 경우

   ⓜ 입국거부승객, 강제퇴거승객, 환자승객 등이 여행을 지속할 경우 항공운항 안전 및 승객 안전에 영향을 끼칠 것으로 판단되어 하기시키는 경우

## 2) 항공기 출입자 보안

### (1) 출입증 확인

항공기에 접근하는 모든 사람에 대하여 출입증을 확인한다. 출입증 확인 시에는 출입증에 기재된 주요사항을 확인하고 항공기 출입여부를 판단한다.

 ① 출입증의 주요 확인 기재사항

   ㉠ 소유자의 이름과 실제 인물의 일치 여부

   ㉡ 소유자의 출입증 사진과 실제 인물의 일치 여부

   ㉢ 출입증의 유효기간

   ㉣ 해당 보안구역의 명시 여부

   ㉤ 도난 또는 분실 출입증 여부

 ② 불법접근자 처리

   ㉠ 해당자를 항공기 내로 진입하지 못하도록 통제

   ㉡ 불법접근자의 신원을 파악하고 기록

 ③ 항공기 진입 허용 대상

   ㉠ 승무원

   ㉡ 해당 항공사 신분증을 착용한 항공사 직원

   ㉢ 해당 항공사가 지정한 지상조업회사 직원

ㄹ 공무수행 중인 항공안전감독관 및 항공보안감독관(불시평가 수행 항공보안감독관 외에는 감독

관 증표 또는 공무원증 소지 및 항공사직원 동행 필요)

④ 조종실 출입통제

ㄱ 운항 전 조종실 출입통제

ㄴ Boarding Sign 시점부터 조종실 출입문 잠금

ㄷ 조종실에 출입하고자 하는 자는 객실승무원에게 출입목적 설명

ㄹ 객실승무원 입회하에 조종실 출입 요청(별도 신호 사용)

ㅁ 조종실 안에서 투시경으로 출입자 확인 후 출입문 개방

---

### 조종실 출입통제의 법적 근거 [항공보안법 시행규칙]

제7조(항공기 보안조치) ① 항공운송사업자는 법 제14조 제3항에 따라 여객기의 보안강화 등을 위하여 조종실 출입문에 다음 각 호의 보안조치를 하여야 한다.

1. 조종실 출입통제 절차를 마련할 것
2. 객실에서 조종실 출입문을 임의로 열 수 없는 견고한 잠금장치를 설치할 것
3. 조종실 출입문열쇠 보관방법을 정할 것
4. 운항 중에는 조종실 출입문을 잠글 것

---

### Cockpit Door

항공기 운항 중 조종실로 들어가는 방법은 두 가지가 있다.

**평상시 출입**

외부에서(주로 승무원) 조종실로 들어가기 위해서는 인터폰을 통해 조종사에게 연락한 다음 키패드에 있는 **샵(#)**'버튼을 누른다. 그러면 조종실 내부에 버저가 울리고 조종사가 내부에서 모니터로 신원을 확인한 후 문을 열어준다. 외부의 키패드에 녹색 불이 들어오면 조종실 문이 열렸다는 표시며 조종실로 들어갈 수 있게 된다.

**비상상황 시 출입**

두 조종사 모두가 의식을 잃거나 외부에서 조종석과 연락이 닿지 않는 경우와 같이 외부에서 승무원이 조종실로 들어가야 할 필요가 있을 때는 키패드에 긴급코드를 입력해야 한다. 긴급코드는 이륙 전에 조종사가 특정코드를 객실사무장에게 전달하는데 긴급 사태가 발생하면 승무원이 이 코드를 이용해 조종실로 진입할 수 있다. 그러나 조종석 내부에서 문을 잠금 상태로 해놓으면 긴급코드로도 문은 열리지 않는다.

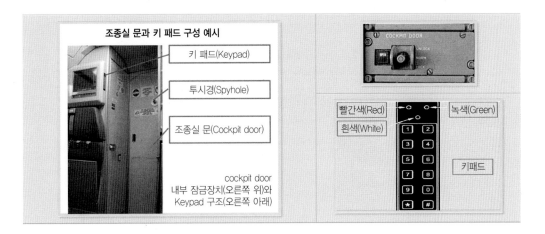

## (2) 항공보안감독관 출입

### ① 항공보안감독관

항공보안감독관은 「항공보안법」에 의거 항공안전 및 보안에 관한 점검 업무를 수행하도록 국토교통부장관이 지정한 소속 공무원으로 공항운영자, 항공운송사업자 등에 대해 현장조사, 보안평가, 보안점검 및 불시평가 등의 공식 점검활동을 수행하고 평가한다. 항공보안감독관은 점검을 시작하기에 앞서 점검대상자(관계직원)에게 감독관임을 확인할 수 있도록 항공보안감독관 증표를 제시하여야 한다.(불시 보안평가를 하는 경우는 제외)

### ② 확인절차

탑승구 직원은 감독관의 진입 목적과 감독관증을 확인한 후 기내로 동행한다. 단 불시평가를 수행하는 항공보안감독관은 동행하지 않아도 되며, 감독관이 점검을 위해 조종실로 진입하는 경우에는 승무원이 감독관 증표 또는 공무원증 및 항공기 출입요구서 소지여부를 확인한 후 조종실로 안내한다.

### ③ 항공보안감독관의 점검활동

항공보안감독관은 항공기 운항 전 및 운항 중 보안통제 실태를 확인하고 감독할 수 있다. 항공기 경비절차, 승객의 탑승 전 신원확인과 탑승권 확인 실태, 항공기내보안요원의 보안활동, 조종실 출입문 통제 등을 전반적으로 확인한다.

7

# 위기관리

# 1

# 항공보안등급

## 1) 운영근거

국가항공보안등급은 항공보안법, 항공보안법시행규칙 등에 따라 수립된 국가항공보안 우발계획[대외비]에 근거를 둔다.

| 항공보안법 제31조(국가항공보안 우발계획 등의 수립) | ① 국토교통부장관은 민간항공에 대한 불법방해행위에 신속하게 대응하기 위하여 국가항공보안 우발계획을 수립 · 시행하여야 한다.<br>② 공항운영자등은 제1항의 국가항공보안 우발계획에 따라 자체 우발계획을 수립 · 시행하여야 한다. |
| --- | --- |
| 항공보안법 시행규칙 제18조(국가항공보안 우발계획 등의 내용) | ① 법 제31조 제1항에 따른 우발계획에는 '항공보안등급 발령 및 등급별 조치사항'이 포함되어야 한다. |

## 2) 보안등급

### (1) 발령

항공보안등급은 위협이 되는 정도에 따라 5단계로 나뉘어 발령된다.

| 항공보안등급 발령단계 |
| --- |
| 평시(Green) → 관심(Blue) → 주의(Yellow) → 경계(Orange) → 심각(Red) |

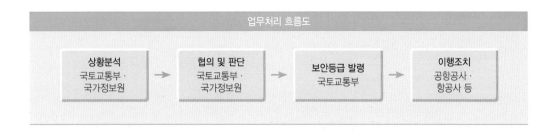

업무처리 흐름도

| 상황분석 국토교통부 · 국가정보원 | → | 협의 및 판단 국토교통부 · 국가정보원 | → | 보안등급 발령 국토교통부 | → | 이행조치 공항공사 · 항공사 등 |

## (2) 조정

민간항공에 대한 위협상황이 발생하였거나 위협이 증가되는 경우에 국토교통부장관이 항공보안등급을 조정하여 발령하며, 발령지역을 특정 공항 또는 특정지역의 항공노선에 한정하여 발령할 수 있다.

▌2018년 평창 올림픽 및 평창 패럴림픽 기간의 항공보안등급 발령 사례▐

| 경보단계 | 주의 | 경계 | 주의 | 경계 |
|---|---|---|---|---|
| 발령기간 | 2/2, 09:00~ 2/6, 09:00 | 2/6, 09:00~ 2/27, 18:00 | 2/27, 18:00~ 3/6, 09:00 | 3/6, 09:00~ 3/20, 18:00 |
| 대상공항 | 전국공항 및 도심공항터미널 | 인천 · 김포 · 양양공항, 도심공항터미널 (기타 공항은 주의) | 전국공항 및 도심공항터미널 | 인천 · 김포 · 양양공항, 도심공항터미널 (기타 공항은 주의) |

## (3) 발령 기준 및 사례

항공보안 등급이 상향 조정되거나 이전 단계를 거치지 않고 발령되는 경우 이전 단계의 조치사항을 포함하여 발령단계에 명시된 추가내용을 조치한다.

| 등급 | 기준 | 발령사례 |
|---|---|---|
| 평시 (Green) | 1. 불법행위 위협이 낮은 단계 2. 기본적 보안 예방 조치 | |
| 관심경보 (Blue) | 테러징후는 있으나 그 활동 수준이 낮은 단계 1. 항공기, 공항시설 등에 불확실한 위협 정보 접수 시 2. 전쟁, 지역 간 분쟁 등으로 테러행위가 예상될 때 3. 시민 소요 등이 공항 부근으로 진행 | |

| | | | |
|---|---|---|---|
| 주의경보<br>(Yellow) | 테러징후가 활발하여 테러로 발전할 수도 있는 상태<br>1. 공항, 항공사 또는 승객에 대한 위협 정보 접수<br>2. 국가의 상징물을 공격하는 정도의 정치적 긴장상태, 민간항공에 영향을 줄 수 있는 소요 가능성<br>3. 민간항공을 공격할 것으로 알려진 테러집단의 구성원의 입국 정보 입수<br>4. 항공기 납치 및 폭파위협 정보가 있거나 특정지역의 정치, 사회 정세가 불안하여 항공기의 안전 운항에 위험이 있다고 판단<br>5. 테러 위협지역에 군부대를 파견한 경우, 국빈 방문, 올림픽 등과 같은 국가행사 대비 | 2010년 천안함 사건<br>2000년 서울 ASEM |
| 경계경보<br>(Orange) | 테러와 유사한 활동이 활발하고 전개속도, 경향성 등이 현저한 수준으로 테러로 발전 가능성이 농후한 상태<br>1. 비교적 신빙성 있는 테러정보 접수<br>2. 테러리스트조직의 민간항공 공격 정보<br>3. 국제전쟁 등으로 민간항공에 심각한 위험이 발생<br>4. 항공기 납치 및 파괴위험 직면, 특정 지역의 정세가 불안하여 항공기 안전운항에 위험요소로 작용<br>5. 기타 민간항공 안전에 영향을 미치는 중요 사태 발생 | 2005년 부산 APEC<br>2018년 평창올림픽 |
| 심각경보 (Red) | 테러와 유사한 활동이 매우 활발하고 전개속도, 경향성 등이 심각한 수준으로 테러 발생이 확실시 되는 상태<br>1. 민간항공에 대한 불법행위 발생, 또는 발생 임박<br>2. 국빈이나 VIP 등 방문객에게 테러 가능성이 높을 때<br>3. 구체적, 신빙성 있는 테러(항공기, 공항 등) 정보 접수 | 2010년 서울 G20 정상회의 |

## (4) 발령 단계별 조치사항

| 구분 | 평시 | 관심 | 주의 | 경계 | 심각 |
|---|---|---|---|---|---|
| 문형감지기 감도 | 50 | 55 | 60 | 65 | 70 |
| 승객 촉수검색 및<br>휴대품 개봉검색 비율 | 10% 이상 | 10% 이상 | 15% 이상 | 20% 이상 | 50% 이상 |
| 위탁수하물 개봉검색 비율 | | 10% | 15% | 20% | 30% |
| 순찰 | 매120분 | 매90분 | 매60분 | 매30분 | 매30분 |
| 경비 및 검색요원<br>추가투입 | | | | 10% 이상 추가투입<br>또는 비상대기 | |

**항공보안등급 발령 사례**

「서울 G20 정상회의」에 대비하여  11월 8일부터 항공보안등급을 격상(경계→심각)함에 따라 보안검색이 대폭 강화된다. 국토해양부는 공항 및 항공기의 안전을 확보하기 위해 항공보안등급을 11월 8일부터 '심각'등급으로 상향 조정하여 11월 13일까지 시행한다.

 * 인천, 김포, 김해, 청주, 제주 이외 지방 10개 공항은 심각단계에 준하여 시행

이 기간 중 전국 공항의 보안강화에 따라 공항시설의 경비강화와 승객 · 휴대물품 · 위탁수하물 및 항공화물의 보안검색이 한층 강화된다. 각 공항에서는 보안검색에 소요되는 시간이 늘어남에 따라 승객 불편 최소화를 위해 보안검색요원과 안내 요원 등을 추가 배치하여 운영한다.

[2010.11.7. 국토해양부 보도자료]

평창동계올림픽 및 패럴림픽 개최로 항공보안등급이 아래와 같이 상향 조정되었습니다. 보안검색 강화에 따라 탑승 수속이 지연될 수 있으니 평소보다 일찍 공항에 도착하시기 바랍니다.

가. 주의(Yellow) 단계
　　– 대상공항 : 전국공항
　　– 기간 : '18. 2. 2(금) ～ '18. 3. 20(화)

나. 경계(Orange) 단계
　　– 대상공항 : 인천공항, 김포공항, 양양공항
　　– 기간 : '18. 2. 6(화) ～ '18. 2. 27(화) / '18. 3. 6(화) ～ '18. 3. 20(화)

[2018.2.1. 한국공항공사 보도자료]

CHAPTER 7

# 2
# 위기관리

## 1) 위험인물

### (1) 개념(No-fly와 Watch List)

　　미국 TSA(The U.S. Department of Homeland Security Transportation Security Administration)는 911 사건 이후 강화한 항공보안정책의 일환으로 미국영내에, 또는 미국에 들어오거나 나가거나 경유하는 모든 항공기에 항공보안에 위험이 되는 인물들의 명단을 만들게 된다. 명단은 항공기 탑승을 아예 금지하는 사람(No-fly List)과 2차 검색 통과를 조건으로 탑승시킬 수 있는 사람(Selectee-Watch List)으로 분류하고, 미국 내 운항하는 모든 항공사 및 미국을 들어오거나 나가거나 경유하는 모든 항공사에 No-fly와 Watch List에 해당되는 승객 처리 규정을 지키도록 의무화하였다.

　　이 명단들은 미 연방 수사국인 FBI 산하 기관인 TSC(Terrorist Screening Center)에서 관리되고 있으며, TSC에 등재된 No-fly List 숫자는 2013년 기준 47,000여 명, Watch List는 2016년 기준으로 2,484,000명을 넘는다고 한다.

　　우리나라도 No-fly 제도에 해당되는 항공기 탑승거절제도를 국가차원에서 운영하고

| TSC 홈페이지 화면

있으며, 항공사들은 미 TSA 지침과 우리나라의 규정을 준수함은 물론 일부 항공사는 자체적으로 No-fly 제도를 운영하고 있다.

## (2) 법적 근거

| 항공보안법<br>제23조 7항 | ⑦ 항공운송사업자는 다음 각 호의 어느 하나에 해당하는 사람에 대하여 탑승을 거절할 수 있다.<br>1. 보안검색을 거부하는 사람<br>2. 음주로 인하여 소란행위를 하거나 할 우려가 있는 사람<br>3. 항공보안에 관한 업무를 담당하는 국내외 국가기관 또는 국제기구 등으로부터 항공기 안전운항을 해칠 우려가 있어 탑승을 거절할 것을 요청받거나 통보받은 사람 |
| --- | --- |

## (3) No-fly List

### ① No-fly 승객 처리 절차

ㄱ No-fly List는 항공사 시스템(CRS)에 연계되어 있어 No-fly 대상 승객은 탑승수속 시 시스템으로 수속이 진행되지 않는다.

ㄴ 시스템에 No-fly 승객으로 나타나면 수속직원은 수속을 중단하고, 관리자에게 보고 후 지침을 받아 처리한다.

> **Do Not Board Customer(s) received from Regulatory Authority**
>
> **All customer processes are inhibited until clearance is received.**
> **Please check the data entered or report the problem.**

┃ 항공사 시스템에서 탑승수속이 진행되지 않는다는 메시지 표출 화면 예시

### ② 항공사 자체 운영 No-fly List

국가에서 운영하는 탑승 거절 대상자는 테러에 연루된 자를 위주로 작성되어있지만 항공사의 경우는 이러한 탑승 거절 대상자에 추가하여, 항공기에 탑승할 경우 항공기와 승무원, 그리고 다른 승객의 안전에 위협이 될 가능성이 있는 자를 대상으로 선별하여 항공사 자체적 탑승 거절제도를 운영한다. (일부 항공사)

대한항공은 2017년 6월부터 기내난동 등 기내불법행위에 적극 대처하기 위해 일정기준을 가지고 No-fly 제도를 만들어 운영하고 있다.

- 일정기준 : 신체접촉을 수반한 폭행, 성추행 등 성적 수치심이나 혐오감을 야기하는 행위, 욕설 · 폭언 · 손괴 등 지속적인 업무방해로 형사 처벌 대상 행위를 한 승객 등
- 해외에서는 일본항공, 델타항공, 네덜란드(KLM)항공 등이 대한항공과 유사한 No-fly 제도를 운영 중이다.
- 항공기 안전을 위협하는 승객의 탑승을 거절할 수 있는 법적 근거는 항공보안법 제23조(승객의 협조의무)와 국내여객 운송약관 제19조( 운송 거절, 제한 등)에 명시되어 있다.

### (4) Selectee 승객

#### ① 개념

Selectee 승객은 Watch List에 등재된 승객, 또는 이름(철자)이나 예약발권의 형태에 따라 시스템에서 임의로 선정된다. 선정된 승객은 2차에 걸쳐 정밀 보안검색을 받고 이상이 없을 경우 탑승이 허용된다.

Selectee 승객은 미주 행 항공편에 자주 발생되며, 승객들의 탑승권에는 'SSSS'가 표기되어 탑승구에서 승객들을 특정할 수가 있다.

**Selectee 승객의 탑승권**
- SSSS Secondary Security Screening Selection(Selectee)의 머리글

#### ② 보안검색 절차

㉠ 원형 검색기(AIT Advanced Image Technology)또는 폭발물 흔적탐지기기(ETD Explosive Trace Detection) 사용 검색

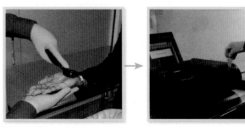

[이미지 출처 : tsa.gov]

　　ⓒ AIT에서 이상신호가 표출 시 전신 촉수검색

　　ⓒ ETD를 사용할 때는 면장갑을 낀 상태로 촉수검색 후 장갑을 샘플링하여 검색

　　ⓐ 발견 경위, 신원, 처리 결과 등을 기록 및 보관

## 2) 위기관리

　공항의 비상사태 유형은 항공기 사고와 준사고, 그리고 항공기 또는 공공시설물에 대한 위협, 화재, 천재지변 등으로 구분된다. 비상사태를 통제하기 위한 위기관리절차는 국제민간항공조약의 부속서[ICAO Annex]를 근거로 국내항공 법규 및 기타 관련법규, 그리고 공항 별 비상계획에 따라 수행된다.

## (1) 법적 근거

### ① 국제민간항공조약

　　㉠ ICAO Annex 13(Aircraft Accident and Incident Investigation. 항공기 사고조사), Annex 14(Aerodrome. 비행장. Chapter 9-Aerodrome Emergency Planning (AEP))

　　㉡ ICAO Airport Services Manual 5(Removal Of Disabled Aircraft. Doc 9137 - Part 5. 기동불능항공기의 처리) 등

### ② 국내법규

　　㉠ 항공안전법 제58조(항공안전프로그램 등)

　　㉡ 재난 및 안전관리기본법, 국민보호와 공공안전을 위한 테러방지법, 자연재해대책법, 수상에서의 수색·구조 등에 관한 법률 등

　　㉢ 공항시설법, 공항안전운영기준(국토교통부 고시), 항공기사고 위기대응 실무 매뉴얼(국토교통부), 국가항공보안우발계획 등

## (2) 위기(비상사태)의 유형

### ① 항공기 사고와 준사고

☞ [Chapter 4.항공보안] - 4.항공보안사고 참조

### ② 비상사태의 유형

㉠ 공항안전운영기준(국토교통부 고시)에 따른 비상사태의 유형

- 공항 내에서의 항공기 사고
- 공항 밖에서의 항공기 사고(공항표점 8km 이내)
- 비행중인 항공기의 고장 등(완전 비상사태 및 준 비상사태\*)
- 건물 등 시설물 화재
- 항공기 및 공항시설을 포함한 폭파위협 등
- 항공기에 대한 불법적 행위
- 자연 재해
- 수상의 항공기 사고(해당 공항의 이륙 및 착륙로가 폭 1,000m 이상인 수면 또는 늪지 위에 놓이거나 수면 또는 늪지가 공항에 인접한 경우)
- 국제항공운송에 의한 전염병 확산 등 공중보건비상(public health emergency)

> **완전비상사태Full Emergency**
> 공항으로 접근중인 항공기가 위험에 처한 상태로 안전한 착륙이 이루어지지 않을 가능성이 있어 완전한 비상사태를 대비하는 상황을 말한다. 소방대, 경찰, 의료진, 구급차 등 공항의 지원시설과 인력이 공항의 지정장소에 대기하도록 조치하고, 지역의 병원 등에도 만약의 상황을 준비할 수 있도록 알린다.
>
> **준 비상사태Local Standby**
> 공항으로 접근 중인 항공기에 사소한 기능상 이상이 발견되었거나, 사소한 기능이상으로 발전될 우려가 있으나 안전 착륙에 심각한 영향을 미칠 정도는 아닐 것으로 예상되는 사태를 말한다. 공항의 구급 지원 장비는 준비상태에 들어간다.

ⓛ ICAO[Annex 14. AEP]의 비상사태 분류 기준

| INVOLVING aircraft (항공기가 연루된 사고) | 1. Aircraft accident on airport – 공항 내(內) 항공기 사고<br>2. Aircraft accident off airport (land and water) – 공항 외(外) 항공기 사고(육지 및 해상)<br>3. Aircraft incident in flight (turbulence, decompression and structural failure) – 운항 중 사고<br>4. Aircraft incident on ground – 지상 항공기사고<br>5. Aircraft incident (sabotage/bomb threats) – 항공기 준사고(사보타지, 폭발물 위협)<br>6. Aircraft incident (legal Authority) – 항공기 준사고(불법점거) |
|---|---|
| NOT INVOLVING aircraft (항공기와 무관한 사고) | 1. Structural fire – 시설물 화재<br>2. Sabotage/bomb threat – 사보타지/폭발물 위협<br>3. Natural disaster (including Volcanic Ash) – 화산분출을 포함한 자연재해<br>4. Dangerous goods – 위험물질 누출 등<br>5. Medical emergencies/pandemics – 전염병 확산 |
| COMPOUND emergencies (복합적 사고) | 1. Aircraft/structures – 항공기와 구조물의 복합사고<br>2. Aircraft/fuelling facilities – 항공기와 연료누출의 복합 사고<br>3. Aircraft/aircraft – 항공기와 항공기가 연관된 사고 |

## (3) 위기 발생 전파

공항의 위기상황이 발생하였을 경우 상황을 인지한 직원(부서)는 비상전파체계에 따라 유관기관에 상황을 즉시 통보하여야 한다. 통보 대상과 통보할 기본적 내용은 다음과 같다.

① 통보 대상 기관

ㄱ 지방항공청 관제실(김포, 인천공항의 경우 서울지방항공청)

ㄴ 공항의 상황실

ㄷ 계류장관제소

ㄹ 항공정보통신센터

ㅁ 공항소방대

ㅂ 공항의료센터

② 다음 기관(부서)는 상황을 접수하는 즉시 관련기관에 그 상황을 다시 전파한다.

| 상황전파 기관(부서) | 상황전파 대상기관 | |
|---|---|---|
| 공항 상황실<br>(공항공사) | 1) 관제탑 및 항공정보실<br>2) 폭발물 처리부서(공항공사)<br>3) 보안기관<br>4) 해당 항공사(항공기, 또는 관련 시설물에 연루된 경우)<br>5) CIQ(국제선 항공기 또는 국제선 청사에 대한 위협일 경우)<br>6) 기타 상주기관 | |
| 관제실(관제탑)<br>[Crash Phone<br>사용하여 전파] | 1) 공사 소방구조대<br>2) 항공정보실<br>3) A/S 운영센터 | Crash Phone : 항공기 사고 등 비상사태 발생 시 신속한 전파를 위한 비상사고 처리통신장비 또는 통신망<br>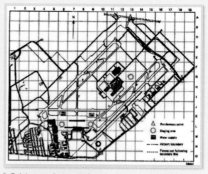 |

## ③ 통보 내용

㉠ 사고지점(그리드 맵°상의 위치) 및 사고발생 시간

㉡ 항공기 기종(Aircraft Type) 및 편명(Flight Number)

㉢ 사고 내용

㉣ 기타 사고 관련 정보

"

### 그리드 맵Grid map

1. 공항의 특정 위치(사고위치)로의 최단거리 이동, 인원 및 장비 출입로, 집결지 표시, 지원시설과 지원기관의 위치, 지원가능자원 등을 기준 간격의 격자 공간에 일목요연하게 표시한 격자지도로, 공항 내부와 외부(공항표점 8km 이내) 맵이 있다.

2. 그리드 맵 상의 위치는 용도 별로 색깔로 구분되고, 정기적으로 보완되어 사고수습관련 기관에 배포된다.

| Grid map [ICAO AEP]

"

☞ 부록 'FAA AEP(AC 150/5200−31C0의 Airport Sample Grid Map' 참조

④ 비상전파체계도 예시

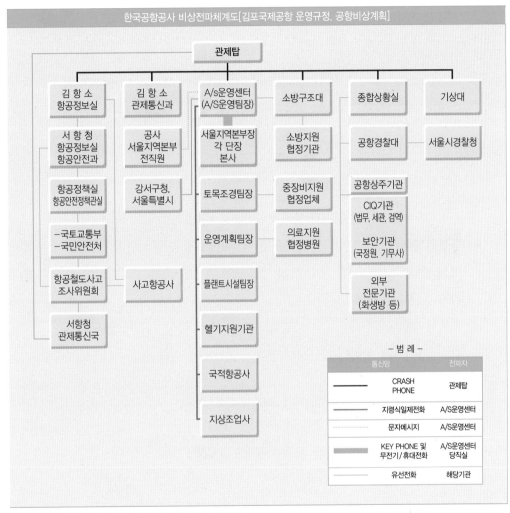

한국공항공사 비상전파체계도[김포국제공항 운영규정. 공항비상계획]

☞ 부록 3. 항공기사고 대응 체제도(인천공항 비상계획−예시) 참조

## 3) 위협정보 접수 대응

위협정보는 폭발물 등 인명살상의 파괴력을 지닌 물건이 불법으로 항공기내(공항시설)에 반입되거나 설치되었다는 신고, 협박, 첩보 및 정황에 의해 항공기의 정상운항이 저해되는 경우를 말한다.

## (1) 위협정보에 관한 처벌 규정

| 항공보안법<br>제45조(공항운영 방해죄)<br>제48조(운항 방해정보 제공죄) | 거짓된 사실의 유포, 폭행, 협박 및 위계로써 공항운영을 방해한 사람은 5년 이하 징역 또는 3천만 원 이하의 벌금 |
|---|---|
| | 항공운항을 방해할 목적으로 거짓된 정보를 제공한 사람은 3년 이하 징역 또는 2천만 원 이하 벌금 |

## (2) 위협정보 접수 시 대응 절차

### ① 위협의 종류(Types of Bomb Threats)

일반적으로 위협은 특정위협과 불특정위협으로 나뉜다.

㉠ 특정위협(Specific Threats) : 위협내용에 비행편명, 항공기의 위치, 비행편의 목적지 또는 출발지, 출발시간 등의 특정 항공기와 관련된 사항이 포함되어 허위가 아니라고 판단되는 위협

㉡ 불특정위협(Non-specific Threats) : 위협내용에 특정 항공기나 비행편이 언급되지 않고, 정황적으로 허위일 가능성이 크다고 판단되는 위협

---

**불특정위협으로 추측(판단)되는 상황도 아래처럼 질문하며, 통화내용을 녹음한다.**

- 폭발물이 어디에 있습니까?
- 폭발물이 어떻게 생겼습니까?
- 어떤 종류의 폭발물입니까?
- 폭발물이 언제 터지나요?
- 폭발물이 어떤 방식으로 폭발하게 되나요?
- 폭발물을 왜 설치하였습니까?

---

위협의 종류는 관련기관(합동상황실)의 위협내용 분석 결과에 의한 최종판단으로 결정한다.

| 위협 접수 | → | 위협 보고 | → | 위협 분석 | → | 위협 대응 |
|---|---|---|---|---|---|---|

### ② 협박전화 응대 요령

폭발물 위협은 대체로 전화를 통하여 익명으로 접수되고, 대부분은 장난전화일 확률이 높다. 그럼에도 모든 위협정보는 규정과 매뉴얼에 따라 처리되어야 한다. 위협전화를 받을 때는 침착하게 대응하여 위협자로부터 가능한 많은 정보를 얻도록 한다. 항공기에 대한 폭파위협을 접수하는 상황의 대응 절차는 다음과 같다.

- ㉠ 상황실 등에 신속 신고(주위 직원 이용)
- ㉡ 협박전화접수 서식을 준비(없을 경우 노트 사용)하고, 서식 항목에 따라 응대 및 기록[부록 2. 협박전화 응대 요령. 참조]
- ㉢ 녹음을 시도, 여의치 않을 시에 가능한 녹음 방법 모색
- ㉣ 위협자가 사용한 언어, 억양 등을 사실적으로 기록
- ㉤ 유선 상으로 들리는 소리 파악 기록(소리로 주변 정황을 유추하거나 판단)
- ㉥ 무고한 사람들이 다칠 수 있음을 알리고, 가능한 장시간 통화 유도

### ③ 위협내용 분석

접수한 위협내용을 항목 별로 분석하고 위협진위를 판단한다. 다음과 같은 내용을 언급하는지 확인한다.

- ㉠ 특정항공편(항공기)의 출발시간 또는 도착시간
- ㉡ 항공기의 위치 또는 등록기호, 항공편의 목적지 또는 목적 공항
- ㉢ 폭발물의 위치, 기술적 사양
- ㉣ 개별승객이나 승무원, 테러단체의 이름
- ㉤ 금전적 요구 또는 정치적 요구 사항
- ㉥ 기타 전문지식이나 특이 용어

## (3) 특정위협으로 판단될 때 대응 절차

### ① 항공기 운항 전

- ㉠ 모든 승객과 휴대수하물 하기

ⓒ 승객, 휴대품, 위탁수하물, 화물, 기내식, 기내사용물품 등 검색

ⓒ 항공기 및 보호구역의 경비 강화

ⓔ 항공기 내 · 외부 점검 및 동향 감시

② 항공기 운항 중

㉠ 해당 편 기장에게 위협정보 전달

㉡ 기장은 가까운 공항에 비상착륙 준비

㉢ 조종실 출입 통제

㉣ 기내보안점검(모든 승객의 휴대품 검색) 및 주인이 없는 물품 유무 확인

㉤ 폭발물로 추정(판단)되는 물품 발견 시 기장은 즉시 하강비행(감압 목적)

㉥ 승객들을 의심물품에서 이격, 방폭 장비 활용 보안 조치

㉦ 항공기 하강과 착륙 시 의심물품이 움직이지 않도록 고정하는 행위 외에 만지거나 연결된 선을 건드리거나 하는 조치 금지

㉧ 항공기가 도착 후 격리주기장으로 격리

③ 유관 기관의 임무

| 공항경찰대 | ① 항공기 주위에 경계 병력을 배치하여 인원 및 장비 통제<br>② 인명구조, 소방, 의료 등 긴급구난 지원 요청 |
|---|---|
| 지방항공청 | ① 관제탑에서 폭발물위협 항공기를 지정된 주기장(격리 주기장 또는 지정된 주기장)으로 주기 조치<br>② 폭발물위협 항공기가 지상계류중인 경우에는 인접항공기와 주위 인원을 100m 이상 격리조치<br>③ NOTAM 발송 |
| 공항공사 | ① 폭발물처리반 출동 및 대기<br>② 소방차와 구급차 출동 및 대기<br>③ 항공기 주기위치의 급유관 차단, 동 구간내의 항공유 배출<br>④ 비상운영센터(EOC) 및 이동지휘소의 지시에 따라 후속 필요조치 |
| 항공사(해당 항공기 운용사) 및 지상조업사 | ① 항공기 폭발물 위협정보 접수 즉시 공항상황실에 통보<br>② 비상운영센터(EOC)의 지시에 따라 다음의 임무 수행<br>　• 승객 및 수하물의 조속한 하기를 위한 인원과 장비 대기<br>　• 항공기 승객을 안전한 장소로 후송<br>　• 검색활동 지원을 위하여 필요한 정보 수집, 제공 |
| CIQ 등 기타 기관 | 비상운영센터(EOC), 이동지휘소와 조정/협의 및 고유 업무 수행 |

## (4) 격리주기장

공항운영자는 비상시 사용하기 위한 항공기 격리주기위치 또는 구역을 지정한다. 격리주기장은 주변 주기장, 건물 및 기타 사람이 많은 장소로부터 최소한 100m 이상 떨어져 있어야 하고 연료, 전기 및 통신케이블과 같은 시설이 지하에 매설된 곳을 피해서 지정된다. 부득이 그렇지 못할 경우 지하의 연료, 통신, 전기 등을 신속히 차단할 수 있는 절차를 수립하여 운영한다.(공항안전운영기준)

각 기관과 항공사 등은 각자의 임무에 따라 다음과 같은 대응 절차를 취한다.

    ㉠ 항공기를 격리주기장으로 이동(보안기관, 관제실, 항공사)

    ㉡ 항공기 주변 통제선 설정 및 비인가자 접근 통제(경찰대, 공항공사)

    ㉢ 항공기 주변의 항공기, 장비 및 인원 소산, 100m 이상 격리(공항공사)

    ㉣ 승객 및 수하물 하기를 위한 인원 및 장비 대기(항공사, 지상조업사)

    ㉤ 항공기 승객을 안전한 장소로 이송(항공사, 지상조업사)

    ㉥ 필요정보 수집, 동향파악 등 검색활동 지원(항공사, 지상조업사)

    ㉦ 격리주기장을 사용하지 못할 경우 임시 비상 격리주기위치 지정 운영

    ㉧ (필요시) 급유관 차단 및 항공유 배출(항공유류저장소 및 현장 판단)

항공기사고 및 폭발물 수습 훈련 모습

☞ 부록 4. 통제선 설정 및 의료구호 체계도(인천공항 비상계획-예시) 참조

## 4) 공항에서의 폭발물 처리

### (1) 법적 근거

| 폭발물처리 훈령<br>[국방부훈령]<br>제13조<br>(급조폭발물 처리) | 1. 평시 민간지역에서 발견되어 신고 되는 사제폭발물은 지상은 경찰청, 해상(선박 내)은 해양경찰청, 공항(항공기 내부 포함) 및 철도(차량 내부 포함)는 국토교통부에서 처리 지원하는 것을 원칙으로 한다.<br>2. 다만, 자체 처리가 제한되는 경우에 한하여 국방부(각 군)에 요청 시 폭발물처리반을 지원할 수 있다. |
| --- | --- |
| 공항에서의<br>폭발물 등에 관한 처리기준<br>[국토교통부예규] | 공항운영자와 항공운송사업 등의 폭발물 처리 절차, 교육, 보고 및 전파 체계 등에 대한 규정 명시 |

### (2) 용어

① 폭발물 : 화약, 폭약, 화공품, 그 밖에 인화성 물질로 만든 폭발성이 있는 일체의 물질

② 생화학 무기(물질) : 세균·바이러스 등의 미생물이나 라이신 등의 독소를 이용하여 만든 무기와 유독성 화학약품을 연소 또는 발연 효과를 이용하여 만든 무기

③ 가소성폭탄 : 폭발물중 변형이 가능한 것. C-4, 산업용 다이너마이트 등. 플라스틱 폭탄이라고도 부르는데 원하는 모양을 제조할 수 있고 은닉이 용이하여 항공기 폭파테러 등에 주로 사용된다.

④ 폭발물처리요원 : 폭발물 등의 처리를 위하여 공항운영자가 임명한 사람으로, 폭발물 현장에서 초동조치를 담당한다.

⑤ 폭발물처리반(Explosive Ordnance Disposal) : 폭발물 등 발견 시 즉각 출동하여 수거·해체 처리 등의 임무를 수행하는 조직단위로 EOD라고 부른다.

⑥ 폭발물 처리장비 : 폭발물 등을 탐지·확인, 이동·해체·제거하는 장비

⑦ 합동조사반 : 폭발물 등에 대한 합동조사기구(공항 내 국가정보원, 국방부, 경찰청 등 항공보안 관계 기관으로 구성)

## (3) 기준과 책임

### ① 공항운영자(공항공사)

  ㉠ 폭발물처리요원의 배치 및 교육훈련

  ㉡ 폭발물 등의 처리장비 · 처리절차 · 정보전파 및 출동대비태세 등에 관한 세부 운영기준 수립 · 시행

  ㉢ 폭발물 등의 폭파 · 이동 · 지원 등 처리

### ② 항공운송사업자(항공사)

  ㉠ 공항운영자, 군, 경찰 등 관계기관에 보고 및 폭발물처리 지원 요청

  ㉡ 현장 접근통제 및 폭발사고 등에 대비한 피해방지조치

  ㉢ 공항운영자 및 관계기관의 폭발물 등 처리 협조 및 지원

### ③ 폭발물 처리 절차

| 단계 | 폭발물처리요원 | 공항운영자 |
|---|---|---|
| 운반 | 1. 폭발물 등의 판독 · 분석 결과를 합동조사반에 보고 후 조치<br>2. 긴급한 경우 선 조치 후 보고<br>3. 폭발물 등을 지정된 안전지역으로 안전하고 신속하게 이동<br>4. 불가피 시에 현장에서 처리<br>5. 방폭복 또는 방호장구 착용 | 1. 폭발물 등의 운반 이동경로 지정<br>2. 폭발 등에 대비조치<br>3. 폭발물운반트레일러 차량 준비<br>4. 공항 이동지역 통제규정 등 관련 규정 준수 및 군, 경찰 등 관계기관과 협조체제 유지 |
| 처리 | 1. 폭발물처리지역으로부터 인원 및 안전시설을 100미터 이상 이격 (폭발물에 따라 거리 추가 확보)<br>1. 폭발물처리지역에서 처리가 불가하다고 판단되는 경우 군 · 경찰 등 관계기관에 의뢰하여 처리<br>1. 폭파 또는 제거 후 현장 및 주변에 대한 안전점검 및 기록 | 1. 폭발물 등 처리 장소 지정(군 공항 당국에서 지정한 공항 제외)<br>1. 항공기와 인근지역 주민 등에게 피해가 발생하지 않는 장소로, 군 · 경찰 등 관계기관과 협의 후 결정 |

### ④ 항공사(지상조업사)의 조치 사항

  ㉠ 항공기 탑승객은 기내 휴대 수하물을 모두 소지하기

ⓛ 위탁수하물과 화물 등 하역(폭발물 처리반원 감독)

ⓒ 지정된 장소에 하역한 수하물과 화물을 운반 후 정렬

ⓛ 승객을 위탁수하물 수색 지역으로 안내(일정 수 단위로 분류)

ⓜ 승객 휴대품 확인 및 조사

ⓑ 개봉 불가 또는 의심되는 물품은 24시간 동안 장치

ⓢ 항공기 수색 시 인력 등 지원(승무원, 정비사 외 지원인력)

ⓞ 항공기 견인 장비, 스텝카(Step-car), 버스, 기타 지상조업장비 배치(항공기로부터 100m 이상 이격 대기)

## (6) 폭발물 처리 장비

폭발물 처리 장비는 각 장비와 도구 별로 규정에 부합하는 장비를 사용해야 하며, 그 종류는 아래와 같다.[공항에서의 폭발물 등에 관한 처리기준 제9조 폭발물 처리장비의 성능기준]

### ① 폭발물 처리 장비

| 폭발물 탐지장비 검색경, 탐침(봉), 휴대용 폭약탐지기, 금속탐지기 등 | [SAFRAN사의 Explosive Vapor Detector] |
| 폭발물 확인 장비 엑스레이 촬영기 및 현상기, 관측내시경, 청진기 등 | [Autoclear사의 E3500 Trace Detector] |
| 폭발물 취급 장비 방폭담요, 방폭가방, 방폭복, 원격이동장비 등 | |

| | |
|---|---|
| 폭발물 분쇄장비<br>폭발물분쇄기, 수처리 공구 세트 등 | 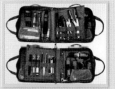<br>[TOPSKY사의 EOD Robot ER3]　[Tactical Electronics사의 MANUAL ACCESS KIT] |
| 폭발물 운반 장비<br>폭발물운반트레일러, 출동차량 등 | <br>MAN Truck & Bus, Marshall Land Systems사와 E-ONE사의 폭발물 운반 처리 차량 [출처 : 각 사 홈페이지] |
| 생화학 물질 처리장비<br>세균·가스 불침투보호 세트, 제독기, 탐지킷 및 수집 세트 등 | <br>[AVON사의 M50]　　[한국소방공사의 KM11 제독기] |

② 장비의 운용 기준

ㄱ 장비 성능의 정기점검 실시 및 기록

ㄴ 조달청 고시에 따른 내용연수 초과 사용 금지(장비제작사 또는 국토교통부장관 인정 전문기관의 정밀 성능 검사 결과 적합 판정 시 연장 사용 가능)

ㄷ 장비별 점검일자, 점검자, 점검결과 등을 폭발물장비점검대장에 기록 유지

부록

## 국내 공항시설 현황
## Domestic Airport Facilities

| 공항명 Airport Name | 인 천 Incheon | | 김 포 Gimpo | | 김 해 ★ Gimhae | | 제 주 Jeju | | 광 주 ★ Gwangju | |
|---|---|---|---|---|---|---|---|---|---|---|
| | 국내 Domestic | 국제 International | 국내 Domestic | 국제 International | 국내 Domestic | 국제 International | 국내 Domestic | 국제 International | 국내 Domestic | 국제 International |
| **시설현황 Facilities** 소재지 Adress | 인천시 중구 공항로 424번길 47 | | 서울 강서구 하늘길 64 | | 부산 강서구 하늘길 112 | | 제주시 공항로 2 | | 광주시 광산구 상무대로 420- | |
| 부 지 (㎡) Area | 21,292,000 | | 8,440,923 | | 3,697,435 | | 3,561,679 | | 150,599 | |
| 활 주 로 (m) Runways | 3,750×60,3,750×60 4,000×60 | | 3,200×60 3,600×45 | | 2,743×46 3,200×60 | | 3,180×45 1,900×45 | | 2,835×45 2,835×45 | |
| 계 류 장 (㎡) Apron | 3,174,000 | | 1,215,487 | | 389,358 | | 384,458 | | 44,300 | |
| 여객터미널 (㎡) Passeger Terminal | 662,958 | | 130,928 | | 96,393 | | 95,795 | | 10,561 | |
| | 16,000 | 646,958 | 77,838 | 53,090 | 37,935 | 58,458 | 68,639 | 27,156 | | |
| 주 차 장 (㎡) Parking | 989,000 | | 336,951 | | 160,109 | | 103,911 | | 38,300 | |
| 화물터미널 (㎡) Cargo Terminal | 258,000 | | 126,435 | | 28,063 | | 17,574 | | 2,765 | |
| | | 258,000 | 30,363 | 96,072 | 9,685 | 18,378 | 15,652 | 1,922 | | |
| 소방등급 | 10 | | 10 | | 9 | | 9 | | 8 | |
| 항행 안전시설 Navaids | 15/33, 16/34 ILS(CAT-IIIb) | | 14R : ILS(CAT-IIIa) 14L/32R/32L : ILS(CAT-I) | | 36R/36L : ILS(CAT-I) | | 07 : ILS(CAT-II) 25 : ILS(CAT-I) | | 04R : ILS(CAT-I) 22L : LLZ/DME | |
| **처리능력 Capacity** 운항 횟수 (년) Aircraft Movement | 410,000 | | 226,000 | | 152,000 (민항 : 118,000) | | 172,000 | | 15,796 | |
| 동시 주기(대) Parking Capacity | 188 | | 150 (일반 77 / 소형 73) | | 37 | | 36 (경항공기 3대 포함) | | 5 | |
| 여 객 (만명) Passenger | 5,400 | | 3,575 | | 1,809 | | 2,589 | | 6 | |
| | 200 | 5,200 | 3,145 | 430 | 1,269 | 540 | 2,326 | 263 | | |
| 동시 주차 (대) Parking Capacity | 19,866 | | 10,217 | | 5,260 | | 2,500 | | 945 | |
| 화 물 (만톤) Cargo | 450 | | 154.5 | | 35.2 | | 33.0 | | 12,258 | |
| | | 450 | 60.7 | 82.6 | 19.4 | 15.8 | 31.3 | 1.7 | | |
| 운항 항공기 Aircraft | A320,A330,A340, A350,A380,B737, B747,B767,B777, B787 등 | | B747, A320, A321, A330, B737, B767, B777 | | B747, A320, A321, A330, A340, B737, B767, B777 | | A319, A320, A321, A330, B737, B747, B767, B777 | | A320, A321, B737 | |
| 최저착륙시정 Minimum Landing Visibiling | RVR75m | | RVR 175m | | RVR 550m | | RVR 300m | | RVR 730m | |
| **14 운항현황** 운항 실적 (회) Aircraft Movement | 339,673 | | 146,266 | | 99,358 | | 172,743 | | 10,792 | |
| | 5,145 | 334,528 | ###### | 20,512 | 46,276 | 53,082 | 153,571 | 19,172 | | |
| 여 객(천명/년) Passenger | 57,765 | | 25,043 | | 149,001 | | 29,707 | | 1,314 | |
| | 613 | 57,152 | 20,801 | 4,242 | 7,124 | 7,777 | 26,965 | 2,742 | | |
| 화물 (톤/년) Cargo | 3,542,643 | | 274,706 | | 185,523 | | 291,494 | | 14,418 | |
| | 9571 | ####### | 19,682 | 75,024 | 59,382 | 126,141 | ###### | ##### | | |
| 비고 | 2단계사업(08.6.20) 2001.3.29 개항 | | 1958.1.30국제공항지정 | | 1958.1.30 설치 | | 1948.5 취항 | | 1949.2.10 취항 | |

※ 공항현황(운영중: 15개)
★ 민·군 공동사용공항 : 김해, 대구, 광주, 청주, 사천, 원주(공군), 포항(해군), 군산(미군)
 주 : 1. 부지면적 : 도시계획시설로 결정된 면적
    2. ( * )는 도시계획시설로 결정 안 된 것이며, 한국공항공사가 유지. 관리목적으로 파악하고
      있는 부지면적임

| | 공항명<br>Airport Name | 대 구 ★<br>Daegu | | 청 주 ★<br>Cheongju | | 무 안<br>Muan | | 양 양<br>Yangyang | | 울 산<br>Ulsan |
|---|---|---|---|---|---|---|---|---|---|---|
| | | 국내<br>Domestic | 국제<br>Interna-tional | 국내<br>Domestic | 국제<br>Interna-tional | 국내<br>Domestic | 국제<br>Interna-tional | 국내<br>Domestic | 국제<br>Interna-tional | |
| 시설현황<br>Facilities | 소 재 지<br>Adress | 대구시 동구<br>공항로 221 | | 충북 청원군<br>내수읍 오창대로 | | 전남 무안군 망운면<br>공항로 970-260 | | 강원도 양양군<br>손양면 공항로 201 | | 울산시 북구<br>산업로 1103 |
| | 부 지 (㎡)<br>Area | 171,308 | | 1,909,645 | | 2,682,000 | | 2,488,500 | | 919,977 |
| | 활 주 로 (m)<br>Runways | 2,755×45<br>2,743×45 | | 2,744×60<br>2,744×45 | | 2,800×45 | | 2,500×45 | | 2,000×45 |
| | 계 류 장(㎡)<br>Apron | 41,582 | | 91,047 | | 90,692 | | 46,786 | | 33,480 |
| | 여객터미널(㎡)<br>Passeger Terminal | 26,993 | | 22,406 | | 29,106 | | 26,130 | | 8,886 |
| | | 11,985 | 15,008 | 8,000 | 14,406 | 20,000 | 9,106 | 10,083 | 16,047 | |
| | 주 차 장(㎡)<br>Parking | 25,115 | | 45,558 | | 66,990 | | 18,466 | | 26,860 |
| | 화물터미널(㎡)<br>Cargo Terminal | 844 | | 2,257 | | 3,112 | | – | | – |
| | | | | 1,620 | 637 | 2,050 | 1,062 | – | – | |
| | 소방등급 | 7 | | 8 | | 9 | | 7 | | 7 |
| | 항행 안전시설<br>Navaids | 31L : ILS(CAT-I)<br>31R : LLZ/DME<br>13R : ILS(CAT-I) | | 24R/06L :<br>ILS(CAT-I) | | 01/19 : ILS(CAT-I) | | 33 : ILS(CAT-I) | | 36:ILS(CAT-I)<br>18:VOR/DME |
| 처리능력<br>Capacity | 운항 횟수 (년)<br>Aircraft Movement | 140,000 | | 140,000 | | 140,000 | | 43,000 | | 60,000 |
| | 동시 주기(대)<br>Parking Capacity | 9<br>(경항공기 3대 포함) | | 18<br>(경항공기 8대 포함) | | 25<br>(경항공기 20대 포함) | | 16<br>(경항공기 12대 포함) | | 6<br>(경항공기 2대 포함) |
| | 여 객 (만명)<br>Passenger | 375 | | 315 | | 510 | | 317 | | 241 |
| | | 257 | 118 | 189 | 126 | 416 | 94 | 207 | 110 | |
| | 동시 주차 (대)<br>Parking Capacity | 1,110 | | 2,807 | | 1,883 | | 498 | | 500 |
| | 화 물 (만톤)<br>Cargo | 1.8 | | 3.8 | | 5.0 | | – | | – |
| | | | | 3.3 | 0.5 | 4.1 | 0.9 | – | – | |
| | 운항 항공기<br>Aircraft | A319, A320<br>A321, B737 | | A319, A320, A321<br>A330, B737 | | A320, A321,<br>B737 | | B737, A320 | | A320,A321,B737 |
| | 최저착륙시정<br>Minimum<br>Landing Visibiling | RVR 730m | | RVR 800m | | RVR 550m | | RVR 550m | | RVR 800m |
| 14 운항현황 | 운항 실적 (회)<br>Aircraft Movement | 17,089 | | 17,418 | | 2,330 | | 621 | | 4,891 |
| | | 12,141 | 4,948 | 13,009 | 4,409 | 729 | 1,601 | 15 | 606 | |
| | 여 객 (명/년)<br>Passenger | 2,533 | | 2,733 | | 3,218 | | 88,704 | | 545,321 |
| | | 1,848 | 685 | 2,119 | 614 | 63 | 195 | 957 | 87,747 | |
| | 화 물 (톤/년)<br>Cargo | 24,341 | | 22,263 | | 2,751 | | 892 | | 2,455 |
| | | 16,381 | 7,960 | 14,927 | 7,336 | 582 | 2,169 | 5 | 887 | |
| | 비고 | 1961.4.1 취항 | | 1992.3.6 취항 | | 2007.11.3 취항 | | 2002.4.3 개항 | | 1970.11 취항 |

| | 공항명<br>Airport Name | 포 항★<br>Pohang | 사 천★<br>Sacheon | 여 수<br>Yeosu | 군 산★<br>Gunsan | 원 주★<br>Wonju |
|---|---|---|---|---|---|---|
| 시설현황<br>Facilities | 소 재 지<br>Adress | 포항시 남구<br>동해면 일월로 18 | 사천시 사천읍<br>사천대로 1971 | 여수시 율촌면<br>여순로 386 | 군산시 옥서면<br>선연리 산동길 2 | 횡성군 횡성읍<br>횡성로 38 |
| | 부 지 (㎡)<br>Area | 2,479,009 | 45,299(*) | 1,330,930 | 142,803(*) | 16,429(*) |
| | 활 주 로 (m)<br>Runways | 2,133×45 | 2,744×46<br>2,744×46 | 2,100×45 | 2,745×45<br>2,454×23 | 2,743×45 |
| | 계 류 장(㎡)<br>Apron | 32,617 | 13,140 | 41,868 | 13,758 | 6,590 |
| | 여객터미널(㎡)<br>Passeger Terminal | 11,707 | 3,960 | 13,328 | 2,852 | 1,596 |
| | 주 차 장(㎡)<br>Parking | 17,327 | 9,667 | 19,676 | 10,421 | 2,006 |
| | 화물터미널(㎡)<br>Cargo Terminal | – | 133 | 430 | – | – |
| | 소방등급 | 7 | 7 | 7 | 8 | 7 |
| | 항행 안전시설<br>Navaids | 10:PAR,LLZ/DME<br>28:VOR/DME | 24R : ILS(CAT-I)<br>06L : LLZ/DME | 17/35 : ILS(CAT-I) | 18/36 : ILS(CAT-I) | 03/21 : PAR(정밀) |
| 처리능력<br>Capacity | 운항 횟수 (년)<br>Aircraft Movement | 100,000 | 165,000 | 60,000 | 140,000 | 115,000 |
| | 동시 주기(대)<br>Parking Capacity | 5 | 2 | 5 | 2 | 1 |
| | 여 객 (만명)<br>Passenger | 357 | 101 | 272 | 44 | 24 |
| | 동시 주차 (대)<br>Parking Capacity | 509 | 301 | 554 | 341 | 90 |
| | 화 물 (만톤)<br>Cargo | – | 0.3 | 1.1 | – | – |
| | 운항 항공기<br>Aircraft | A320,B737 | A320,B737 | A320, A321, B737 | B737 | B737 |
| | 최저착륙시정<br>Minimum<br>Landing Visibiling | 1,200m | 1,400m | RVR 550m | RVR 800m | 2,000m |
| 14운항현황 | 운항 실적 (회)<br>Aircraft Movement | 916 | 1,822 | 4,813 | 1,427 | 699 |
| | 여 객(명/년)<br>Passenger | 68,226 | 150,728 | 503,371 | 232,132 | 78,567 |
| | 화물 (톤/년)<br>Cargo | 216 | 700 | 2,190 | 1,320 | 431 |
| | 비고 | 1970.3 취항 | 1969.11 취항 | 1972.5 취항 | 1992.12 취항 | 1997.2 취항 |

[출처 : 국토교통부]

1. 부속서 1 : 항공종사자 자격증명(Personnel Licensing)

2. 부속서 2 : 항공규칙(Rules of the Air)

3. 부속서 3 : 국제항공항행기상업무(Meteorogical Service for International Air Navigation)

4. 부속서 4 : 항공지도(Aeronautical Charts)

5. 부속서 5 : 공중 및 지상 운영에 사용되는 측정단위(Units of Measurement to Used in Air and Ground Operation)

6. 부속서 6 : 항공기 운항(Operation of Aircraft)

   제1부 : 국제상업항공운송―비행기(International Commercial Air Transport―Aeroplanes)

   제2부 : 국제일반항공―비행기(International Generation Aviation ―Aeroplanes)

   제3부 : 국제운항―회전익항공기(International Operations ―Helicopters)

7. 부속서 7 : 항공기 국적 및 등록기호(Aircraft Nationality and Registration Marks)

8. 부속서 8 : 항공기 감항성(Airworthiness of Aircraft)

9. 부속서 9 : 출입국 간소화(Facilitation)

10. 부속서 10 : 항공통신(Aeronautical Telecommunications)

11. 부속서 11 : 항공교통업무(Air Traffic Services)

12. 부속서 12 : 수색 및 구조(Search and Rescue)

13. 부속서 13 : 항공기 사고조사(Aircraft Accident Investigation)

14. 부속서 14 : 비행장(Aerodromes)

15. 부속서 15 : 항공정보업무(Aeronautical Inforfation Services)

16. 부속서 16 : 환경보호(Environmental Protection)

17. 부속서 17 : 항공보안(Security ―Safe guarding International Civil Aviation against Acts of Unlawful Interference)

18. 부속서 18 : 위험물 안전수송(The Safe Transport of Dangerous Goods by Air)

19. 부속서 19 : 안전관리(Safety Management Manual. SMS)

## 항공기 내 반입금지 위해물품의 종류

| 물품명 | 객실 반입 | 위탁 수하물 반입 | 비 고 |
|---|---|---|---|

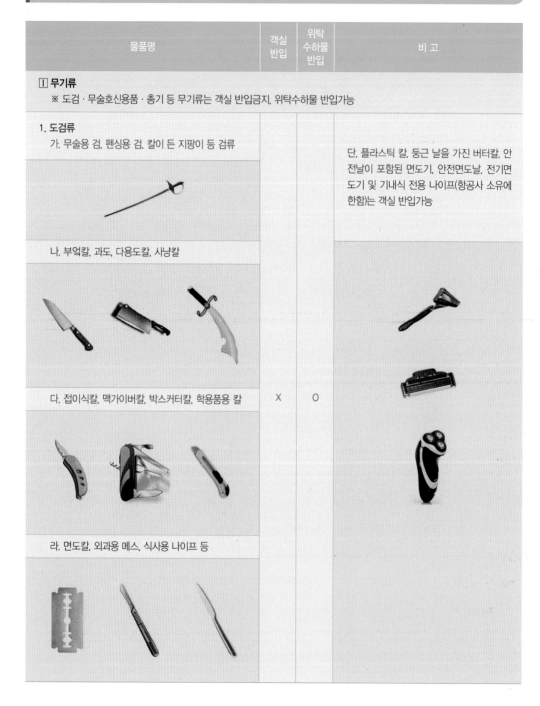

**① 무기류**
※ 도검 · 무술호신용품 · 총기 등 무기류는 객실 반입금지, 위탁수하물 반입가능

**1. 도검류**
　가. 무술용 검, 펜싱용 검, 칼이 든 지팡이 등 검류

　나. 부엌칼, 과도, 다용도칼, 사냥칼

　다. 접이식칼, 맥가이버칼, 박스커터칼, 학용품용 칼

　라. 면도칼, 외과용 메스, 식사용 나이프 등

객실반입: X　위탁수하물반입: O

단, 플라스틱 칼, 둥근 날을 가진 버터칼, 안전날이 포함된 면도기, 안전면도날, 전기면도기 및 기내식 전용 나이프(항공사 소유에 한함)는 객실 반입가능

| 물품명 | 객실<br>반입 | 위탁<br>수하물<br>반입 | 비 고 |
|---|---|---|---|
| **2. 창류**<br>　가. 창, 작살, 작살총, 표창<br><br><br><br>　나. 송곳날이 있는 다트, 새총, 투석기 등<br><br> | X | O | |
| **3. 무술 · 격투용 무기류**<br>　(쌍절곤, 손가락에 끼워 공격하는 무기, 열쇠고리형<br>　호신무기 등)<br><br> | X | O | |
| **4. 곤봉 · 경찰봉 등 곤봉류 및 수갑류**<br><br> | X | O | 단, 범죄인 호송 등 공무 목적의 수갑류는 객실 반입가능 |

| 물품명 | 객실 반입 | 위탁 수하물 반입 | 비 고 |
|---|---|---|---|
| 5. 호신용 스프레이류<br>(후추 · 고추 · 산성스프레이, 야생동물퇴치용 스프레이 등)<br> | X | O | 단, 위탁수하물로 반입할 경우, 1인당 1개 (100㎖이하)까지만 가능 |
| 6. 총기류<br>(권총, 연발권총, 엽총, 소총, 산탄총, BB총, 압축공기총, 라이플총, 볼베어링총 등)<br> | X | O | 단, 위탁수하물로 반입할 경우, 해당 항공운송사업자에게 총기소지허가서 또는 수출입허가서 등 관련서류를 확인시키고, 총알과 분리한 후, 단단한 보관함에 넣은 경우에만 가능 |
| 7. 전자충격기(stun gun), 테이저건<br> | X | O | |
| 8. 총기류 부품<br> | X | O | 단, 총기류 부품 중 조준경은 객실 및 위탁수하물 반입가능 |

| 물품명 | 객실 반입 | 위탁 수하물 반입 | 비 고 |
|---|---|---|---|
| 9. 발광/화염 신호총(flare gun), 출발 신호용 총(starter pistole) | X | O | |
| 10. 복제 · 모의 총기류 및 장난감 총 | X | O | |
| 11. 총알 (실탄, 공포탄 등) | X | O | 단, 위탁수하물로 반입할 경우, 해당 항공 운송사업자의 승인이 필요하며, 「항공위험 물 운송기술기준」(국토교통부 고시)에 적합 한 경우에만 가능 |

| 물품명 | 객실 반입 | 위탁 수하물 반입 | 비 고 |
|---|---|---|---|
| **2 폭발물류** | | | |
| ※ 폭발물류는 객실 및 위탁수하물 모두 반입금지 | | | |
| **1. 폭발물, 폭발장치**<br>가. 다이너마이트, 수류탄, 지뢰 등<br>나. 뇌관(blasting caps), 기폭장치류(denotes), 신관, 도화선(fuses), 발파캡, 격발뇌관(percussion cap)<br>다. 화약류 | | | |
| Percussion Lock<br>cock cap nipple<br> | | | |
| 라. 복제ㆍ모의 폭발물 또는 폭발장치 등<br> | | | |
| **2. 불꽃ㆍ화염류 및 폭죽류**<br>가. 조명탄, 신호탄, 화염탄 등<br> | X | X | |
| 나. 불꽃놀이 및 장난감용 폭죽<br> | | | |

| 물품명 | 객실 반입 | 위탁 수하물 반입 | 비 고 |
|---|---|---|---|
| 다. 폭죽소리가 나는 장난감 총 등 | | | |
| 3. 연막탄(smoke grenade) 및 연기를 발생시키는 캔이나 카트리지 | X | X | |
| ③ 공구 및 생활용품류<br>※ 흉기로 사용될 수 있는 공구류는 객실 반입금지, 위탁수하물 반입가능 | | | |
| 1. 공구류<br>가. 도끼, 손도끼, 얼음도끼, 망치, 장도리, 쇠지레 | X | O | |
| 나. 산업용 못총·볼트총, 송곳, 얼음송곳, 휴대용 전동톱 등 톱류, 전동드릴 등 드릴류 | X | O | |

| 물품명 | 객실 반입 | 위탁 수하물 반입 | 비 고 |
|---|---|---|---|
| 다. 총길이 10cm를 초과하는 렌치, 스패너, 펜치, 프라이어류 | X | O | |
| 라. 날 · 심 · 끌의 길이가 6cm를 초과하는 스크루드라이버, 드릴심, 끌, 정 및 가위류(조경용 가위 포함) | X | O | |
| 2. 전자충격용 봉 등 가축몰이용 봉 또는 막대73, 동물 도축용 · 살상용 도구 | X | O | |
| 3. 휴대용 일반 소형 배터리 | O | O | |
| 4. 리튬배터리 또는 리튬이온배터리가 포함된 개인용 휴대 전자장비 (시계, 계산기, 카메라, 캠코더, 휴대폰, 노트북컴퓨터, MP3 등) | O | O | |

| 물품명 | 객실<br>반입 | 위탁<br>수하물<br>반입 | 비 고 |
|---|---|---|---|
| **5. 일반 생활도구류**<br> 가. 금속제 포크 · 젓가락 · 숟가락<br> 나. 끝이 둥근 금속제 병따개, 와인용 코르크 따개<br><br><br><br>다. 요리용 다지기, 감자칼, 무채칼, 믹스기 칼날<br><br><br><br>라. 손톱깎이, 손톱 줄, 족집게, 눈썹정리용 칼, 손톱정<br> 리용 가위<br><br><br><br>마. 대바늘, 코바늘, 바느질용 바늘<br>바. 제도용 콤파스 등<br><br> | O | O | |

| 물품명 | 객실 반입 | 위탁 수하물 반입 | 비 고 |
|---|---|---|---|
| 6. 액체 · 분무 · 겔 형태의 위생용품, 욕실용품 또는 의약품류<br>(화장품, 향수, 매니큐어, 매니큐어 리무버, 헤어스프레이, 헤어무스, 헤어젤, 염색약, 퍼머약, 방향제, 냄새제거제, 면도크림, 샴푸, 린스, 샤워젤, 치약, 콘택트렌즈용액, 몸에 뿌리는 벌레 기피제, 소염제, 의료용 소독 알콜, 내복약, 외용연고 등)<br> | O | O | 단, 객실 반입(국제선에 한함)할 경우, 개별 용기당 100㎖ 이하로 1인당 1ℓ 비닐지퍼백 1개에 한해 반입이 가능하며, 의약품인 경우에는 의사 처방전 등 관련 증명서를 보안검색요원에게 제시하고 적정하다고 판단될 경우 비행중 필요한 용량에 한해 객실 반입가능<br>위탁수하물(국제선에 한함)로 반입할 경우에는, 개별 용기당 500㎖(0.5kg)이하로 1인당 2kg(2ℓ ) 이하까지만 가능 |

④ 스포츠 및 레저용품류
※ 무기로 사용될 수 있는 스포츠용품은 객실 반입금지, 위탁수하물 반입가능

| 물품명 | 객실 반입 | 위탁 수하물 반입 | 비 고 |
|---|---|---|---|
| 6. 방망이, 노, 봉, 검, 날, 촉 형태의 스포츠 장비<br>가. 야구 · 소프트볼 · 크리켓* 등 배트류<br>나. 카약 · 카누 · 보트 등 노류<br><br>다. 하키 · 라코르스** 등 스틱류<br>라. 골프채, 당구큐 등<br><br>마. 목검류, 볼링공, 아령 등<br>바. 빙상용 스케이트<br> | X | O | 단, 테니스 · 배드민턴 · 스쿼시 · 탁구 등 라켓류 및 인라인스케이트, 스케이트보드는 객실 반입가능 |

| 물품명 | 객실<br>반입 | 위탁<br>수하물<br>반입 | 비 고 |
|---|---|---|---|
| 사. 활, 화살, 양궁, 석궁, 국궁 등 활류<br> | | | |
| 2. 공기가 1/3이상 주입된 축구공 등 스포츠용 공류 및<br>풍선류<br> | X | X | 단, 공기가 주입되지 않는 야구공·골프<br>공 등의 경우 객실 또는 위탁수하물 반입<br>가능 |
| 3. 등산 장비<br>(등산용 스틱, 텐트 폴, 등반용 못, 고리, 아이젠 등)<br> | O | O | 단, 산악용 망치는 객실 반입금지, 위탁수<br>하물 반입가능<br> |

⑤ 의료·구조용 물품
 ※ 의료용 물품은 객실 및 위탁수하물 모두 반입가능하나, 일부 위험가능 물품은 제한될 수 있음

| 물품명 | 객실<br>반입 | 위탁<br>수하물<br>반입 | 비 고 |
|---|---|---|---|
| 1. 주사바늘, 한방용 침류, 수지침<br> | O | O | |
| 2. 소형 의료용 수은체온계<br> | O | O | 단, 객실 또는 위탁수하물로 반입할 경우,<br>보호케이스에 담은 경우에만 가능 |

| 물품명 | 객실 반입 | 위탁 수하물 반입 | 비 고 |
|---|---|---|---|
| 3. 보행 보조도구<br>　가. 노약자 · 장애인 · 환자가 사용하는 지팡이, 목발 등<br> | O | O | |
| 　나. 노약자 · 장애인 · 환자 · 유아가 사용하는 휠체어,<br>　　유모차<br> | O | O | 단. 휠체어 및 유모차를 객실에 반입할 경우, 해당 항공운송사업자의 승인이 필요 |
| 　다. 인공수족에 포함된 비인화성 가스 실린더(여행기<br>　　간 동안 필요한 여분의 실린더 포함)<br> | O | O | 단. 객실 또는 위탁수하물로 반입할 경우, 해당 항공운송사업자의 승인이 필요 |
| 　라. 장애인 · 노약자 · 환자가 사용하는 전동휠체어 또<br>　　는 전동이동보조기구(배터리 포함)<br> | X | O | 단. 위탁수하물로 반입할 경우, 해당 항공운송사업자의 승인이 필요하며, 「항공위험물 운송기술기준」(국토교통부 고시)에 적합한 경우에만 가능 |
| 4. 휴대용 전자의료장비<br>　(자동제세동기, 인공호흡기, 호흡기 치료기, 천식용 호<br>　흡기 등)<br> | O | O | 단. 여분 배터리는 위탁수하물로 반입이 금지되며, 보관함에 안전하게 넣은 경우에 한해 2개까지만 객실반입 가능 |

| 물품명 | 객실 반입 | 위탁 수하물 반입 | 비 고 |
|---|---|---|---|
| 5. 인체에 이식된 인공심박기, 이식 전자의료장치<br> | O | – | |
| 6. 의료용으로 사용되는 5kg이하의 소형 산소통 또는 공기실린더<br> | O | O | |
| 7. 구명조끼에 포함된 비인화성 · 무독성 이산화탄소가스 실린더 1쌍(여분 실린더 1쌍 포함)<br> | O | O | 단, 객실 또는 위탁수하물로 반입할 경우, 해당 항공운송사업자의 승인이 필요하며, 「항공위험물 운송기술기준」(국토교통부 고시)에 적합한 경우에만 가능 |
| 8. 눈사태용 구조배낭(1인당 1개)<br> | O | O | |

**⑥ 기타 인화성 · 화학성 · 유독성 물질**

※ 인화성물질 등은 원칙상 객실 및 위탁수하물 반입이 모두 금지되나, 「항공위험물 운송기술기준」(국토교통부 고시)에서 정한 안전요건을 충족하는 경우에 한해 가능

| 물품명 | 객실 반입 | 위탁 수하물 반입 | 비 고 |
|---|---|---|---|
| 4. 성냥 또는 라이터<br>　가. 소형 안전성냥(safety match) (1인당 1개)<br> | O | X | 단, 객실 반입할 경우, 자체발화 방지를 위하여 여행용가방 등에 보관하지 말고 직접 소지할 것 |

| 물품명 | 객실 반입 | 위탁 수하물 반입 | 비 고 |
|---|---|---|---|
| 나. 딱성냥(마찰성냥) (strike anywhere match), 대형 곽 성냥<br>* 아무데나 마찰시 발화되는 성냥<br> | X | X | |
| 다. 휴대용 담배라이터(1인당 1개)<br> | O | X | 단. 객실 반입할 경우, 자체발화 방지를 위하여 여행용가방 등에 보관하지 말고 직접 소지할 것<br>단. 선물용으로 포장되고 연료가 포함되어 있지 않은 라이터의 경우에는 위탁수하물로 반입가능 |
| 라. 총기모양 라이터<br> | X | O | 단. 위탁수하물로 반입할 경우, 선물용으로 포장되고 연료가 포함되어 있지 않은 라이터에 한해 가능 |
| 마. 토치 라이터 및 비흡수성 액체연료로 작동하는 담배라이터<br> | X | X | |
| 2. 인화성 가스 · 인화성 액체<br>가. 부탄가스, 프로판가스, 탄화수소카트리지, 석유, 휘발유, 등유, 경유, 에탄올, 라이터 연료 등<br> | X | X | |

| 물품명 | 객실<br>반입 | 위탁<br>수하물<br>반입 | 비 고 |
|---|---|---|---|
| 나. 스프레이페인트, 인화성페인트, 인화성 광택도료,<br>페인트시너(Paint Thinner), 테레빈유(Turpentine) 등 | | | |
| 다. 인화성 살충제, 인화성 다리미풀 등 | | | |
| 3. 탄화수소가스(Hydrocarbon gas)로 작동하는 헤어<br>컬 (1인당 1개) | O | O | 단, 가열부분에 안전커버가<br>씌워져 있는 경우에만 반입<br>가능하며, 여분의 가스리필<br>은 객실 및 위탁수하물 반입<br>이 모두 금지 |
| 4. 자체적으로 연소 · 불꽃 · 폭발이 일어날 수 있는 물질 | X | X | |
| 5. 강한 열을 발생시키는 배터리로 작동하는 납땜장치<br>(납땜인두), 수중랜턴(수중다이빙용 램프) | O | X | 단, 객실 반입할 경우, 반드시 배터리와 분<br>리할 것 |
| 6. 기상용 수은기압계 및 수은온도계 | O | X | 단, 공공용 목적으로 사용되는 물품으로 해<br>당 항공운송사업자의 승인을 받고, 수은이<br>유출되지 않도록 내부가 봉인된 단단한 보<br>관함에 담은 경우에만 객실반입 가능 |

| 물품명 | 객실 반입 | 위탁 수하물 반입 | 비 고 |
|---|---|---|---|
| 7. 알코올성 음료<br>　가. 70도(%) 이상의 알코올성 음료 | X | X | |
| 　나. 24도(%) 이상 70도(%)미만 알코올성 음료 (1인당 5ℓ에 한함) | O | O | |
| 　다. 24도(%) 미만 알코올성 음료 | | | |
| 8. 최루가스(tear gas) | X | X | |
| 9. 독극물 · 쥐약 · 농약 등 독성물질 | X | X | |
| 10. 방사능 물질<br>　(의료용 · 상업용 동위원소) | X | X | |
| 11. 부식성, 표백성, 산화성 물질<br>　(염소, 표백제, 산화제, 수은, 하수구 청소제제 등) | X | X | |
| 12. 전염성 · 생물학적 위험물질 | X | X | |
| 13. 소화기 | X | X | |
| 14. 드라이아이스 (1인당 2.5kg) | O | O | 단, 객실 또는 위탁수하물로 반입할 경우, 해당 항공운송사업자의 승인이 필요하며, 「항공위험물운송기술기준」(국토교통부 고시)에 적합한 경우에만 가능 |

1. 상기 별표에서 정하지 아니한 물품 또는 반입을 허용하는 물품이더라도 해당 공항의 보안검색감독자 또는 항공운송사업자가 항공기 안전 및 승객 · 승무원에게 위해(危害)를 줄 수 있다고 판단하는 경우에는 항공기 내 반입을 금지할 수 있다.

2. 상기 별표에서 정한 물품 중 「항공위험물 운송기술기준」(국토교통부 고시) 제210조에서 정한 위험물에 대해서는 해당 고시에서 정한 방식에 따라 반입 · 운송하여야 하며, 그 외의 항공위험물에 대해서는 해당 고시에 따라 객실 또는 위탁수하물로 반입해서는 아니 된다.

3. 항공기 내로 반입코자 하는 물질이 화학성 · 유독성 물질인 경우에는 승객이 「산업안전보건법」에 따른 물질안전보건자료를 해당 항공운송사업자에게 제시하고 안전한 물질로 판단되는 경우에 한해 위탁수하물로 반입이 가능하다.

4. 국제선 항공기 객실 내에 반입되는 액체 · 분무 · 겔류의 경우에는 「액체 · 분무 · 겔류 등 항공기내 휴대반입금지 물질 운영기준」(국토교통부 고시)에서 정한 기준에 적합한 경우에만 객실반입이 가능하다.

출처 : 항공기 내 반입금지 위해물품. 국토교통부 고시 제2016-1091호

(앞 쪽)

### 항공경비요원 인증서
(Security Guard Certificate of the MOLIT)

사 진
2.5cm×3cm

자격번호 : 일련번호
성    명 : 한 검 색 (Han, G. S.)
생년월일 :    년   월   일
위 사람은 「항공안전 및 보안에 관한 법률」 제28조,
같은 법 시행규칙 제15조 및 국가민간항공보안 교
육훈련지침 제12조의2에 따라 항공경비요원 자격
을 인증함.

20  .   .   .

○○○○○○원장(사장) 직인

### 국 토 교 통 부 ( M O L I T )

86mm×54mm(PVC(비닐) 980.4g/㎡)

(앞 쪽)

### 항공보안교관 인증서
(AVSEC Instructor Certificate of the MOLIT)

사 진
2.5cm×3cm

자격번호 : 일련번호
성    명 : 한 검 색 (Han, G. S.)
생년월일 :    년   월   일
위 사람은 「항공안전 및 보안에 관한 법률」 제28조,
같은 법 시행규칙 제15조 및 국가민간항공보안 교
육훈련지침 제12조의2에 따라 항공경비요원 자격
을 인증함.

20  .   .   .

○○○○○○원장(사장) 직인

### 국 토 교 통 부 ( M O L I T )

86mm×54mm(PVC(비닐) 980.4g/㎡)

(뒤 쪽)

| 자격인증서 관리 | | |
|---|---|---|
| 인증일자 | 인증 유효기간 | 확인 |
|  |  |  |
|  |  |  |
|  |  |  |
|  |  |  |

출처 : 국가민간항공보안 교육훈련지침. 국토교통부

## 협박전화 응대 요령 ✈

### 테러(폭파 등)협박전화 받는 요령

| 위협전화접수자<br>소속및성명: | 통화 일자 :<br>통화 시작 및 종료시간 : |
|---|---|

| 위협내용(위협내용 정확히 기재 ) : |
|---|
| |

○ 폭발물은 어디에 있습니까?

| 항공기 | 편명 | 출발지 | 도착지 | 기타 |
|---|---|---|---|---|
| 청사 | | | | |
| 위협자가 통화시 항공기 또는 청사에 대하여 잘 알고 있었는가? 예/아니오 | | | | |

○ 폭발물은 언제 폭발합니까?

| 일자 : | 요일 : | 시간 : |
|---|---|---|
| 운항중 폭발여부 : 예/아니오 | 이동시 폭발여부 : 예/아니오 | 기타 |

○ 폭발물이 어떻게 생겼습니까?

| 서류형가방 (   ) | 쇼핑가방 (   ) | 여행용가방 (   ) |
|---|---|---|
| 상자/소포  (   ) | 기타(기술) | |

○ 당신은 누구입니까?

| 소속 : | 이름 : |
|---|---|
| 현 위치 : | |

○ 왜 이런 행위를 하십니까?

배경상세 정보(적절한 해당 사항에 ✓표시)

○ 발신지

| 현지 (   ) | 장거리 (   ) | 내부전화(건물내)(   ) | 공중전화/핸드폰(   ) |
|---|---|---|---|

○ 발신자 추적 시도 여부? 예/아니오

○ 협박자 신분

| 성별 : 남(   ), 여(   ) | 추정나이 : | 사용한 언어 : |
|---|---|---|

○ 음성특성

| 고음   (   ) | 저음   (   ) | 부드러움 (   ) | 째짐 (   ) |
|---|---|---|---|
| 신경질적 (   ) | 콧소리   (   ) | 목쉰    (   ) | |

○ 사용한 언어특성

| 빠름 (   ) | 또렷함 (   ) | 더듬음 (   ) | 연이은 발음(   ) |
|---|---|---|---|
| 느림 (   ) | 어눌함 (   ) | 콧소리 (   ) | 기타    (   ) |

○ 억양

| 현지억양(   ) | 비표준억양(   ) | 구어(   ) | 지방(   ) | 외국인 억양(   ) |
|---|---|---|---|---|

○ 배경소리

| 소란함 (   ) | 조용함   (   ) | 기차소리   (   ) | 항공기소리 (   ) |
|---|---|---|---|
| 자동차 (   ) | 주위사람소리 (   ) | 사무실기기 소리 (   ) | 공장기계음 (   ) |

| 파도 ( ) | 파티분위기 ( ) | 동물소리 ( ) | 음악소리 ( ) |
|---|---|---|---|
| 혼잡소리 (상세사항 기술) | | | |

○ 태도

| 화남 ( ) | 조용함 ( ) | 비이성적 ( ) | 이성적 ( ) |
|---|---|---|---|
| 일관적 ( ) | 비일관적 ( ) | 사려깊음 ( ) | 감성적 ( ) |
| 술에 취함 ( ) | 장난기 있음 ( ) | 정직함 ( ) | 음흉함 ( ) |
| 기타(기술하시오.) | | | |

○ 언어구사력

| 우수함 ( ) | 뛰어남 ( ) | 보통 ( ) | 못함 ( ) |
|---|---|---|---|

※ 이 보고서를 작성하여 즉시 폭발물 위협 분석관에게 제공하고, 폭발물 위협 전화 분석관 또는 경찰 당국과 폭발물 위협 전화 관련 협의

[출처 : 항공교통업무 우발계획. 국토교통부, 2014]

중앙재난안전대책본부

**중앙사고수습본부**
본부장 : 국토교통부장관/2차관

**유관기관**
(관계부처/
대체수송기관 등)

부본부장 : 항공정책실장
상황실장 : 항공안전정책관

상 황 반

국 제 반

관 리 반

상황지원반

복구지원반

**항공철도사고조사위원회**
(사고조사반)

**지역재난안전대책본부**

기타지역의 인명구조 및
화재진압

**지역사고수습본부**

지 방 항 공 청

**사고수습대책본부**

인천국제공항공사

**기체처리본부**

기체처리지원항공사

- 항공기 해체장비 동원
- 해체 전문기술자 확보
- 항공기 견인차량 준비
- 견인차 운반자 확보
- 추가 지원인력 확보
- 사내 의료진 지원
- 급 · 배유 업무
- 누유항공유 처리
- 소화설비
- 조명시설 설치
- 사고조사관 지시이행

**사고대책반**

사고항공사

- 탑승객 명부 확보
- 화물탑재기록 확보
- 위험물 적재현황 파악
- 탑승객가족 통보
- 가족대기실 운영
- 이동차량 지원
- 잔해처리방안 강구
- 의료체계 확보
- 재난(사고수습) 지원
- 수화물 처리
- 제작사와 기술협의
- 조사 · 처리관계자 운송
- 사고조사관 지시이행

[출처 : 인천국제공항 비상계획]

## 공항의 가용자원현황(인천공항 비상계획. 일부 예시)

회사 명 : ○○○○

| No | 장비명 | 사용기종 | 수량 | 보관위치 | 평균 소요시간 |
|----|--------|----------|------|----------|---------------|
| 1 | General Towing Tractor | UP TO A380 | 2 | 인천공항 정비고 | 15분 |
| 2 | General Towing Tractor | UP TO B747 | 18 | 인천공항 정비고 | 15분 |
| 3 | General Towing Tractor | UP TO A333 | 4 | 인천공항 정비고 | 15분 |
| 4 | General Towing Tractor | UP TO B737 | 5 | 인천공항 정비고 | 15분 |
| 5 | Towbarless Towing Tractor | UP TO A380 | 1 | 인천공항 정비고 | 15분 |
| 6 | Towbarless Towing Tractor | UP TO B747 | 2 | 인천공항 정비고 | 15분 |
| 7 | Tow bar | A380 | 5 | 인천공항 정비고 | 15분 |
| 8 | Tow bar | B747 | 9 | 인천공항 정비고 | 15분 |
| 9 | Tow bar | A330 | 5 | 인천공항 정비고 | 15분 |
| 10 | Tow bar | A340–500/600 | 1 | 인천공항 정비고 | 15분 |
| 11 | Tow bar | A350–900 | 1 | 인천공항 정비고 | 15분 |
| 12 | Tow bar | A300 | 1 | 인천공항 정비고 | 15분 |
| 13 | Tow bar | B757 | 2 | 인천공항 정비고 | 15분 |
| 14 | Tow bar | A310 | 1 | 인천공항 정비고 | 15분 |
| 15 | Tow bar | A321/320/319 | 4 | 인천공항 정비고 | 15분 |
| 16 | Tow bar | B737 | 16 | 인천공항 정비고 | 15분 |
| 17 | Axle Jack | – | 2 | 인천공항 정비고 | 15분 |

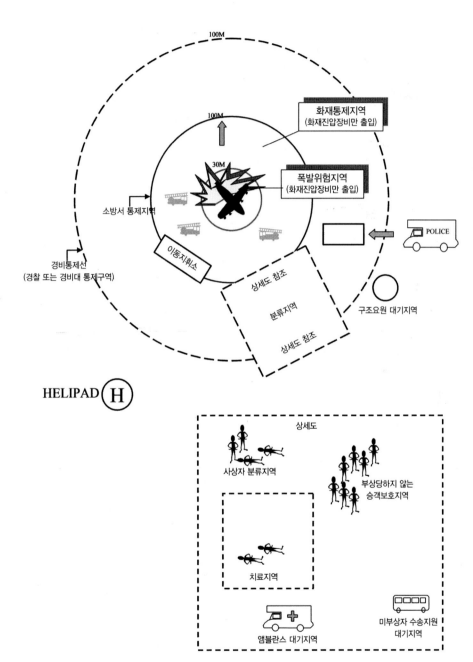

100M

100M

화재통제지역
(화재진압장비만 출입)

30M

폭발위험지역
(화재진압장비만 출입)

소방서 통제지역

POLICE

경비통제선
(경찰 또는 경비대 통제구역)

이동지휘소

상세도 참조

분류지역

상세도 참조

구조요원 대기지역

HELIPAD H

상세도

사상자 분류지역

부상당하지 않는
승객보호지역

치료지역

앰블란스 대기지역

미부상자 수송지원
대기지역

[출처 : 인천국제공항 지상이동 안내 및 통제시스템 계획]

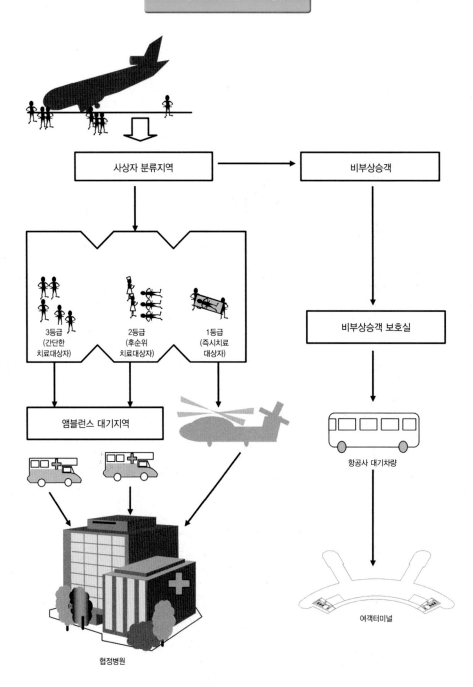

지상사고(사상자 후송)

사상자 분류지역 → 비부상승객

3등급
(간단한
치료대상자)

2등급
(후순위
치료대상자)

1등급
(즉시치료
대상자)

앰블런스 대기지역

비부상승객 보호실

협정병원

항공사 대기차량

여객터미널

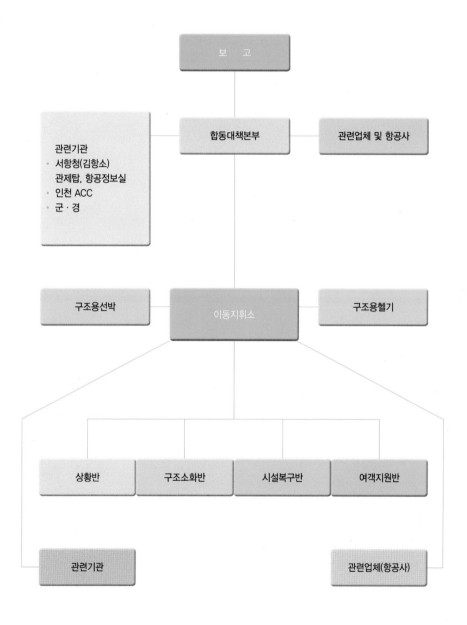

## 국가정보원의 폭파위협정보 접수양식 [국가정보원] ✈

### 폭파위협 전화 접수 양식

접수 일시 :

협박 내용 :

#### ■ 질문 사항
- 폭발 예정시간
- 폭발물 설치 장소
- 폭발물 종류
- 신고자가 폭발물 설치 당사자인지 여부
- 폭발물 설치 목적 및 요구사항
- 신고자 성명 (                    ), 성별(남 · 여), 인종(            )
- 신고자 주소
- 공중전화를 이용하고 있는지
- 위치 또는 전화번호

#### ■ 신고자 음성
- 침 착
- 가 성
- 화난 목소리
- 목소리가 큼
- 흥분한 목소리
- 웃음섞인 목소리
- 콧소리로 말함
- 울음섞인 목소리
- 더듬거림
- 헛기침을 함
- 혀 짧은 소리
- 거친 목소리
- 억양이 있음
- 느림
- 친근한 목소리
- 빠른 속도로 말함
- 일반적인 목소리
- 부드러운 목소리
- 또렷한 목소리
- 신경질적인 목소리
- 불분명함
- 저 음
- 심호흡을 함

#### ■ 배경 소음
- 길거리 소음
- 공중전화
- 찻잔 소리
- 자동차 소리
- 공장 기계소리
- 수신기 잡음
- 조용함
- 음악 소리
- 장거리 전화
- 주변 안내방송
- 통화자의 음성
- 사무실 비품 소음
- 동물 소리
- 지방 사투리
- 가정집 소음
- 뱃고동 소리

#### ■ 위협 용어
- 조리있게 말함
- 비이성적
- 미리 작성된 메세지 읽기
- 저질스러움
- 녹음된 소리
- 일관성 결여

수신 전화번호 :                    수신자 :

[출처 : 「테러 이럴 땐 이렇게 하세요!!!」 국가정보원]

## BOMB THREAT CALL PROCEDURES

Most bomb threats are received by phone. Bomb threats are serious until proven otherwise. Act quickly, but remain calm and obtain information with the checklist on the reverse of this card.

**If a bomb threat is received by phone:**

1. Remain calm. Keep the caller on the line for as long as possible. DO NOT HANG UP, even if the caller does.
2. Listen carefully. Be polite and show interest.
3. Try to keep the caller talking to learn more information.
4. If possible, write a note to a colleague to call the authorities or, as soon as the caller hangs up, immediately notify them yourself.
5. If your phone has a display, copy the number and/or letters on the window display.
6. Complete the Bomb Threat Checklist (reverse side) immediately. Write down as much detail as you can remember. Try to get exact words.
7. Immediately upon termination of the call, do not hang up, but from a different phone, contact FPS immediately with information and await instructions.

**If a bomb threat is received by handwritten note:**

- Call _____
- Handle note as minimally as possible.

**If a bomb threat is received by e-mail:**

- Call _____
- Do not delete the message.

**Signs of a suspicious package:**

- No return address
- Excessive postage
- Stains
- Strange odor
- Strange sounds
- Unexpected Delivery
- Poorly handwritten
- Misspelled Words
- Incorrect Titles
- Foreign Postage
- Restrictive Notes

**DO NOT:**

- Use two-way radios or cellular phone; radio signals have the potential to detonate a bomb.
- Evacuate the building until police arrive and evaluate the threat.
- Activate the fire alarm.
- Touch or move a suspicious package.

### WHO TO CONTACT (select one)

- **Follow your local guidelines**
- **Federal Protective Service (FPS) Police**
  **1-877-4-FPS-411 (1-877-437-7411)**
- **911**

## BOMB THREAT CHECKLIST

Date: _____    Time: _____

Time Caller Hung Up: _____    Phone Number where Call Received: _____

### Ask Caller:

- Where is the bomb located? (Building, Floor, Room, etc.)
- When will it go off?
- What does it look like?
- What kind of bomb is it?
- What will make it explode?
- Did you place the bomb?    Yes    No
- Why?
- What is your name?

### Exact Words of Threat:

_____
_____
_____
_____

### Information About Caller:

- Where is the caller located? (Background and level of noise)
- Estimated age:
- Is voice familiar? If so, who does it sound like?
- Other points:

| Caller's Voice | Background Sounds: | Threat Language: |
|---|---|---|
| ☐ Accent | ☐ Animal Noises | ☐ Incoherent |
| ☐ Angry | ☐ House Noises | ☐ Message read |
| ☐ Calm | ☐ Kitchen Noises | ☐ Taped |
| ☐ Clearing throat | ☐ Street Noises | ☐ Irrational |
| ☐ Coughing | ☐ Booth | ☐ Profane |
| ☐ Cracking voice | ☐ PA system | ☐ Well-spoken |
| ☐ Crying | ☐ Conversation | |
| ☐ Deep | ☐ Music | |
| ☐ Deep breathing | ☐ Motor | |
| ☐ Disguised | ☐ Clear | |
| ☐ Distinct | ☐ Static | |
| ☐ Excited | ☐ Office machinery | |
| ☐ **Female** | ☐ Factory machinery | |
| ☐ Laughter | ☐ Local | |
| ☐ Lisp | ☐ Long distance | |
| ☐ Loud | | |
| ☐ **Male** | **Other Information:** | |
| ☐ Nasal | | |
| ☐ Normal | | |
| ☐ Ragged | | |
| ☐ Rapid | | |
| ☐ Raspy | | |
| ☐ Slow | | |
| ☐ Slurred | | |
| ☐ Soft | | |
| ☐ Stutter | | |

 **Homeland Security**

**Figure 7 - 2. Bomb Threat Procedures**

[출처 : FAA AC 150/5200–31C]

FAA AEP(AC 150/5200-31C)의 'Airport Sample Grid Map'

AC 150/5200-31C
Appendix 8

6/19/2009

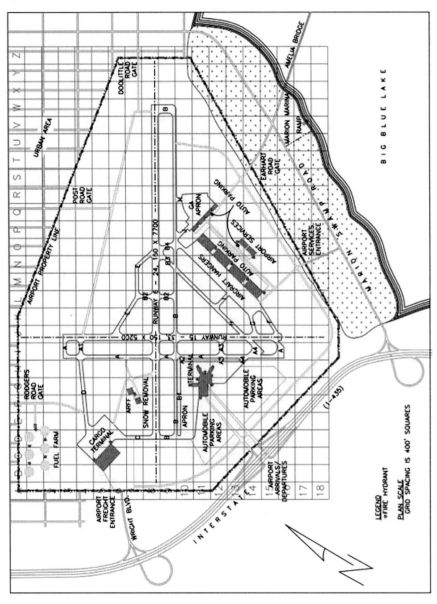

# 참고도서와 웹사이트

- 「Airport Operations」 Norman Ashford, H. Stanton, Clifton Moore. 1996.
- 「Improvements to ground handling operations and their benefits to direct operating costs」 Gomez, F, Scholz, D. 2009. Hamburg University of Applied Sciences
- 「면세점 이야기-세계 1위 한국 면세의 성공스토리」 최영수. 미래의 창. 2013.
- 「지하철 9호선 개통과 국내선 항공수송실적」 항공진흥협회. 2010
- 「한국, 일본, 중국 주요 공항의 접근교통체계 비교분석」 한국교통연구원. 2015
- ACI Policies Handbook 2018
- Aircraft-Security-Search-Form by EU
- Airport Technology.com https://www.airport-technology.com
- Airline Pilots Forum and Resource http://www.theairlinepilots.com
- AIT Emission Safety Report
- ASN 사고데이터베이스 http://aviation-safety.net
- business aviation new.com
- DHS bomb threat checklist_2014-508
- FAA AC-150 5200-31 AEP
- FAA AC-150-5360-13A-Airport Terminal Planning
- FAA SMS for Airport https://www.faasafety.gov
- Flight Safety Foundation https://flightsafety.org
- FSF Cabin-safety-compendium
- IATA Airport Handling Manual (AHM)
- IATA Ground Operations Manual (IGOM)
- IATA safety http://www.iata.org/whatwedo/safety/Pages/index.aspx
- IATA Smart Security Brochure
- ICAO Annex 13
- ICAO Annex 17 Security
- ICAO Doc-9137-airport service manual 7 AEP
- ICAO Doc-9156 ADREP manual
- ICAO Doc-9157-aerodrome design manual
- ICAO FAA Certification14_Fueling Safety

- ICAO Safety Management https://www.icao.int/safety
- ICAO Safety Report 2018
- ICAO 통계 DB https://www.icao.int/safety/iStars/Pages/Accident-Statistics.aspx
- KOSIS 국가통계포털 http://kosis.kr
- NCS 국가직무표준 세분류 항공보안
- NCS 국가직무표준 세분류 항공여객운송
- pixbay.com
- sita.com
- Startup Boeing 2012
- TSA-AIT Scanner Fact Sheet
- UN Security Council RES 2309
- wikimedia.org
- wikipedia.org
- 국가물류통합정보센터 www.nlic.go.kr
- 국가정보원 우편물테러식별 및 대응요령
- 국가정보원 테러대응요령
- 국토교통부 정책자료와 보도자료
- 국토교통부 통계누리
- 국토교통부 항공교통센터 항공교통업무 우발계획 2014
- 국토교통부 항공안전백서 2017
- 국토교통부 훈령 항공보안감독관 업무규정
- 국토교통부 훈령 항공운송사업자의 항공기내보안요원 등 운영 지침
- 국토교통부고시 공항안전운영기준
- 국토교통부고시 공항에서의 폭발물 등에 관한 처리기준
- 국토교통부고시 항공보안장비 성능 인증 및 성능 검사 기준
- 국토교통부고시 항공보안장비 종류, 운영 및 유지관리 등에 관한 기준
- 국토교통부예규 공항비상계획 업무매뉴얼
- 국토교통부예규 공항시설 유지보수 업무매뉴얼
- 국토교통부예규 공항운영 업무매뉴얼
- 국토교통부훈령 공항 이동지역 통제규정
- 국토교통부훈령 공항수화물처리시설 관리운영지침
- 국토교통부훈령 공항운영증명 업무처리 지침

- 국토교통부훈령 공항탑승교시설 관리운영지침
- 국토교통부훈령 국가민간항공보안 교육훈련지침
- 국토교통부훈령 국가항공보안 수준관리지침
- 국토교통부훈령 항공등화시설 등의 관리운영 및 점검지침
- 규제개혁위원회 http://www.better.go.kr
- 김포국제공항 공항운영규정
- 대한항공 카고 캠퍼스
- 대한항공 홈페이지
- 법제처 국가법령정보센터 http://www.law.go.kr
- 아시아나 홈페이지
- 액체분무겔류 등 항공기내 휴대 반입 금지물질 운영기준
- 유럽항공안전기구 https://www.easa.europa.eu
- 인천공항공사 및 인천국제공항 홈페이지
- 인천국제공항 A-CDM Operation Manual
- 인천국제공항 SMS 매뉴얼
- 인천국제공항 공항운영규정
- 인천국제공항 사회적 가치실현보고서 2017
- 인천국제공항 지상이동 안내 및 통제시스템 계획(SMGCS PLAN)
- 제주항공 홈페이지
- 지상이동안내 및 통제시스템 매뉴얼
- 한국공항공사 이동지역관리운영규정
- 한국공항공사 홈페이지
- 항공기 내 반입금지 위해물품
- 항공보안 시행계획 2017
- 항공보안법, 항공보안법 시행령 및 시행규칙
- 항공안전관리시스템(ATIS) http://atis.casa.go.kr/ATIS
- 항공안전기술원
- 항공안전법, 항공안전법 시행령 및 시행규칙
- 항공정보포털시스템(Air portal) http://www.airportal.go.kr
- 국토교통부예규 비행장시설(활주로) 설계 매뉴얼
- 외교부 보도자료 http://www.mofa.go.kr/www/brd/m_4080/list.do

# 공항운영과 항공보안

**초판 1쇄 발행**    2019년  8월 10일
**초판 2쇄 발행**    2020년  8월 30일

저 자    윤 원 호
펴낸이    임 순 재
펴낸곳    **(주)한올출판사**
등 록    제11-403호
주 소    서울시 마포구 모래내로 83(성산동 한올빌딩 3층)
전 화    (02) 376-4298(대표)
팩 스    (02) 302-8073
홈페이지    www.hanol.co.kr
e-메일    hanol@hanol.co.kr
ISBN    **979-11-5685-786-0**